藤川清史 編
Fujikawa Kiyoshi

経済政策入門

法律文化社

『経済政策入門』の出版にあたって

　第二次世界大戦での日本の敗戦から75年が経った．敗戦直後は満足に食べることさえできなかった日本国民も，現在ではその多くが一定の豊かさを享受している．敗戦から今日に至る経済の動きは平坦ではなかったものの，日本の戦後復興は比較的うまくいったと評価されており，石油ショックからの立ち直りもスムーズであった．議論はあるものの，政府の経済政策の運営に大きなミスがなかったことがその要因の1つであるとされる．

　政府が採用する経済政策によって，一国の経済の活動水準や成長率，あるいは国民の経済厚生はかなり左右される．ただ，選挙等の際に各政党が掲げる経済政策が異なるとき，それらの経済政策の効果をある程度予想し，その是非を検討するためには，国民の側に経済学と経済の仕組みに関する知識が必要となる．また政府が経済政策を発表すると，各種メディアに経済評論家等が登場し持論を展開するが，その意味を理解するためには，視聴者や読者の側にもそれなりの勉強が求められる．本書はそうしたときに役に立つ経済学・経済政策の知識を平易に解説した入門書である．本書は主として大学の経済学・経済政策の教科書とすることを目的としているが，経済学の専門知識がなくても読めるように書かれているので，経済学や経済政策に興味がある一般読者がそれに関する知識を広げるための教養書としても使っていただけると思う．

　さて，経済学は社会科学に分類されるが，社会科学の中でも自然科学に近い学問分野である．経済学は人間社会の生産や消費といった経済活動を扱うのだが，そうした人間の活動にも法則性があるに違いないと想定し，その法則性を見出そうというのが経済学の発想である．経済学は，物理学が天体や物体の運動に法則性を見出そうとしたことを真似ているのである．したがって，例えば高校の物理の教科書は，著者や出版社が違っていても内容が類似しているのと同様に，経済学の入門的教科書もかなり標準化されており，内容に大差はない．本書では，初めの3章がその部分に対応している．

　一方で経済学の応用分野となると，その対象とする分野が多岐にわたるということもあり，それに関する書籍の内容は，各著者の考え方によってかなり違

う．経済政策学も経済学の応用分野の1つであり，著者が多様な経済政策の対象の中で，何を重要視しているかによって，その内容が異なる．本書の第4章以降がそれに当たり，経済政策の入門書ではあまり扱わない，貿易政策，国際通貨システム，社会保障政策，温暖化防止政策などを扱っていることが本書の特徴である．

　以下，簡単に本書の内容を紹介しておこう．第1章から第3章までは上述のように本書の準備運動に当たる部分である．第1章「ミクロ経済政策理論」では，需要関数と供給関数の概念を説明し，市場均衡あるいは市場メカニズムの意味を解説する．そのうえで間接税や補助金などの市場メカニズムを使用した政策の効果について述べる．第2章「国民経済計算」では，国内総生産（GDP）や国民総所得，可処分所得の概念を紹介するとともに，マクロ経済学ではどのような市場を対象にしているのかを説明する．第3章「マクロ経済政策理論」では，財市場の需要側に焦点を当てて，マクロ経済学の基本である有効需要の原理・乗数理論について解説する．
　準備運動を終えたところで，第4章から第9章までは，経済政策の両輪である財政政策と金融政策について説明する．安倍内閣が掲げる経済政策である「アベノミクス」の第1の矢と第2の矢に相当する部分である．第4章「財政政策1」では，財政の3つの主要機能である，資源配分機能，所得再分配機能，経済安定化機能について解説する．第5章「財政政策2」では，マクロ経済学の標準的手法であるIS-LM分析の手法を用いて，経済安定化政策について説明する．第6章「財政政策3」では，ジニ係数という不平等度に関する指標を用いて，財政の所得再分配政策について解説する．続く第7章「金融政策1」では，貨幣とは何かを説明し，政策当局が金融政策のツールによって，どのように貨幣量を調節するかを解説する．第8章「金融政策2」では，日本での金融政策の政策目標の変遷を説明し，近年の非伝統的な金融政策にも言及しながら金融政策の理論と歴史を解説する．そして第9章「物価と失業」では，失業や物価の概念を説明するとともに，長期的には物価の安定と失業の減少を同時に実現することは難しいとするフィリップス曲線の理論を紹介する．
　アベノミクスの第3の矢は民間投資を喚起する成長政策であるが，そもそも

経済成長のエンジンは何であろうか．第10章「経済成長政策」では，代表的な経済成長理論である成長会計方程式をもとに，どのような要素が経済成長に影響を与えるのかを説明する．

　日本人が，現在のみならず，今後も豊かさを感じ続けるための要素は何かと問われれば，筆者たちは，自由な貿易体制，社会保障の充実，地球温暖化の緩和は少なくとも含まれるであろうと考えている．そこでこれらに関する経済政策を本書の最後に取り上げることにした．第11章「貿易政策」では，関税政策や数量制限の効果についての説明に加えて，国際的な経済協定を紹介する．第12章「国際通貨システムとマクロ経済政策」では，国際経済取引を記録した国際収支統計および為替制度について解説し，国際経済取引をマクロ経済学に導入したマンデル＝フレミングのモデルによって，財政政策と金融政策の効果について検討する．第13章「社会保障政策」では，年金・医療・介護といった社会保険制度の概要と公的扶助の制度について概説する．第14章「地球温暖化防止政策」では，温暖化を最も深刻な地球環境問題であると捉え，その原因と対策および国際的な協力体制について述べる．

　本書で取り上げた経済政策の他にも，エネルギー政策，交通・国土政策，農業・食料政策，人材育成政策，地方の活性化や地域格差の是正なども取り扱うべき政策であろうが，入門テキストという本書の性格に鑑みて，これらは本書では扱わないことにした．

　最後になったが，筆の重い筆者達に辛抱強くお付き合いいただき，適切なアドバイスをくださった法律文化社編集担当の田靡純子氏と徳田真紀氏に改めて感謝する．

2019年師走　　藤川 清史

目　次

著者紹介 （執筆順／①所属，②略歴と専門，③主要著書）

藤川　清史（ふじかわ　きよし）　　　　　　　　**編者／はじめに・第13章・第14章**

①名古屋大学アジア共創教育研究機構教授

②神戸大学大学院経済学研究科博士後期課程単位取得退学，博士（経済学）．国連経済社
　会局専門職員，大阪経済大学経済学部助教授，甲南大学経済学部教授，名古屋大学大
　学院国際開発研究科教授を経て，2018年より現職．専門は計量経済学，環境経済学．

③藤川清史（1999）『グローバル経済の産業連関分析』創文社．
　藤川清史編（2015）『中国経済の産業連関分析と応用一般均衡分析』法律文化社．

渡邉　隆俊（わたなべ　たかとし）　　　　　　　　　　　　　　　　**第1章**

①愛知学院大学経済学部教授

②帝塚山大学大学院経済学研究科博士後期課程中退，修士（工学），修士（経済学）．甲南
　大学講師，愛知学院大学商学部講師，同准教授，同教授を経て，2013年より現職．専
　門は計量経済学，経済政策学．

③渡邉隆俊（2010）『地域経済の産業連関分析』成文堂．

伴　ひかり（ばん　ひかり）　　　　　　**第2章・第3章・第9章・第11章・第12章**

①神戸学院大学経済学部教授

②神戸大学大学院経済学研究科博士後期課程単位取得退学，博士（経済学）．神戸学院大
　学経済学部講師，同准教授を経て2008年より現職．専門は国際経済学，経済政策学．

③伴ひかり・藤川清史（2010）「CO_2国内排出量取引の経済効果」諸富徹・山岸尚之編
　『脱炭素社会とポリシーミックス』日本評論社（第5章），167-186．
　伴ひかり（2011）『グローバル経済の応用一般均衡分析』晃洋書房．

森　　徹（もり　とおる）　　　　　　　　　　　　　　　**第4章～第6章**

①南山大学総合政策学部教授

②名古屋市立大学大学院経済学研究科博士後期課程単位取得退学，博士（経済学）．
　福島大学経済学部助教授，帝塚山大学経済学部教授，名古屋市立大学大学院経済学研
　究科教授を経て，2017年より現職．専門は財政学，地方財政論．

③森徹・鎌田繁則編（2013）『格差社会と公共政策』勁草書房．
　森徹・森田雄一（2016）『租税の経済分析―望ましい税制をめざして』中央経済社．

三宅　敦史（みやけ　あつし）　　　　　　　　　　**第7章・第8章・第10章**

①神戸学院大学経済学部准教授

②神戸大学大学院経済学研究科博士後期課程修了，博士（経済学）．神戸学院大学経済学
　部講師を経て，2011年より現職．専門はマクロ経済学．

③栗原潤・中村亨・三宅敦史訳（2013）（ベン・バーナンキ著）『大恐慌論』日本経済新
　聞出版社．
　三宅敦史（2017）「貨幣と物価」中村保・大内田康徳編『経済学入門』ミネルヴァ書
　房（第9章），175-193.

第1章　ミクロ経済政策理論

今からおよそ250年前，近代経済学の父ともよばれるアダム・スミスは，『国富論』の中で，「神の見えざる手」を論じ，市場メカニズムの重要性を説き，政府の役割を最小限度に留めることを主張した．本章では，市場のメカニズムの成り立ちや概念を基礎として，ミクロ経済学に立脚した経済政策について概説する．

1-1　はじめに：市場メカニズムと経済政策

本書の「はしがき」からも読み取れるように，経済政策の目的は，広い意味での国民の経済厚生を向上させることといえる．すなわち，経済的に問題を抱えた国民生活を改善し，より豊かにするため，経済政策は，市場経済における重要な役割を持っている．

代表的な経済政策には，「財政政策」と「金融政策」が挙げられるが，これら以外にも本書で示す「社会保障政策」や「環境政策」などもその例である．これらの経済政策は，いずれも財市場，金融市場，労働市場などさまざまな市場で行われる経済取引において問題が生じている場合に，市場の外側から何らかの政策手段を用いて，その問題を解決するために実施される．

ピッタリとあてはまる例ではないかもしれないが，ビリヤードを例に経済政策を論じてみよう．ビリヤードは，キューとよばれる棒をつかって，台上の白い球（手球）を撞いて，色の着いた玉（的玉）をコーナーポケットやサイドポケットとよばれる穴に入れるゲームである．基本的なルールとして，的玉を手で直接触ることはできない．この的玉を市場とすれば，市場に問題が生じている場合に，的玉を直接手で触れて好ましい場所まで移動させて問題を解決できればよいが，ルール上，それはできない．そこで，問題を解決したい市場（的玉）をめがけて，白い手玉をキューで撞き，的玉を好ましい場所に移動させる．経済政策は，市場（的玉）に対して，手球とキューからなる政策手段を用

いて，市場の外部から力を加えて，好ましい市場とするものである．もちろん，それぞれの市場（的玉）に対して，手球をどう打つか，力加減や方向によって，その政策手段が異なる．

　市場のメカニズムは，必ずしも万能ではなく，効率性や望ましい資源配分を実現できない等の問題が生じた場合には，政府が市場に介入し，問題を解決する経済政策が必要となる．

　この章では，市場のメカニズムを概説し，ミクロ経済学の視点から**余剰分析**を例とした経済政策について論じる．

1-2　需要曲線の導出

　先に記したように，本章での分析の骨格をなす余剰分析を行う前に，**需要曲線と供給曲線の導出**を確認しておこう．

　通常，需要曲線は，縦軸に価格，横軸に数量をとると，右下がりの曲線として描かれる．これは，いわゆる「**需要法則**」にしたがって，われわれ消費者が行動することとして説明される．

　この背景には，消費者の最適化問題，すなわち，「限られた予算制約の下で，効用（満足）を最大にする」合理的な行動を前提としている．

　この合理的な行動は，経済学では**限界効用均等**の概念を用いて説明しうる．個人の最適消費量を決定するモデルとして，2財からなる経済モデルを考えよう．最適な消費量は，予算制約の下で効用を最大化することで実現される．これは，当該財への支出によって得られる効用が2財とも同じになるよう，これら2財の購入割合を決定することを意味する．以下では，所得が不変で，2財のうち他の財の価格も不変である場合を想定し，需要曲線を導出してみよう．

　図1-1のパネルAは，横軸に財X，縦軸に財Yの購入量を取り，財Xの3つの価格を想定した予算制約線を示している．予算制約線Aは，財Xの購入量が0の場合に財Yは50個購入でき，逆に財Yの購入量が0の場合に財Xは100個購入できることを意味している．この予算制約の下で2つの財が購入された組み合わせが点Dであるとしよう．この点Dは，図には示していないが，無差別曲線と予算制約線との接点を意味し，この点で「限られた予算制約

の下で効用が最大化」されるこ
ととなる.

　次に, 所得（予算制約）と財
Y の価格が不変の下で, 財 X
の価格変化を考える. 最初に,
財 X の価格が下落した場合,
予算制約線は, Bのように変化
する. これは, 財 X の購入量
が０であれば, 価格変化前と同
様の財 Y だけを購入できるが,
価格が下落した財 X のみを購
入する場合には, 下落した財
X の価格に比例して, 購入で
きる量が増加することを意味す
る. このとき, 下落した財 X
の購入量を増やすことで同一の
効用が得られる点をEとして
示している.

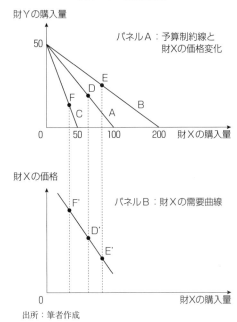

図1-1　需要曲線

出所：筆者作成

　同様に, 財 X の価格が上昇した場合には, 購入できる財 X の量は減少し,
予算制約線はCのように傾きが大きいものとなる. 点Fは, 価格変化前の同
一の効用水準とするため, 価格が上昇した財 X の購入量を減らした２財の組
み合わせを示している.

　パネルBは, 財 X の価格変化と購入量の変化を示したものである. パネル
A での２財の組み合わせD, E, F に相当する点D', E', F' を結んだ線が需要
曲線となる.

　点 D' から E' の変化は, 財 X の価格が下落した場合, その財の需要量は増
加することを表している.

　以上のように, 個人の最適消費量の決定を背景として, 「財の価格が下がれ
ば, 需要量は増える」という個人の需要曲線, すなわち個別需要曲線が導出さ
れる.

このように個別需要曲線は導出されるものの，市場のメカニズムを分析する際には，市場の需要曲線，すなわち社会全体での需要曲線を導出する必要がある．

これは，縦軸に価格，横軸に数量をとった右下がりの個別需要曲線を横方向に足し合わせることで導出できる．以降，需要曲線は個別需要曲線ではなく，**市場需要曲線**を意味することに留意してほしい．

1-3　供給曲線の導出

需要曲線が個人の行動から導かれたのに対して，供給曲線は企業の生産活動から導出される．

「需要法則」と同様，縦軸に価格，横軸に数量をとると，右上がりの曲線として供給曲線が示される．この供給曲線からは，「価格が上がれば，供給量は増える」ようすを読み取れるが，これは**供給法則**とよばれる．

この供給曲線の背景には，企業の最適な行動，すなわち「利潤最大化」の行動がある．現実社会おける企業の目的は，「従業員への安定した生活の提供」，「雇用を通じた地域社会への貢献」など，個別の企業ごとに無数にあるが，経済学では，「利潤の最大化」を前提とする．ここでは，完全競争市場での取引で，企業はプライス・テーカー（価格受容者）として行動する．すなわち，価格は市場で決定され，個別企業は，この市場で示された価格で販売し，利潤を獲得する．その際，企業は生産によって価格に影響を及ぼさず，利潤をどれだけ獲得できるかは，所与の価格の下で「どれだけ生産するか」に依存することになる．書くまでもないが，利潤は，収入と費用の差として定義される．この「利潤最大化」の説明に先だって，費用について論じていこう．

財を生産するためには，原材料，資本（機械設備），労働などの投入物が必要であるが，単純化のため，労働投入と生産の関係を考える．1単位の労働を追加的に増加させていくと，当初は生産量が比例的に増加するが，一定以上の労働を投入すると当初ほどは生産量が増えなくなる．同じ農場に最初は1人，次に2人，3人と労働投入を増やしていくことを想定すると，ある人数を超えると農場は労働者で混雑し始めて，お互いの生産の効率が悪くなっていく．この

ような状況を「労働の限界生産力逓減」とよぶ. 労働の限界生産力が逓減する
ということは, 追加的に 1 単位の生産物を生産するために必要な労働量が逓増
することを意味する. これを別の言い方で表せば, 限界費用が逓増することと
なる. この限界費用（MC）とは, 追加的に 1 単位生産するのに必要な費用の
ことである. すなわち, 限界生産力の逓減にともなって, 限界費用は逓増す
る.

　次に, 収入は, 価格と販売数量の積で定義される. ただし, 個別の企業は,
プライス・テーカーである（市場で示された価格に従って行動する）ので, 収入を
増やそうと思えば, 販売量を増やさなければならない. ある生産物を追加的に
1 単位追加販売した場合, これから得られる収入を限界収入（MR）とよぶ.
「利潤最大化」は, 先に記した費用（限界費用（MC））と限界収入が等しいとき
に実現される. 例えば, 1 単位の販売量を増加させたときに得られる収入
（MR）がその費用（MC）を上回っている場合を考えよう. 即ち, MR＞MC と
いうことは, 1 単位の販売量を追加することで得られる収入がその費用よりも
大きいので, 販売量を増やすことで利潤を増やすことができる. 他方, それと
は逆に, MR＜MC ならば, 1 単位の販売量を追加することで得られる収入が
その費用よりも少ないので, 赤字が拡大することになる. この場合には, 販売
を減少させることで利潤を増やすことができる. このように, MR と MC を
比較し, 両者のどちらかが大きいときには, 販売量の増加もしくは減少を通じ
て, 利潤を増大させるような行動をとる. 結局のところ, MR と MC が等し
くなる水準となるように生産量を決定し, このときに利潤が最大化される.

　なお, 完全競争市場の場合, 1 単位の販売増加によって得られる収入は, 当
該財・サービスの価格そのものである. したがって, 完全競争市場において
は, **価格＝限界費用**（P＝MC）となる生産量によって, 利潤最大化が実現され
る.

　このように, 価格＝限界費用となる生産量が利潤最大化となることが示され
た. このことを以下の**図 1-2**で確認しよう.

　図 1-2 は, 単純化のために, 生産物を生産する際の固定費用はないものと
して, 縦軸に費用（限界費用 MC, 平均費用 AC）と価格 P, 横軸に生産量 Q を
とったものである. なお, 平均費用 AC は, 費用を生産量で除した生産量 1 単

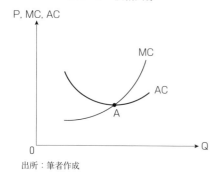

図1-2　供給曲線

P, MC, AC

MC

AC

A

0

Q

出所：筆者作成

位当たりの費用を意味する.

　まず, 限界費用は, 生産の増加にともなって, 費用が増加するので, 右上がりの曲線となる. また, この企業はプライス・テーカーであるから, 所与の価格とMC曲線の交点で生産量を決める. すなわち, 企業の供給曲線は, 限界費用そのものであることがわかる. ただし, 点Aは損益分岐点を意味し, 点Aより少ない生産量では赤字が生じる. つまり, 点Aより低い価格が市場で示された場合には, この企業は生産を行わない. 他方, 点Aより多い生産量では利潤が獲得できるので, 点Aより高い価格が市場で示された場合には, 利潤最大化の条件であるMC曲線上に沿った生産を行う. この結果, 点Aより多くの生産を行うMC曲線が供給曲線となる.

　ここまで, 個別企業を念頭に, 供給曲線を導出してきた. 社会全体の供給曲線, すなわち**市場供給曲線**は, 市場需要曲線と同様に, 個別供給曲線を横方向に足し合わせたものとなる. 縦軸に価格, 横軸に数量をとると, 市場供給曲線は, 右上がりの曲線として描くことができる. 以降, 供給曲線は個別供給曲線ではなく, 市場供給曲線を意味することに留意してほしい.

1-4　市場均衡と余剰分析

　これまでの2つの節からは, 需要曲線と供給曲線が導出された. これら両曲線を用いて市場均衡について見ていこう. 縦軸に価格P, 横軸に取引量Qをとると, 需要曲線Dと供給曲線Sの交点では, 需要と供給が一致する. すなわち, 取引される価格と数量が求まる. このときの価格を均衡価格, 取引量を均衡取引量とよぶ. この概念に基づいて, 消費者と生産者それぞれの余剰の概念を説明する. 図1-3は, 市場均衡とこれら2つの余剰について示したものである.

個人の需要曲線上の各点は，「この価格ならば，当該財はこの量だけ購入する」情報を提供してくれている．これを全て横方向に足し合わせたのが，市場需要曲線であった．市場均衡で示されている需要曲線でも同様に考えることができ，正に市場全体での「この価格ならば，この財の市場では，この量だけ購入される」情報を提供してくれている．

図1-3　市場均衡と余剰の概念

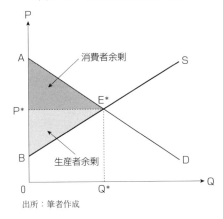

出所：筆者作成

次に，この均衡価格と異なる価格と需要曲線の関係について見ていこう．例えば，均衡価格より高い価格では，「均衡価格より高い価格で買ってもよいと思っていたのに，市場で示された均衡価格で安く購入できる」ことから，消費者は，便益を得ることができる．消費者によって示される支払い可能価格（需要曲線上の価格）と実際の支払い価格（均衡価格）との差より得られる便益を「消費者余剰」とよぶ．

他方，個別企業の供給曲線上の各点は，「この価格ならば，当該財はこの量だけ販売（生産）する」情報を提供してくれている．これもまた個々の企業の供給曲線を横方向に合計したものが市場供給曲線であったので，市場均衡で示されている供給曲線でも同じように考えることができる．

次に，均衡価格と異なる価格と供給曲線の関係について見ていこう．均衡価格より低い価格では，「均衡価格より低い価格で売ってもよいと思っていたのに，市場で示された均衡価格で高く販売できる」ことから，生産者は，便益を得る．言いかえれば，供給曲線上の各点は，生産者が示す最低価格であり，費用を意味する．これよりも高い価格が示されれば，費用を上回る便益をともなって取引できる．したがって，生産者によって示される最低価格（供給曲線上の価格）と実際の取引価格（均衡価格）との差より得られる便益を「生産者余剰」とよぶ．

これらのことから，完全競争市場を前提とすれば，需要曲線と供給曲線の交

7

点では，実際に取引される価格と数量が決定されるだけでなく，図1-3から読み取れるように，消費者余剰（△AP*E*）と生産者余剰（△P*BE*）の両者が最大となり，最も効率的な資源配分を達成する．これら消費者余剰と生産者余剰の合計を社会的余剰とよぶ．

1-5　ミクロ経済政策

(1) ミクロ経済政策の必要性

　市場に任せておけば，最も効率的な資源配分が行われ，消費者余剰と生産者余剰が最大になるのであれば，経済政策を行う意味はないようにも思われる．しかし，実際には，間接税の賦課，補助金交付などの経済政策が行われている．このようすをこれまでの余剰分析で評価してみよう．以下では，間接税，次に補助金を例とした余剰分析について概説する．

(2) 間接税のケース

　間接税は，政府の税収となることに加えて，その賦課によって，消費を抑制する一面を持っている．例えば，たばこ税の賦課は，毎年2兆円程度の税収を生んでいる．これは，消費税収の10分の1に相当する税収である．他方で，たばこの弊害は，健康面のみならず，たばこの火の不始末によって火災を生むなど，社会的な損害も生じている．

　ここでは，たばこの消費は，未成年者の喫煙防止や健康被害への対応として抑制されるべきであるという仮定に基づき，たばこ税（間接税）の賦課の余剰分析を行う．なお，ここでも完全競争市場を想定し，たばこ1単位当たりt円のたばこ税が課せられるとしよう．このようすを図1-4で説明しよう．

　縦軸に価格P，横軸に取引量Qをとり，たばこの需要曲線をD，供給曲線をSとする．当初の需給が均衡する点はE*となり，そのときの価格と取引量はそれぞれP*，Q*である．このときの消費者余剰は，△CP*E*である．他方，生産者余剰は△P*GE*となっていて，最も効率的な取引が行われている．

　このような効率的な市場での取引に，政府がたばこ税として1単位当たりt円賦課すると，この分が供給価格に上乗せされる．すると供給曲線はt円だけ

上方にシフトすることになる．このときの供給曲線をS'とする．たばこ税の賦課によって，均衡点は，当初の均衡点E*から新たな均衡点E'へ移る．このとき，市場で取引される価格はP^D，取引量はQ'となる．

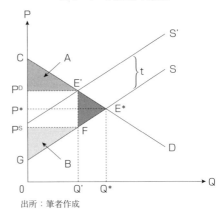

図1-4　間接税の効果

出所：筆者作成

　このときの余剰の変化を図1-4で確認しよう．消費者余剰は，新たな均衡点E'での取引にともなって図のAの面積，すなわち△CP^DE'となり，その大きさは減少する．他方，生産者余剰は，たばこ税の賦課によって生産コストの構造が変化するわけではないので，供給曲線Sで評価することなる．ただし，たばこ税によって取引数量はQ*からQ'に減少しているので，生産者余剰は図のBの面積，すなわち△P^SGFとして表される．この図で消費者余剰Aと生産者余剰Bの面積の間にある□P^DP^SFE'の面積は，税率tと取引量Q'の積であるので，政府税収と解される．つまりこの四角形は，政府余剰となる．

　ここまでの分析結果をまとめると，消費者余剰はAの面積，生産者余剰はBの面積そして政府余剰はこれらAとBで挟まれた白色部分の四角形（P^DP^SFE'）の合計が社会的余剰となる．しかし，この社会的余剰は，当初の課税前の社会的余剰に比べて，△E'FE*の部分だけ小さくなっている．この三角形は，消費者，生産者そして政府の余剰に組み込まれない余剰分で，税の賦課によって失われる余剰である．このように当初の均衡から新たな均衡に変化した際，どの経済主体にも属せず，市場から失われる余剰を「**死重の損失**」とよぶ．

　以上のように，たばこ税の賦課にともなう価格上昇は，その価格では購入しない消費者を生み，取引量を減らすことになる．余剰分析からいえば死重の損失を生むことになるので，効率性の観点からは望ましい政策であるとはいえない．他方，このような死重の損失があるにせよ，当初意図していたように取引

量の減少を達成できることがわかる.

⑶ 補助金のケース

　次に，現状よりも多くの財・サービスの購入を消費者に促す政策を考えよ
う．この政策手段として，補助金政策を取り上げ，余剰分析で考察していく．
補助金を給付し，その財・サービスの普及・促進を目論む政策として，エコ
カー購入，家庭用太陽光発電システムや家庭用燃料電池システム（エネファー
ム）導入などに対する補助金をイメージしてほしい.

　図1-5で，当初の均衡点をE^*，そのときの均衡価格をP^*，均衡取引量を
Q^*として示している．補助金政策によって，当該財は，市場に安価に供給さ
れるので，供給曲線は，当初のSからS'にシフトし，新たな均衡点は，E'と
なる．この結果，新たな取引量はQ'となり，補助金を給付した財の購入量は
増加することになる．補助金給付前の消費者余剰は$\triangle AP^*E^*$，生産者余剰は
$\triangle P^*BE^*$として表される．その結果，社会的余剰は，これら2つの三角形の
面積の合計，すなわち$\triangle ABE^*$となる.

　次に，補助金給付後の余剰の変化について見ていこう．この場合，先に確認
したように，新たな均衡点はE'，取引価格はP'であることに注目する．まず，
消費者余剰は，需要曲線上の価格と均衡価格の差によって得られる便益である
ことから，$\triangle AP'E'$となる．補助金の給付によって，消費者余剰は増加するこ
とがわかる．一方，生産者余剰は，供給曲線上の価格と均衡価格の差によって
得られる便益であることより，$\triangle P'FE'$となる．生産者余剰も補助金の給付に
よって増加することが読み取れる.

　この結果，これらの消費者余剰，生産者余剰は，ともに増加することとなる
が，社会的余剰を計測する際には，政府が支給する補助金について考慮する必
要がある．この図での補助金額は，補助金給付前後の価格差と取引量の積に
よって算出される．補助金は最終的には政府から消費者に給付されるものであ
るから，生産の費用に対しては，何ら影響を与えない．先に記したように，完
全競争市場を前提とすれば，供給曲線は限界費用曲線であったので，このシフ
ト前の供給曲線に沿って，生産が行われる．すなわち，補助金給付前の供給曲
線上でQ'に相当する財・サービスを生産することになる．このことを考慮す

れば，Q' の生産量の下で，補助金給付前後の価格差は，線分 CE' となる．以上より，補助金額は，図1-5 で示す▱BFE'C として算出される．

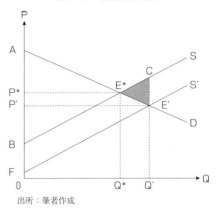

図1-5　補助金の効果

出所：筆者作成

この給付額相当分は，当初は政府が賄うものの，最終的には，消費者と生産者の余剰によって賄わなければならない．言いかえれば，この給付額は，消費者と生産者による納税に由来するので，社会的余剰を考える際には，両者の余剰からこの補助金給付額に相当する面積分を差し引く必要がある．

　具体的には，消費者余剰は △AP'E'，生産者余剰は △P'FE' であったが，これらの面積から，政府の補助金給付額である▱BFE'C を差し引くことで，社会的余剰を求める必要がある．図1-5 より △E*E'C は，補助金給付後の消費者余剰と生産者余剰の合計と相殺できないものになっていることを確認してほしい．この相殺できない △E*E'C は，補助金政策によって生じる死重の損失となっている．

　このように，政府が消費者に対して現状よりも多くの財・サービスの購入を促す補助金政策を実施することを通じて，消費者は当初の価格よりも低価格で財・サービスを購入できることになる．一方，余剰分析の観点からは，死重の損失を生むことになるので，効率性の観点からは，望ましい政策であるとはいえない．しかし，補助金政策は，死重の損失を生むものの，政府の目論見どおりに取引量を増加させることに成功する．

　先に記したように，エコカー購入，家庭用太陽光発電システムや家庭用燃料電池システム（エネファーム）導入に対する補助金政策は，地球温暖化対策につながる政策である．余剰分析の点から，効率性は失われる結論になっているが，これらの補助金政策は，消費行動と生産活動の変化を促すことにつながる政策であると評される．

1-6 市場の失敗

(1) 市場の失敗

　先の1-4で論じたように，完全競争市場では，市場に任せておけば，効率的な資源配分が達成され，社会的余剰は最大になる．しかし，前節で論じたように，間接税の賦課，補助金の交付などを通じて，現実社会においては政府が市場に介入している．この理由として，「市場の失敗」が挙げられる．この市場の失敗が生じる原因として，(1)独占，(2)外部性（外部経済），(3)公共財そして(4)費用逓減産業の4つを取り上げ，概説していこう．

(2) 独　占

　独占は，財・サービスの生産が一社のみによって行われている状況を意味する．この財・サービスを生産する企業を独占企業とよぶ．独占企業は，ライバル関係にある他企業がいないので，生産量はもとより価格も自由に決定できる．すなわち，完全競争市場における企業がプライス・テーカー（価格受容者）であったのに対し，独占企業はプライス・メーカー（価格設定者）として行動する．

　このような独占企業であっても，「利潤最大化」に基づいて生産を行うが，完全競争下の均衡価格よりも高い価格と均衡取引量よりも少ない生産を行って，利潤を増加させる行動をとるのが合理的である．別の言い方をすれば，独占企業は，生産者余剰を最大にするように，生産量を制限し，より高い価格設定となるように生産活動を行う．

　このようすを図1-6で説明しよう．図1-6は，縦軸に価格P，横軸に生産量Qをとり，限界費用曲線MC，限界収入曲線MRそして需要曲線Dを描いたものである．独占企業も完全競争企業も共に利潤最大化の行動をとるので，限界収入MR＝限界費用MCとなるように生産量を決定する．ただし，独占企業と完全競争企業（ここでは個別完全競争企業を想定してほしい）では，限界収入は異なったものになる．簡単な数値例を示そう．100円の缶コーヒーを10個販売すると，1000円の収入を得るが，さらに追加的に1個販売するとしよう．完全競争企業の場合，1本販売を追加すると，1100円の収入となる．これは，

価格は市場で決定され，企業はこの
価格を受け入れるプライス・テー
カーであることに起因する．すなわ
ち，完全競争企業は，縦軸に価格，
横軸に生産量をとると，P＝MR と
なる水平な（個別）需要曲線に直面
していることになる．したがって，
価格 P（100円）と限界収入 MR（100
円）は等しくなる．他方，独占企業
の場合，唯一の生産者であり，価格

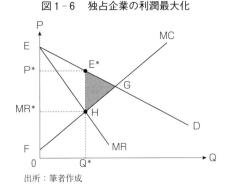

図1‐6　独占企業の利潤最大化

出所：筆者作成

を自由に設定できるので，図1‐6で示す右下がりの需要曲線に沿って販売す
ることになる．独占企業の限界収入は需要曲線が右下がりであることから，1
単位追加販売すると，限界収入は価格よりも低くなる．仮に缶コーヒーを1本
追加販売すると価格が95円になるとすれば，収入は11本×95円＝1045円とな
り，限界収入は45円であるので，追加販売価格95円よりも小さくなる．図1‐
6で Q* だけ販売したい場合には，価格 P* よりも低い限界収入 MR* となる．
つまり，独占企業の場合には，限界収入曲線 MR は，需要曲線 D よりも下方
に位置することになる．

　利潤最大化の条件は，限界収入 MR＝限界費用 MC となるように生産量が
決定されることであったので，図1‐6では，MR＝MC となる均衡生産量 Q*
を販売し，均衡価格は P* となる．

　このとき，消費者余剰は，△EP*E*，生産者余剰は，台形 P*FHE* となる．
完全競争市場のケースと比較してみると，均衡取引量は過小な生産となるの
で，生産者余剰は増加する．他方，消費者余剰は減少し，△E*HG に相当する
死重の損失を生むことになる．つまり，独占企業の存在は，その財・サービス
の市場において，効率的な資源配分を実現できない，ということになる．

　この独占の弊害を取り除く1つの政策として，上述の「過小な生産」を是正
するように，政府が上限価格規制を設けることが挙げられる．この結果，当初
独占企業が目論んだ価格よりも低い上限価格を設定することを通じて，増産を
促し，社会的余剰を増加させることが可能となる．

独占企業の行動は，消費者に完全競争下より高い価格で購入せざるを得ない犠牲を強いて，より多くの利潤を獲得しているとも解される．結果として資源配分の効率性を失う独占は，市場に任せておいては解決できないので，政府の経済政策によって市場の失敗を解消する必要がある．

(3) 外部性

独占による市場の失敗は，価格競争が行われないことに依拠している．しかし，価格競争が行われたとしても，市場に委ねると過大ないしは過少に取引され，市場の失敗になることもある．この原因としては，**外部性**の存在が挙げられる．

外部性とは，消費者や企業の経済活動によってもたらされる副作用ともいうべきもので，消費者や企業の経済活動が，市場を通さずに他の消費者や企業に影響を及ぼすことである．典型的な例としては，環境汚染と教育が挙げられる．

前者は，工場の煙突から出る煤煙，川上の工場から排出される汚染物質などをイメージしてほしい．工場では，人々の生活の質を向上させる生産物を作っているが，工場周辺の住民，川下の住民は，大気汚染，水質汚濁によって損害を被る．この損害に対する費用負担は，汚染者である工場が負担すべきであるが，この市場（しくみ）がないと，環境汚染問題を解決することはできない．このような工場とは無関係な住民に損害を及ぼすような悪い影響は，「**負の外部性**」とよばれる．「負の外部性」によって生じる住民の損害に対する費用負担は，そのままでは市場の取引に委ねることができず，結局，工場はこの費用負担を無視して利潤最大化の行動をとるので，過剰な取引を生み，市場は失敗することになる．

他方，教育の場合，大学の授業内容を友人に無償で教えてもらう状況をイメージしてほしい．教わる側は，言わば，友情によって金銭の支払いを行うことなく，知識や理解を深めることができる．教える側は，自ら獲得した知識を友人に教え，理解してもらえることで喜びを獲得するであろう．このような金銭の授受を伴わない，すなわち市場を通さない学生同士の教えあいを通じて，学生に与える良い影響は「**正の外部性**」とよばれる．この「**正の外部性**」は，

双方の学生に好ましい影響を与えるので，このような行動は，推奨されるべきであるが，これもそのままでは市場の取引がないので，過小な取引にとどまり，市場は失敗する．

　そこで，政府は，何らかの経済政策を打ち出して，過大ないしは過小な取引を改めるように市場に介入する．上述の例でいえば，「負の外部性」によって過大な取引が行われている場合には，汚染物質を生じる生産物に対して課税し，生産量を抑制させる．また，「正の外部性」によって好ましい影響を生み出す教育に対して，補助金（この例では奨学金）を与えれば，これまで以上に学生間の教えあいが促進されるであろう．

　「負の外部性」を削減する税をピグー税，「正の外部性」を増加させる補助金をピグー補助金とよぶ．これは経済学者のピグーによって提唱された概念で，このような税や補助金などの政策手段によって市場の失敗を改めることを「外部性の内部化」とよぶ．

　前節(2)の間接税は，たばこの消費によって生じる「負の外部性」を削減するピグー税と解することができる．他方，前節(3)の補助金は，エコカー購入の促進によって環境汚染を削減するだけでなく，新技術そのものが他の産業にも波及する効果（これを技術のスピルオーバーとよぶ）などの「正の外部性」を増加させるピグー補助金となっていることを確認してほしい．

(4) 公共財

　「市場の失敗」により，必要な財・サービスがまったく生産されなくなるケースを紹介しよう．結論からいえば，対価を払わずに，財・サービスを消費する「フリーライダー問題」に起因する．これは，合理的な消費者によってももたらされ，「ただ乗り」するインセンティブを有する財・サービス，すなわち公共財の性質を持つものに生じる．典型的な公共財の例としては，灯台が挙げられる．記すまでもなく，灯台は，船舶交通の安全に必要不可欠な情報を不特定多数の船舶に提供している．この灯台には，①利用する船舶が増えても灯台が提供するサービスは低下しない（消費の非競合性），②利用する船舶のみに限定してサービスを提供する，あるいは利用しない船舶だけサービスを排除することができない（排除不可能性），という特性がある．このような消費の非競合

コースの定理

個人，家計そして企業の経済活動は，多かれ少なかれ，外部性を生じさせる．とりわけ，負の外部性の存在は，厄介な問題であり，その解決のために「外部性の内部化」について，多くの提案がなされてきた．本章で紹介した「ピグー税」は，その一例である．これ以外にも外部性を生み出す企業と受ける企業間の「合併」や温室効果ガス排出権取引のような「市場の創設」などがある．

ロナルド・コースは，これらとはまったく異なる視点，すなわち「当事者間の交渉」に基づく負の外部性への対応を提唱した．これは「コースの定理」とよばれ，外部性が存在する場合に，政府が介入しなくても当事者間の自主的な交渉によって負の外部性を内部化し，市場の失敗を回避できる可能性を示唆したものである．

交渉の費用（取引費用）がわずかで，交渉がスムーズに行われれば，当事者間で外部性の内部化を実現する一方法となることを指摘した点は，特筆すべきアイディアである．

性と排除不可能性を持つ財を公共財とよぶ．

他方，われわれが購入する多くの財サービスは私的財とよばれる．私的財には，公共財とは対照的に消費の競合性と排除可能性の特性がある．例えば，コンビニに行き，１本の缶コーヒーを購入したとしよう．購入者がすべて飲んでしまえば，もはや他者はその缶コーヒーを飲むことができない．つまり一本の缶コーヒーは購入者以外の人と同時に消費することはできない（消費の競合性）．また，コンビニは，購入者だけに缶コーヒーを提供し，購入しない消費者には缶コーヒーを提供しない（排除可能性）．

これらの私的財と公共財の特性を踏まえた市場取引について，以下の図1-7を用いて考えてみよう．

図1-7は，縦軸に価格P，横軸に取引量Q，均衡点をE^*，均衡価格をP^*，市場需要曲線をD，市場供給曲線をSとし，私的財の需要をパネルA，公共財の需給をパネルBとして示したものである．また，これらの市場に参加しているのはAさんとBさんの２人の消費者で，個別需要曲線をそれぞれdA，dBとすれば，市場需要曲線Dは，これらの合計として示される．

最初に，パネルAをみると，需要曲線上の点は，消費者の支払い可能額であったので，所与の均衡価格P^*の下では，Aさんはqా，BさんはqB購入する．市場需要曲線は，個別市場曲線を横方向に加えたものなので，市場全体の

図1-7　私的財と公共財の市場取引

パネルA：私的財の需要と供給

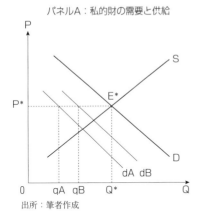

パネルB：公共財の需要と供給

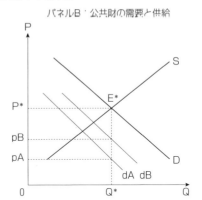

出所：筆者作成

需要量は Q^*（$=qA+qB$）となる.

　他方，パネルBは，Q^*の公共財を2人で消費する場合を描いたものである. 先述のように，公共財には消費の非競合性，すなわち，AさんとBさんが同時に公共財を消費できる特性を持っている. 2人で同時に消費できるので，私的財のように，個別需要曲線を横方向に加えて市場需要曲線を得るのではなく，縦方向に加えることに留意してほしい. 2人の個別需要曲線に注目すると，この公共財に対するAさんとBさんの支払い可能額は，それぞれpA, pBと解され，これらの合計である P^* を通る市場需要曲線が得られることになる.

　一見すると，私的財と公共財の市場需要曲線は，個別需要曲線を「横方向に加えるか，縦方向に加えるか」の違いのように思える. しかし，需要曲線が「支払い可能額」であったことに再び注目すると，公共財の消費に際し，支払い可能額に相当する支払いを求められた場合には，その金額を過少に表明する可能性がある. すなわち，公共財の場合には，「ただ乗り」するインセンティブにより，個別需要曲線を下方にシフトさせ，市場需要曲線も下方にシフトすることになる. その結果，公共財は過少な供給にとどまり，場合によっては，まったく供給されないことになる.

　灯台の例に戻り，仮に自社の船舶だけに灯台サービスを提供することを目的

として，灯台が設置されたとしよう．灯台をあたかも私的財として設置したとしても，灯台には公共財の特性，すなわち消費の非競合性の特性を持っているので，灯台設置費用をまったく負担しない他社の船舶にもサービスが提供される．つまり他社は，「正の外部性」を享受し，「ただ」で灯台サービスを利用することになる．この「ただ乗り」を防ごうにも，排除不可能性があるため，灯台サービスを自社だけに限定することや不特定多数の他社に費用負担を求めることは，事実上困難であろう．これに気づいた灯台設置企業は，自社が灯台を設置する供給者である必要はなく，他社が灯台を設置することで，自ら「ただ乗り」する消費行動をとることが合理的な考えとなる．つまり，公共財の特性から「フリーライダー問題」が生じ，公共財としての灯台は，市場のメカニズムに委ねると設置されず，船舶交通の安全確保が困難になってしまう．

　したがって，公共財による「市場の失敗」を防ぐためには，政府による公共財への関与が必要となっている．

(5) 費用逓減産業

　費用逓減産業とは，生産活動を始める際に膨大な初期費用が必要な反面，より多くの生産を行うことで，生産費用が次第に減少していく産業のことを指す．具体的な例としては，電力会社，ガス会社，鉄道会社など社会資本（インフラ）に関係する産業が該当する．

　電力会社を例にすれば，発電所，送電鉄塔，配電用変電所，電柱や電線などの設備が必要で，これらの電力設備を設置するためには，膨大な費用を必要とする．ただし，いったんこれらの設備を敷設すれば，企業や家庭への電力供給は，比較的低費用で行うことができる．このように，電力供給ネットワークの敷設時には，電力の供給量も少なく，電力1単位当たりの費用，すなわち平均費用は高いが，電力供給を増やせば増やすほど，この平均費用は減少していく．このようすを縦軸に価格P，限界費用MCそして平均費用AC，横軸に生産量Qをとった図1-8で確認しておこう．

　先の1-3で記したように，完全競争市場を前提とすれば，企業は利潤最大化，つまり価格＝限界費用（P＝MC）となる生産水準で財・サービスを生産する．図1-8では，損益分岐点である点Aの生産量Q^Aより多くの生産を限界

費用曲線に沿って生産することで，利潤最大化を実現する．つまり，点Aの損益分岐点より多くの生産量で取引されるMC曲線上の価格と生産量の積は売上，この生産量と（固定費用を含めた）平均費用ACの積は費用であるので，売上が費用を上回り，利潤を生む生産活動となる．

図1-8　費用逓減産業による過少な生産量

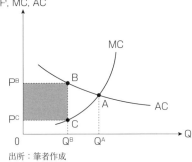

出所：筆者作成

　他方，点Aの損益分岐点より少ない生産量，例えば点Bでの生産量 Q^B では，限界費用曲線に沿った価格 P^C と Q^B の積が売上，平均費用に沿った価格 P^B と Q^B の積が費用となり，差し引き網掛けをした□ $P^B P^C CB$ に相当する損失が生じる．損失が生じる生産量の下では，どの企業もこの財・サービスを生産しようとはせず，結果として社会的に有用な財・サービスであってもまったく供給されない，ないしは過少な供給に留まることになる．

　以上のように，費用逓減産業は，財・サービスの生産に際し，初期費用が膨大になっていて，生産の当初の平均費用が限界費用を上回る右下がりの状況では，市場のメカニズムに任せると，過少な供給，ないしはまったく供給されない市場の失敗が生じる．この市場の失敗に対しては，上記の損失を補塡する補助金政策が挙げられる．

1-7　おわりに

　本章では，財・サービスの需要と供給，市場均衡と余剰の概念を概説し，主に余剰分析によって，ミクロ経済政策について説明した．財・サービスの取引を市場のメカニズムに委ねることを通じて，市場は効率的なものとなるが，ときにはその効率性を犠牲にしても，政府が市場に介入し，市場のゆがみを修正する政策を必要とする場合もある．これは，市場の失敗に対するミクロ経済政策的な観点からの対応である．独占市場，外部性，公共財そして費用逓減産業

の存在などが，市場の失敗を生み出す場合には，経済政策が必要となってくるのである．

ただし，本章で示したミクロ経済政策は，特定の市場に限定した政策であることに注意してほしい．1-5では，たばこに対する課税やエコカー購入に対する補助金給付の取引における効率性を余剰の概念を用いて分析したが，これらは極めて単純化された一部の市場に焦点を当てているに過ぎない．このような特定の市場のみに焦点を当てた分析は，**部分均衡分析**とよばれる．実際の経済では，財・サービスの取引は，相互作用・依存関係にある．例えば，エコカーの代表として電気自動車を例とすれば，電気自動車の普及に寄与する補助金給付は，その構成部品の需要にも影響を及ぼす．従来のガソリン自動車に搭載されているエンジンに代わるモーターは，その需要を増大させ，エンジンの需要を減少させるであろう．加えて，モーターの需要が増大し，その供給が不変であれば，モーターの価格は上昇し，これは電気自動車の価格上昇につながるであろう．すなわち，他の市場（モーター）の価格変化は，当該市場（電気自動車）に影響を及ぼすことを考慮する必要がある．

以上のように，特定の市場だけではなく，他の市場も考慮に入れて，経済の相互作用や相互依存の関係を考慮に入れる分析を**一般均衡分析**とよぶ．

次章以降では，このような一般均衡分析を念頭に置いたマクロ経済政策に関する説明を行う．

📖 **学習のための参考文献**（初級★・中級）

★井堀利宏（2019）『入門ミクロ経済学〔第3版〕』新世社
★柳川隆・町野和夫・吉野一郎（2015）『ミクロ経済学・入門―ビジネスと政策を読みとく〔新版〕』有斐閣
　林貴志（2013）『ミクロ経済学〔増補版〕』ミネルヴァ書房
　神取道宏（2014）『ミクロ経済学の力』日本評論社

第2章　国民経済計算

生産物等が市場を介した取引を通して企業・家計・政府の間を絶え間なく動くことで，現代社会は支えられている．私たちの身体が血液の循環によって支えられているのになぞらえて，これをマクロ経済循環とよぶ．
　本章では，マクロ経済循環を理解するために，経済活動を多面的かつ体系的に捉える国民経済計算を説明する．

2-1　はじめに：国民経済計算とは

　不況やデフレ，失業といった経済全体（マクロ経済）の問題に対する政策を考える準備として，マクロ経済を数量的に把握することからはじめよう．そのための代表的なマクロ経済統計が**国民経済計算**，いわゆる **SNA**（System of National Accounts）である．

　SNA においては，一国の経済活動を生産・分配・支出といった側面や資産・負債といった側面から体系的に捉え，記録する．現実にはさまざまな取引が行われているが，それぞれの取引額は相互に関係しており，その関係を明示することはマクロ経済の基本構造を把握することになる．

　統計の仕組みが国によって異なっていると国際比較ができないので，国際連合が SNA の枠組みを提示し，その採用を推奨してきた．国際連合の共通基準に従って日本を含む多くの国が統計を作成しており，最新の年鑑には200を超える国と地域のデータが含まれている．

　国際連合が示す基準は，1953年に初版が示されて以来，何度か改訂されてきた．1968年に国際連合統計委員会で採択された1968SNAでは，それまでの一国の生産・分配・支出が中心の国民所得勘定に加え，産業間の投入と産出を扱う産業連関表，お金の流れを捉える資金循環勘定，外国との取引を記録する国際収支表および一定時点の資産・負債を報告する国民貸借対照表の5勘定が1つの体系に統合されることになった．

SNA の開発は実証的経済分析の基礎の大幅な改良を促し，その基礎的貢献のあったジョン・リチャード・ニコラス・ストーン（John Richard Nicholas Stone）は，1984年にノーベル経済学賞を受賞した．

その後も経済・金融環境の変化に対応して，1993SNA および 2008SNA において，部門別の勘定の詳細化，項目の新設，範囲の拡張などが行われてきた．日本では2016年から 2008SNA への対応がなされている．

本章では，国民経済計算のうち国民所得勘定と産業連関表を中心に説明し，マクロ経済の基本的構造のとらえ方を理解する．それらは第3章のマクロ経済政策分析のためのモデルの理解の基礎となるだろう．

2-2 マクロ経済のとらえ方

統計の説明に入る前に，マクロ経済についての基本的概念を整理しておく．

⑴取引されるもの

経済活動の中ではさまざまなものが取引されている．すぐに思い浮かぶのは生産物である．マクロ経済学では，経済全体を把握するために，生産物を個別ではなく，金額を集計して「1種類の生産物」のように扱うことが多い．ただし，生産物に関する以下のような分類はマクロ経済を扱う際にも重要である．

第1に，自動車やコメなどのように有形のものを**財**，教育や医療などのように無形のものを**サービス**とよぶ．

第2に，原材料や半製品，部品などのように生産過程に再投入されるものを**中間生産物**，生産過程を終えて販売されるものを**最終生産物**とよぶ．使途による分類であるので，同じ生産物でも中間生産物にも最終生産物にもなりうる．例えば，消費者が購入する場合，そのイチゴは最終生産物であるが，ジャム工場が購入する場合は中間生産物となる．

次に，生産活動に必要な労働，土地，資本なども取引されている．これらは総称して**生産要素**あるいは**資源**とよばれる．ここでいう資本とは，生産物のうち将来の生産や消費に役立つものの総称である．具体的には，建物，機械，在庫などの形をとる．さらに，在庫は原材料，半製品，完成品などから成る．

　金融面では，債券や株券などの**証券**（財産に関する権利・義務を記載した紙片）
も取引される．**債券**は企業や国が不特定多数の人から資金を借りるときに発行
する借用証書で，期限がきたら一定の金額を支払い，定期的に**利子**を支払うも
のである．**株券**は会社の部分的なオーナーシップを表し，株主は持ち株に応じ
て**配当**を受け取る．また，さまざまな取引の対価として貨幣が支払われる（貨
幣については金融の章を参照．この章では貨幣として現金をイメージしても差し支えな
い）．

(2) 経済主体とその役割

　意思決定を行う代表的な経済主体としては企業，家計，政府がある．それぞ
れの役割について概観しておこう．

　企業は生産要素と中間生産物を購入し，それらを投入して財・サービスを生
産・販売する．政府に対しては租税を支払い，補助金など移転所得を受け取る
（**移転**とは反対給付を伴わない一方的な購買力の移動をいう）．税引き後の利潤のうち
家計に分配されない部分は企業の貯蓄であり，内部留保とよばれる．

　また，企業は将来の生産のために建物，機械を購入したり，在庫を積み増し
したりする．このような行為を**投資**とよぶ．資金が不足する場合は，金融機関
から借りるか，社債や株式を発行して調達し，それらに対して利子や配当を支
払う．

　家計は生産要素を企業や政府に供給し，**賃金**，**地代**，**利潤**を受け取る．ま
た，政府に租税を支払う一方で，社会保障給付などの移転所得を受け取る．家
計は消費のために財・サービスを購入し，所得の残りは貯蓄となる．この貯蓄
が資金不足の企業や政府に貸し出され，家計は利子や配当を受け取る．

　政府は企業や家計から租税を徴収し，さまざまな支出を行う．公務員を雇用
し，警察や消防などの**公共サービス**を提供する．また，消費のために財・サー
ビスを購入したり，道路や港湾の建設などの**公共投資**を行ったりする．また，
企業へ補助金を，家計に社会保障給付を移転支出する．もし支出が税収を上回
る時は**国債**を発行し資金を調達する．また，貨幣を発行し供給するのが中央銀
行で，政府に含めて議論する場合もある．

　その他，国際間の経済取引を考慮する場合には，マクロ経済主体として外国

も重要である．また，民間を金融部門と非金融部門に分ける場合もある．

(3) マクロ経済循環

　生産物，生産要素，証券が取引される場を，それぞれ，**生産物市場，生産要素市場，証券市場**とよぶ．経済活動の中で，生産物，生産要素，証券がそれぞれの市場において各経済主体間で取引される．その際，その支払いとして貨幣が反対方向に動く．

　このような取引の流れによって現代社会の経済活動は支えられている．血液の循環によって私たちの身体が支えられているのになぞらえて，**マクロ経済循環**とよぶ．SNA はマクロ経済循環の基本構造を体系的にとらえるための統計といえる．

(4) フローとストック

　ところで，経済統計量を理解する上で，**フロー**と**ストック**の概念と，両者の関係は重要である．フローとは一定期間の経済活動の流れの量であり，ストックとはある一時点において存在する量を意味する．

　蛇口をひねると 1 分間に10リットルずつ水がバスタブに流れ込むとしよう．5 分という期間をとると，50リットルの水がバスタブに流れ込むが，これはフローである．一方，20時にバスタブが空の状態で蛇口をひねったとする．20時5 分にバスタブに溜まっている水の量は50リットルで，これはストックである．また，20時5 分からさらに 5 分後どうなっているかというと，5 分間で50リットル流れ込むので，20時10分には100リットルになる．つまり，20時10分にバスタブに溜まっている水の量100リットル（ストック）＝20時5 分の水の量50リットル（ストック）＋ 5 分間に流れ込んだ水の量50リットル（フロー）である．このように，バスタブに一定期間に流れ込む水の量（フロー）とある時点に溜まった水の量（ストック）は密接な関係がある．

　経済変数でいえば，ある一定期間内の生産・所得・支出はフロー変数であり，ある時点に存在する資本の量や資産残高はストック変数である．

2-3　国民所得勘定

国民所得勘定は，ある一定期間内に新たに生み出された財・サービスの価値額を推計し把握する統計で，SNA の中心的役割を担っている．また，それにより生産のみならず分配・支出といった側面からも経済活動を把握することができる．国民所得勘定の中にもいくつかの指標があるが，最も基本的な概念の１つである**国内総生産**（Gross Domestic Product: GDP）を中心に説明する．

(1) GDP とは何か

ある一定期間内に国内で新たに生み出された財・サービスの正味の価値を市場価格で評価した総計が GDP である．初めに GDP の推計に関する基本的な特徴からみていこう．

第１に，「ある一定期間内に」とあることから GDP はフロー変数である．日本では年度，暦年，四半期のデータが内閣府から公表されている．四半期データについては，自然条件，暦の要因，制度・慣習など季節の変動要因を取り除いた季節調整済データもある．

第２に，「国内で」の意味は，例えば，日本の GDP なら日本に存在する生産要素を用いて生産したものが対象となるということである．たとえ外資系企業や外国人労働者による生産であっても日本国内での活動であれば対象となる．

第３に，「新たに生み出された財・サービスの正味の価値」の意味についてである．「正味の価値」は**付加価値**の合計として計算する．ここで，付加価値とは生産額から中間投入額を差し引いたもので，中間投入額を差し引くのは，二重計算を避けるためである．

また，「新しく生み出された財・サービスの価値」を測るので，過去に生み出されたものや資産価格上昇による利益は含まない．例えば，ゴッホの絵が58億円で落札されたとしても，オークション会社が受けとる手数料などを除けば，その取引額は単に絵の持ち主が変わっただけで，GDP には含まれない．同様の理由で在庫の取り崩しでの取引も GDP には含まれない．また，株価が上がって儲かったとしても，証券会社が受け取る手数料などを除けば，資産価

格上昇による利益（キャピタル・ゲイン）は GDP には含まれない.

第4に,「市場価格で評価」についてである. 現実にはさまざまな財・サービスが生産され, それぞれの生産量の単位は異なるので（例えば, 鉄鋼ならトン, 自動車なら台数など）, 物量単位で足し合わせることはできない. そこで, GDP の計算では市場価格で評価した金額で計上する. したがって, 基本的に市場向けに生産されたものが GDP に計上され, 無償労働は計上されない. 例えば, 家庭内で行われる家事労働は GDP には計上されないが, 家事代行業によるサービスは計上される.

ただし, 農家の自家消費, 持ち家の家賃, 公共サービスなど市場向けの生産ではないが GDP に含まれるものもある. 農家の自家消費や持ち家の家賃は, 市場での農産物価格や家賃に基づいて推計する（帰属計算という）. また, 公共サービスは政府により提供されるが, その価値を公務員給与などの費用で評価し GDP に計上する.

(2) 生産面からみた GDP

前項の GDP についての3番目の特徴から, GDP は付加価値の総計として, すなわち生産面からのアプローチを通して推計できることがわかる. ここでは GDP の計算例として, 図2-1 のような単純な例で GDP を考えよう.

ある年に日本のもち米農家が, 自分が所有する土地と自分自身の労働でもち米を生産し, 日本の餅製造業に1000万円で販売したとする. 餅製造業は労働者を雇い, もち米を餅に加工し, 小売業に2000万円で販売した. さらに, 小売業は労働者を雇い, 仕入れた餅を消費者に3500万円で販売したとする.

この経済活動全般の総産出額は, 1000万円＋2000万円＋3500万円＝6500万円である. しかし, この総産出額は中間投入として支払った部分を重複して計算しており, 正味の生産額ではない. したがって, この経済活動に関わる GDP を計算するためには, 中間投入額を差し引き, 付加価値を計算する必要がある.

生産工程別に付加価値の合計を計算すると, 1000万円＋1000万円＋1500万円＝3500万円となり, これが日本の GDP に計上される. 同じことであるが, 先の総産出額6500万円から中間投入の累計額1000万＋2000万＝3000万円を差し引

図2-1　付加価値と GDP

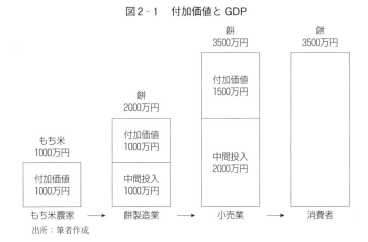

出所：筆者作成

くと3500万円が計算できる.

　ただし，もち米を外国から輸入している場合は，もち米農家の付加価値1000万円は日本の GDP には含まれないことに注意が必要である．この場合は，餅製造業と小売業の付加価値の合計2500万円が日本の GDP となる.

(3) 分配面からみた GDP

　GDP は国内の労働・資本・土地などの生産への貢献によって生みだされたものであるから，付加価値は国内要素所得として分配される．したがって，(2)では GDP を生産面（付加価値）から測ったが，分配面からも測ることができる.

　ただし，付加価値のうち，**純間接税**（間接税−補助金）と**固定資本減耗**（減価償却）の部分は要素所得として分配されない．まずこの点について簡単に説明しておこう.

　純間接税とは間接税から補助金を控除した額である．間接税は，消費税や酒税などのように納税者と税負担者が異なり，企業が支払う税である．利潤計算前の控除項目として差し引かれ，要素所得に入らない．一方，企業は政府から補助金をもらうので，間接税から補助金を差し引いた純間接税の分だけが付加価値から控除されることになる.

　生産のためには機械・建物などの固定資産を使用するが，年々減耗する部分

は生産物の価値からコストとして差し引く必要がある．それを固定資本減耗あるいは減価償却という．付加価値を粗付加価値と純付加価値に区別する場合があるが，粗付加価値は固定資本減耗を含んだ概念であり，純付加価値は含まない概念である．本章では付加価値を粗付加価値の意味で用いている．

また，SNA では固定資本減耗を含む概念を"Gross"で表し，含まない概念を"Net"で表す．粗付加価値の合計が GDP であり，純付加価値の合計，すなわち GDP から固定資本減耗を差し引いた残りを**国内純生産**（Net Domestic Product: NDP）とよんでいる．

純間接税と固定資本減耗以外の部分は，労働，資本，土地にそれぞれ賃金，利潤，地代として分配される．国民所得勘定における発生源別の所得分配の用語としては，「雇用者報酬」・「営業余剰」・「混合所得」がある．「**雇用者報酬**」は賃金・俸給など労働を提供した雇用者への分配で，「**営業余剰**」は主として企業の利潤を反映したものである．「**混合所得**」は個人事業主の所得で，資本や土地の貢献分だけでなく労働の貢献分が混在している．

例えば，**図2-1**の例に対応して所得分配が**表2-1**のようであったとする．もち米農家は受け取る補助金が支払う間接税より大きく，純間接税は負の値である．したがって，要素所得は付加価値をその分上回っていることに注意が必要である．この経済活動をめぐる GDP は3500万円であるが，所得の面からも

表2-1　付加価値と所得

主　体	産出額	中間投入額	付加価値	所得分配
もち米農家	1000万円	0 円	1000万円	純間接税：−100万円 混合所得：1100万円
餅製造業	2000万円	1000万円	1000万円	固定資本減耗：50万円 純間接税：50万円 雇用者報酬：450万円 営業余剰：450万円
小売業	3500万円	2000万円	1500万円	固定資本減耗：100万円 純間接税：100万円 雇用者報酬：700万円 営業余剰：600万円

出所：筆者作成

固定資本減耗150万円＋純間接税50万円＋雇用者報酬1150万円＋営業余剰1050万円＋混合所得1100万円＝3500万円として計算できる.

まとめると，所得側からはGDPを以下のように表すことができる.

GDP＝国内要素所得(生産要素が受け取る所得)＋純間接税＋固定資本減耗
＝雇用者報酬＋営業余剰＋混合所得＋純間接税＋固定資本減耗

$$(2\text{-}1)$$

⑷ 支出面からみた GDP

さらに，GDPは支出面からも計算できる. GDPはある年に国内で生み出された付加価値の合計として，最終生産物の中に体化されている. 図2-1でいえば，もち米農家，餅製造業，小売業のそれぞれの付加価値は，最終生産物である餅3500万円の中に含まれている. したがって，最終生産物に対する支出を合計することでもGDPを推計できる.

最終生産物への支出は，大きく分けると国内最終ユーザーによる支出と海外による支出から成り，海外による支出は自国から海外への輸出となって現れる. 国内最終ユーザーによる支出は，民間消費支出，民間投資支出，および政府支出から成る.

民間消費支出は，主として家計によってなされる. 家計の購入する自動車，電化製品，家具などの耐久財も含まれる.

民間投資支出には，建物や設備を増やす固定資本形成と，在庫投資（在庫の変動）から成る. 固定資本形成は，企業の設備投資だけでなく，家計の住宅購入も含まれる. 在庫の変動には意図したものと意図しないものがある.

意図しない在庫投資について説明しよう. 簡単化のため貿易は捨象する. 例えば，当該期間の自動車の生産額は15兆円で，自動車に対する消費支出が14兆円であったとする. この時1兆円の自動車が売れ残るが，在庫投資として1兆円が民間投資支出に計上される. 支出側から測ると14兆円＋1兆円＝15兆円となり，生産側からみたGDPを捕捉することができる.

一方，当該期間の自動車の生産額は15兆円で，消費支出は17兆円とする. 2兆円分の生産は不足しているが，在庫の取り崩しで対応したとする. この時，在庫投資として－2兆円が計上される. 支出側から測ると，17兆円－2兆円＝

15兆円となり，生産側から測った GDP に一致する．

　つまり，GDP の当該期間に生産された財が売れ残れば，在庫が意図せず増加する．それをプラスの在庫投資として計上するので，当該期間に生産された財は売れ残ったとしても GDP として支出側からも評価される．一方，生産が需要に追いつかず，在庫を取り崩して供給する場合は，意図せず在庫が減少する．それをマイナスの在庫投資として計上するので，他の支出項目でプラスの評価をしても，マイナスの在庫投資が相殺するので，過去の生産物への支出は排除できる．

　政府支出は政府によって財・サービスに支出される部分であり，政府消費と政府投資（公共投資）とに分類できる．政府消費は民間企業が生産した財・サービスに向かう部分と公務員が生産したサービスに向かう部分がある．後者は，公務員給与などの費用でその価値を評価し，政府が公務員を雇用して公共サービスを生産すると同時に政府自らそれに対して支出を行い，民間に提供していると解釈する．また，政府の支出には社会保障給付や補助金支払などの移転支払もあるが，ここでの政府支出（当該期間に生産された財やサービスの購入）には含まれない．

　以上のことから，当該年に生産された財・サービスはいずれかの支出に必ず計上され，以下のように表すことができる．右辺は国民所得勘定において「GDP（支出側）」とよばれているが，便宜上ここでは**国内総支出**（Gross Domestic Expenditure: GDE）とよぶ．

$$\text{GDP} = 民間消費 + 民間投資 + 政府支出 + 純輸出$$
$$= \text{GDE} \tag{2-2}$$

　ここで，**純輸出**とは「輸出−輸入」のことである．輸入を差し引く理由は，GDP は国内で生み出された付加価値であるので，右辺も国内で生み出された付加価値に向かう支出のみを計上しなければならないからである．具体的には，第1に，定義上，民間消費，民間投資，政府支出の中には国内品だけでなく輸入最終生産物に対する支出も含まれている．第2に，国内最終生産物に向かう支出であっても，海外で生み出された付加価値に向かう部分，すなわち輸入中間生産物の部分は差し引く必要がある．したがって，輸入最終生産物と輸入中間生産物の両方の輸入を最後に差し引く必要がある．つまり，純輸出には

最終生産物だけではなく，中間生産物も含まれることに注意が必要である（輸出に関しても，当該国では生産工程を終えているが，輸出先では再び生産工程に投入される可能性もある）．

　先の図 2 - 1 の例で，もし外国のもち米農家からもち米を輸入しているとすると，国内で生み出された付加価値の合計は2500万円である．この時，支出面から GDP を計算する時は，消費支出は3500万円で，たとえそれが国内産の餅に対する支出であっても，そのすべてが国内の付加価値に支出されるのではないことに注意が必要である．最終生産物に体化された付加価値のうち1000万円は外国で生み出された付加価値であるので，その部分，すなわち中間生産物の輸入金額を差し引く必要がある．つまり，3500万－1000万＝2500万円となる．

　以上で説明したように，GDP は，国内で生み出された付加価値の合計である「生産面」からみても，各経済主体に分配された後の「分配面」からみても，国内の最終生産物への支出の合計である「支出面」からみても，等しくなる．これを**三面等価の法則**とよぶ．

⑸「国内」と「国民」

　GDP は国内の経済活動を対象にしているが，国民所得勘定では居住者（国民）の経済活動を対象にする概念もある．ここでいう居住者（国民）とは当該国で一定期間経済活動に従事している主体であり，国籍とは関係ない．

　「国民」概念の 1 つとして，**国民総所得**（Gross National Income: GNI）がある．GNI は当該国の居住者によって受け取られた所得の総額で，以下のように定義される．ここで海外との所得の受取・支払は雇用者報酬や投資収益などの財産所得を意味する．

　　　GNI＝GDP＋海外からの所得の受取－海外への所得の支払

　GDP は国内の生産活動の成果であるので景気や雇用を反映するが，GNI の場合，その変動が海外との所得の受取・支払にも依存するので，必ずしも当該国の景気や雇用を反映しない可能性がある．しかし，金融のグローバル化の進展に伴う海外との投資収益などの受払の増加を反映して，使用することが多くなった．

量的な成長から質的な成長へ

　GDP は生活の質や持続可能性などは考慮しないので，豊かさの指標として必ずしも適切ではない．そのため，これまでも GDP に代わる指標が開発されてきた．

　例えば，国連開発計画が発表している「人間開発指数（HDI）」は，平均余命，教育，識字率，および 1 人当たり GDP を考慮して作成された指数である．2010年には，健康・教育・所得の各分野における不平等の度合いを考慮した「不平等調整済み人間開発指数（IHDI）」が導入された．

　SNA においても，1993年の改定の際，補助的勘定の 1 つとして環境・経済統合勘定の導入が勧告された．環境への外部不経済を貨幣評価したものを費用として NDP から控除したものが，環境調整済国内純生産（Eco Domestic Product）であり，いわゆるグリーン GDP である．日本では1990年に試算され，その時の NDP は366.87兆円であったのに対し，グリーン GDP は362.69兆円であった．

　2016年 9 月にジョセフ・スティグリッツ（Joseph Stiglitz）教授を含む13人の経済学者が発表した「ストックホルム声明」で述べられているように，GDP 成長は必要だが目標ではなく，さまざまな社会的目的を達成するために必要な源泉を創出するための手段でなくてはならない．

(6) 名目と実質

　GDP 統計をみると，名目 GDP と実質 GDP があることに気がつくだろう．当該年における市場価格で評価したものが**名目 GDP** である．例えば，今年の名目 GDP が昨年と比べて 5 ％増加したとする．しかし，実際には生産量は変化しておらず，価格が 5 ％上昇したことによって名目 GDP が増えた可能性もある．したがって，名目 GDP の動向で生産量の変化を判断するのは適切ではない．価格変動の影響を取り除き，実質化する必要がある．

　単一財であれば，生産量を物量単位（例えば，トン）で評価することができるが，GDP は無数の財・サービスから構成されているので，物量単位で測ることはできない．そこで，基準年（参照年）における価格で生産物を評価し，価格変動の影響を除去したものを**実質 GDP** とよぶ．基準年の名目 GDP と実質 GDP は，定義より，どちらも基準年の価格で評価するので，両者は等しい．

　先の例で，昨年を基準年とし，昨年の価格で今年の生産を評価すれば，今年の実質 GDP は昨年の実質 GDP と変化はなく，生産量の変化を正しく評価す

ることになる．この時，価格の変化を表す価格指数は以下の式で計算でき，GDP デフレーターとよぶ．

$$今年のGDPデフレーター = \frac{今年の名目GDP}{今年の実質GDP}$$

数値例を当てはめると，「今年の名目 GDP」は1.05×「昨年の名目 GDP」，「今年の実質 GDP」は「去年の実質 GDP」＝「昨年の名目 GDP」と等しいので，GDP デフレーターは1.05と計算でき，昨年の GDP デフレーターは１であるから，物価が５％上昇したことを反映できる．実際の国民所得計算では複雑な計算によって GDP デフレーターは導出されるが，基本的には上述のような考え方で実質化される．

2-4　産業連関表

前節で説明した国民所得勘定は，財・サービスを「１種類の生産物」のように扱い，その流れを記述した．しかし，現実の経済では，中間生産物投入を通して企業は相互に関連しているから，産業間の取引も含んだ経済の流れを把握することも重要である．

SNA の１つである**産業連関表**は，ある一定期間内の産業や家計，政府，海外の財・サービスの取引を体系的に表した統計表である．産業連関表の基本的な読み方を，貿易を捨象した，農業と工業のみから成る単純化された経済のある年の取引を金額表示でまとめた**表2-2**で説明しよう．

(1) 費用構造

産業連関表の列（縦方向）は各産業の費用を示している．例えば，農業の列をみると，農業は農業から100兆円，工業から80兆円の中間投入財を購入し，300兆円の生産を行ったことがわかる．生産額から中間投入を差し引いた120兆円が農業によって生み出された付加価値で，それが生産要素所得として110兆円，固定資本減耗として５兆円，純間接税として５兆円分配されたことがわかる．工業についても同様に費用構造を読みとることができる．

経済全体でみると，国内産出額は1280兆円で，中間投入が730兆円であるか

表 2 - 2　単純化された経済の産業連関表

(単位：兆円)

| | | 中間需要 | | 最終需要 | | | 最終需要合計 | 国内産出額 |
		農業	工業	民間消費	民間投資	政府支出		
中間投入	農　業	100	50	150	0	0	150	300
	工　業	80	500	240	130	30	400	980
付加価値	国内要素所得	110	350					
	固定資本減耗	5	30					
	純間接税	5	50					
	合　計	120	430					
国内産出額		300	980					

注：単純化のため実際の産業連関表の部門名や項目名とは必ずしも一致しない.

出所：筆者作成

ら，GDP は550兆円である．それが国内要素所得460兆円，固定資本減耗35兆円，純間接税55兆円に分配されることもわかる．つまり，産業連関表からも（2-1）式が確認できる.

(2) 需要構造

次に，産業連関表の行（横方向）は，各産業の生産物が「どこへ」「どれだけ」販売されたかを示す．例えば，工業の行をみると，工業品が農業や工業にそれぞれ80兆円，500兆円ずつ中間需要されたことがわかる．さらに，民間消費240兆円，民間投資130兆円，政府支出30兆円により合計400兆円が最終需要されたことがわかる.

また，経済全体でみると，民間消費390兆円，民間投資130兆円，政府支出30兆円であるから，GDP に向かう支出は550兆円となり，産業連関表からも（2-2）式が成立することがわかる.

(3) 産業連関表の活用

産業連関表は，ワシリー・レオンチェフ（Wassily Leontief）が1919年および1929年のアメリカ経済を対象に作成したことから始まる．彼自身この表を基礎としたさまざまな分析を行い，その有用性が認められ，1973年にノーベル経済

学賞を受賞した.

　現在では，経済政策の策定のための基礎資料として，途上国を含め80か国以上で作成されるようになった．日本での産業連関表の整備は世界でもトップレベルであり，一国レベルの産業連関表はもとより，全国を9地域に分割し地域間の取引も分析可能な地域産業連関表，ほとんどの都道府県や政令指定都市の地域の産業連関表，あるいは，日本を中心とした国際産業連関表の作成が進められている.

　産業連関表を用いれば，例えば，ある財の需要が増加した時，それが他の産業の生産活動にどのように波及していくかを分析することができる．あるいは，賃金上昇や特定の財の価格上昇が，費用構造を通じて，どのように各財の価格に波及していくかが分析できる.

　産業連関分析手法やその応用については本書では触れないが，経済波及効果分析以外にも，経済構造分析，経済予測分析，変動要因分析など多くの分析方法があり，また，国内経済問題のみならず，貿易や環境など広い範囲に応用される.

2-5　国民経済の循環構造

(1) 貯蓄と投資

　国民所得勘定や産業連関表を通して，生産・分配・支出の関係や費用構造・需要構造を知ることができる．これらはマクロ経済の基本的関係であるが，マクロ経済循環の全体を完結するには，貯蓄の概念を導入する必要がある.

　話を簡単にするために，企業と家計を合わせた民間と政府で考察し，純間接税，固定資本減耗及び移転支出は捨象する．GDP を Y，民間消費を C，所得税を T で表す．可処分所得は $Y-T$ で，可処分所得から民間消費を差し引いた残りを民間貯蓄とよぶ．民間貯蓄を S_p で表すと以下のように書ける.

$$S_P = Y - T - C \tag{2-3}$$

　また，三面等価の法則より GDP を支出側からみると，以下のような関係が成立している.

$$Y = C + I + G_C + G_I \tag{2-4}$$

ここで，G_C は政府消費支出，G_I は政府投資支出である.

（2-4）を（2-3）に代入し整理すると以下の式を得る.

$$S_P + T - G_C = I + G_I \qquad\qquad (2\text{-}5)$$

（2-5）式の左辺の $T - G_C$ は租税収入から政府消費支出を差し引いたもので，これを政府貯蓄 S_G とよぶ. この時（2-5）式は以下のように表される.

$$S_P + S_G = I + G_I \qquad\qquad (2\text{-}6)$$

（2-6）式の左辺は民間貯蓄と政府貯蓄の合計で総貯蓄 S であり，右辺は民間投資と政府投資の合計で総投資である.

　マクロ経済循環を理解する上で（2-6）式は重要である. 貯蓄の概念を導入することで，（2-4）式で表される GDP と支出のバランスを（2-6）式で表される**貯蓄と投資のバランス**に書き換えることができるのである. 貯蓄に等しいだけの投資が成されてマクロ経済循環が完結することになる.

　さらに，貯蓄と投資のバランスを部門別にみてみよう.（2-6）式は以下のようにも書ける.

$$S_P - I = G_I - S_G \qquad\qquad (2\text{-}7)$$

　（2-7）式の左辺は民間の**貯蓄投資ギャップ**であり，右辺の $G_I - S_G$ は $G_I + G_C - T$ と書けるから財政赤字である. この式が意味するところは以下のようなことである. 例えば，$Sp > I$ で左辺が正の時，すなわち民間において貯蓄が余っている時，右辺も正で $G_I > S_G$ でなければならない. このことは，民間で貯蓄が余っている場合は，財政赤字がその余剰を吸収していることを意味する. 逆に，$Sp < I$ で左辺が負の時，すなわち民間において貯蓄が不足している時，右辺も負で $G_I < S_G$ でなければならない. このことは，民間で貯蓄が不足している場合は，財政黒字がその不足を補っていることを意味する.

(2) 資金循環

　ところで，一般的に，企業は企業貯蓄では賄えないほどの投資を行うので，**貯蓄不足部門**である. 一方，家計は住宅投資などを除けば投資は行わず，多額の貯蓄をするので，**貯蓄過剰部門**である. 政府はその財政状況によって貯蓄不足部門であったり，貯蓄過剰部門であったりする.

　このように貯蓄過剰部門と不足部門が分離している時，資金を前者から後者

へと仲介する機能が必要であり，それが**金融**である．マクロ経済循環を理解するためには，金融部門を含めた資金循環も考慮しなければならない．

　企業は貯蓄の不足分を銀行からの借り入れや株券・債券の発行によって，あるいは，当該期間の初め（期首）に保有していた金融資産や実物資産を処分することによって資金を調達する．政府は財政赤字分を国債発行か資産の処分で賄う．発行された国債は民間か中央銀行によって購入される．前者の場合は民間の保有する国債残高が増加することになる．後者の場合は，中央銀行は貨幣を発行して国債を購入するので，貨幣残高が増加する．家計は貯蓄の過剰分を銀行に預けたり，資産を購入したりする．

　以上のような資金循環についての統計表が**資金循環勘定**である．日銀が作成する資金循環統計や SNA では制度部門別資本勘定・金融勘定がある．

⑶ ストックからみた国民経済

　国民所得勘定，産業連関表，資金循環表，国際収支はいずれも一定期間内の経済活動のフロー量を記録した統計である．経済活動の結果，設備・建物などの実物資産や金融資産・負債の額が変化する．当該期間の期首の資産・負債残高（ストック）にその変化額を加えると，当該期間の期末の資産・負債残高になり，同時に次の期間の期首の資産・負債残高になる．

　例えば，2019年期首の資本ストック（資本存在量）が1800兆円であったとする．そして，2019年の固定資本減耗を含む民間投資（粗投資）が150兆円で，固定資本減耗が120兆円であったとしよう．この時，粗投資から固定資本減耗を差し引いた純投資は30兆円であり，この部分は期首の資本ストックに付け加わることになる．つまり，2019年度末時点の資本ストックは2019年度初めに比べ30兆円増加し，1830兆円になったことになる．

　資本ストックは，その実物資産に対する究極的な請求権をだれが保有しているかという金融面からもアプローチできる．資金循環のところで考察したように，投資はそのすべてが投資主体の貯蓄で賄われるわけではない．例えば，ある企業が100億円の実物資産を保有する一方，借入が60億円あるとする．この場合，この企業の正味資産（＝資産−負債）は40億円である．

　一国の正味資産（国富）は以下のように表すことができる．

正味資産(国富)＝実物資産＋金融資産－金融負債

一国全体で金融資産と金融負債を計上する際，国内の経済主体で保有しあっている部分は相殺されるので，対外に対する資産と対外に対して負う負債の差，すなわち対外純資産だけが残る．

　　　正味資産(国富)＝実物資産＋対外純資産

　国民貸借対照表は，ある時点の非金融法人企業，金融機関，一般政府，家計の保有する実物資産，金融資産・負債の状況を記録したもので，それらを統合し，国民経済全体の国富，金融資産・負債などストックの側面を捉えた統計である．これらの統計により，ある期間のマクロ経済循環を次の期間へと連結することができる．

2-6　おわりに

　本章では，マクロ経済循環の構造をフローおよびストックの両面から把握する国民経済計算を中心に説明した．マクロ経済政策の視点からみると，三面等価の法則からは，政府支出が需要の面から生産ならびに所得にとって重要な要素であることがわかった．また，貯蓄と投資の関係からは，財政赤字が国債発行につながること，中央銀行がその国債を購入する場合は貨幣供給が増加することなど，政府の行動が金融市場に影響を与えることもわかった．

　しかしながら，国民所得計算は取引の事後的な記録であるので，どのようにしてその水準の取引額が決まったかについては教えてはくれない．その問いに答えることなしに，マクロ経済政策の効果を論じることはできない．したがって，続く第3章ではGDPの決定メカニズムについての理論を説明する．

　なお，国際収支表についてはここでは触れなかったが，第12章で説明する．

□□ **学習のための参考文献**〔初級★・中級〕
★小宮一慶（2015）『「名目GDPって何？」という人のための経済指標の教科書』（PHPビジネス新書）PHP研究所
★李潔（2018）『入門GDP統計と経済波及効果分析〔第2版〕』大学教育出版
　中村洋一（2010）『新しいSNA ―2008SNAの導入に向けて』日本統計協会
　中村洋一（2017）『GDP統計を知る―大きく変わった国民経済計算』日本統計協会

第**3**章　マクロ経済政策理論

> 　本章では，マクロ経済政策を検討するための理論的基礎を提供する．総需要に一
> 致するよう総供給が決まるとする「有効需要の原理」と乗数過程を簡単な所得決定
> モデルを用いて理解する．そして，金融の役割を明確にするため，利子率の決定を
> 説明する．さらに，所得と利子率が同時決定される IS-LM モデルを用い，財政・
> 金融政策効果を検討する．また，予算制約式から導出したワルラス法則により，IS
> -LM モデルの理論的枠組みを考察する．

3-1　はじめに：事前と事後

　GDP を増やして景気をよくするという政策目標があるとしよう．政府はど
のような政策をとることができるだろうか．それに答えるためには，まず，
GDP がどのような要因に影響され，どのような水準に決まるかを知る必要が
ある．

　第 2 章で学んだ国民経済計算はマクロ経済循環の重要な関係を示唆するもの
の，生産物の取引や資産・負債の状況を事後的に記録したもので，なぜそのよ
うな水準に至ったかについては教えてはくれない．

　GDP でいえば，国民所得勘定において国内総生産は国内総支出と必ず一致
する．売れ残った場合は在庫の積み増しとして，不足する場合は在庫の取り崩
しとして民間投資支出に計上されるからである．言い換えると，投資の中に意
図した投資と意図しない投資が含まれているからである．

　したがって，GDP 水準の決定を考察するためには，需要量や供給量を家計
や企業によって事前に計画される量としてとらえる必要がある．そのために
は，消費需要や投資需要がどのような要因によって決まるかを明らかにしなけ
ればならない．そして，その事前に計画された需要量（**総需要**）と事前に計画
された供給量（**総供給**）が一致しない場合，どのような調整が生じるかを検討
しなければならない．ここでは，総供給は総需要によって決まるという考え

方，いわゆる「有効需要の原理」（The principle of effective demand）に従って
それらを説明していこう．

3-2　有効需要の原理

(1) 数量調整

　スマートフォン市場において需要量が供給量を上回っているとしよう．この
時，どのようなことが起こるだろうか．第1章では価格が上昇して供給量が増
加し，需要量が減少する調整が起こると考えた．しかし，価格調整には時間が
かかると考えられる．まずは，メーカーは在庫を取り崩して品不足に対応する
だろう．そして，この状況のままでは在庫が減少してしまうので，生産量を増
やす判断をするだろう．逆に，供給量が需要量を上回る状況では販売できない
部分が意図しない在庫として蓄積してしまうので，メーカーは生産量を減らす
判断をするだろう．このような調整を**数量調整**とよぶ．

　経済全体においても同様の数量調整が働くと考えられる．総需要が総供給を
上回る場合，ごく短期には在庫の取り崩しで対応するが，時間の経過とともに
生産量が増加する．総需要が総供給を下回る場合は逆のことが起こる．そし
て，このような数量調整の結果，総供給は総需要に一致する水準に決まる．総
需要と総供給が一致する状態を**財市場均衡**とよび，均衡における所得を**均衡所
得**とよぶ．

　それでは，均衡所得はどのような要因によって決まるだろうか．ここでは簡
単な数式で表されたモデルを用いて所得の決定を考える．第2章での説明から
総需要は，民間消費，民間投資，政府支出，純輸出の4つから成るが，簡単化
のため貿易は捨象すると，財市場の均衡条件は以下のようになる．

　　　$Y = C + I + G$　　　　　　　　　　　　　　　　　　　　　　　（3-1）

　ここで Y, C, I, G はそれぞれ GDP（総供給または所得），民間消費，民間投
資，政府支出を表す．

　（3-1）式は「総供給は総需要に一致するように決まる」という，いわゆる
「有効需要の原理」を端的に表した式である．有効需要とは，単なる欲求でな
く貨幣的支出の裏付けのある需要のことで，ジョン・メイナード・ケインズ

世界恐慌とケインズ経済学

1929年10月24日にニューヨーク証券取引所で株価が大暴落したことをきっかけに，銀行や企業の倒産，工場の閉鎖が相次ぎ，失業者が街にあふれた．アメリカでは1929年から1933年にかけて，実質GDPは27％減少，失業率は３％から25％まで上昇した．未曽有の大不況はアメリカ国内にとどまらず，欧州やアジア，中南米諸国などにも波及し，世界恐慌へと拡大した．

このような状況の中，ケインズは1936年に『雇用・利子および貨幣の一般理論』を発表した．それはケインズ以前に支配的であった古典派経済学の考え方を否定するものであった．古典派経済学は，雇用量は労働市場で決定され，実質賃金率が伸縮的であれば完全雇用が達成されると考えた．それに対し，ケインズは財・サービス市場における有効需要が生産量を決定し，その生産に必要な労働が雇用されると考えた．失業の原因は有効需要不足であるから，財政・金融政策によって有効需要を増やすことを提唱した．このような政策は総需要管理政策あるいはケインズ政策とよばれ，政府の市場への介入に理論的根拠を与えることとなった．

(John Maynard Keynes) が1936年に著した『雇用・利子および貨幣の一般理論』で用いられた言葉であり，ここでの総需要と同義である．

C, I, G の値がわかれば均衡所得を求めることができるから，これらの需要がどのような要因によって影響されるかを知る必要がある．

(2) 消費と所得

総需要の約6割を占める消費はどのような要因によって影響を受けるだろうか．利子率，資産，将来の所得の予想などさまざまな要因が考えられるが，最も重要な要因は可処分所得である．可処分所得 Y_d が増加すると消費 C が増加すると考えられる．消費と可処分所得の間の関係を特定化して，次のような線形の関係があるとしよう．

$$C = a + bY_d \qquad (3\text{-}2)$$

このような消費と可処分所得の間の線形の関係を**ケインズ型消費関数**とよぶ．a は自生的消費支出ともよばれ，数学的には可処分所得がゼロの時の消費支出であるが，可処分所得以外のすべての消費支出へのインパクトを表す．例えば，家計の資産が増加すると，可処分所得の水準にかかわらず消費支出は増加すると考えられるから，a の値が大きくなる．

b は追加的に所得が 1 円増加した時に消費支出が b 円増加することを意味し、**限界消費性向**とよばれる。また、$0<b<1$ を仮定する。なぜならば、可処分所得が増加する時、消費支出も増加するが、一般的に、消費支出の増加は可処分所得の増加ほどではないことが観察されるからである。

また、消費しなかった部分、すなわち、$1-b$ 円は貯蓄されることになる。このことから $s=1-b$ は**限界貯蓄性向**とよばれる。例えば、$b=0.6$ であれば、限界貯蓄性向 s は0.4であり、所得が追加的に 1 円増加した時に0.6円を消費支出し、0.4円を貯蓄する。また、消費支出の可処分所得に占める割合を**平均消費性向**とよぶ。

可処分所得とは、雇用者所得や個人業主所得に加えて、配当・利子などの個人財産所得や社会保障給付金などの移転所得によって構成される個人所得の総計から税や社会保険料をさし引いた額である。単純化のため、ここでは可処分所得は所得 Y から一定額の税 T を差し引いたものとする。

$$Y_d = Y - T \qquad\qquad (3-3)$$

（3-3）式を（3-2）式に代入すると、

$$C = a - bT + bY \qquad\qquad (3-4)$$

である。横軸に Y、縦軸に C をとり、消費関数のグラフを描けば、傾きは限界消費性向の b、縦軸との交点は $(0,\ a-bT)$ の直線となる。

⑶ 投資と利子率

一般的に投資という言葉から株式投資や債券投資など金融投資をイメージするかもしれないが、ここでの投資は将来の財・サービスの生産や消費を増やすための生産物需要である。機械・建物などの設備投資と在庫投資から成る。

ここでは機械・建物などの民間設備投資を念頭に、投資がどのような要因によって影響されるかを簡単な数値例でみてみよう。**表3-1**で示された A から E までの 5 種類の投資プロジェクトに直面している企業が、どこまで投資するかを考える。耐用年数は 1 年で、今期行った投資は来期収益を生むとその価値を失うとしよう。

予想収益とは予想売上額から中間生産物や生産要素の費用を差し引いた額である。投資も利潤を最大にするようになされると考えるのが自然であるが、予

表 3 - 1　投資の限界効率と利子率

プロジェクト	投資額 (万円)	予想収益 (万円)	限界効率 (%)	利潤 (r=6%)		利潤 (r=10%)	
				(万円)	累積	(万円)	累積
A	100	120	20	14	14	10	10
B	100	116	16	10	24	6	16
C	100	110	10	4	28	0	16
D	100	106	6	0	28	-4	12
E	100	102	2	-4	24	-8	4

出所：筆者作成

　想収益から投資額を単純に差し引いて利潤を測ることはできない．なぜならば，投資額は今期支出するのに対し，収益は来期得られるものであるから，利払いが費用としてかかってくるからである．自己資金であっても，設備投資に使用せず銀行に預ければ得られたであろう利子を犠牲にするわけであるから，同様に利子費用がかかるとみなすことができる．

　利子率を r，各投資プロジェクトの今期の投資額を I，来期の予想収益を R とすると来期の利潤は，$R-I(1+r)$ となる．例えば利子率を 6 ％ （r=0.06） として計算した結果が表の第 5 列で，プロジェクト A 〜 C では利潤がプラスで，プロジェクト D ではゼロ，プロジェクト E ではマイナスとなる．利潤がゼロなら投資を実行するとすれば，プロジェクト D まで採用することで総利潤を最大の28万円にすることができる．つまり，利子率が 6 ％の時は400万円の投資需要が発生することになる．

　利子率が10%に上昇した時の利潤は表 3 - 1 の第 7 列に示されている．同様に考えると，利子率が10%の時は投資プロジェクト C まで採用され300万円の投資需要が発生する．つまり，利子率 6 ％の時と比較すると，利子費用が増加し利潤が減少するので，採用される投資プロジェクトが減少し，投資需要が減少する．

　言葉で表せば，以下のような条件を満たすまで投資は実行されることになる．

　　投資の予想収益＝利払いを含んだ費用

記号を使って表せば，$R=I(1+r)$ である．変形すると $(R-I)/I=r$ と書ける

43

ので，$(R-I)/I$ が利子率 r と等しくなるまで投資が実行されるということである．

　ところで，追加的になされた投資1単位の収益率を**投資の限界効率** ρ とよぶ．式で表せば，$\rho=(R-I)/I$ であるから，結局，利潤を最大にする投資条件は，

　　　投資の限界効率 ρ＝利子率 r

と表すことができる．

　各投資プロジェクトの限界効率は表3-1の第4列に示されている．利子率が6％の時には限界効率が6％のプロジェクトDまでが採用され，10％の時には限界効率が10％のプロジェクトCまでが採用されることになる．現実の経済ではさまざまな限界効率の投資プロジェクトが存在するが，利子率が上昇すると採用されるプロジェクトが減少し，投資が抑制されることになる．逆に，利子率が低下すると採用されるプロジェクトが増加し，投資が刺激されることになる．つまり，投資は利子率の減少関数である．

　ここでは簡単化のために，投資された機械・建物の耐用年数は1年と仮定した．実際には複数年にわたって収益を生む．しかし，その点を考慮しても，ここでの考察と同様の考察が可能で，投資が利子率の減少関数であるという結論に変わりはない．予想収益が変化すれば採用される投資プロジェクトも変化するだろうが，以下では予想収益は一定として，投資は利子率のみに依存すると仮定する．

(4) 均衡所得の決定

　これまでの議論をもとに，財市場均衡式の（3-1）式と可処分所得を考慮した消費関数（3-4）式，そして，単純化のために投資，政府支出および税をそれぞれ I_0，G_0，T_0 の水準で所与とすると，以下のようなモデルができる．変数は名目値を物価で除した実質値で考えるが，ここでは物価は一定で1と仮定するので，名目値と等しい．

　　〈均衡所得決定モデル〉

　　　$Y=C+I+G$　　　　　　　　　　　　　　　　　　　　（3-1）

　　　$C=a-bT+bY$　　　　　　　　　　　　　　　　　（3-4）

　　　$I=I_0,\ G=G_0,\ T=T_0$　　　　　　　　　　　　　（3-5）

図3-1　均衡所得の決定

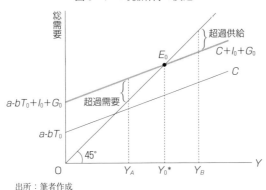

出所：筆者作成

（3-4）・（3-5）式を（3-1）式に代入して Y について解くと均衡所得を得る.

$$Y_0^* = \frac{1}{1-b}(a - bT_0 + I_0 + G_0) \tag{3-6}$$

例えば，消費関数が $C = 10$兆 $+ 0.6(Y - T)$ で表されるとしよう. つまり, a $= 10$兆, $b = 0.6$ である. さらに, $I_0 = 100$兆円, $G_0 = 100$兆円, $T_0 = 50$兆円とすると，均衡所得は450兆円となる. 所得が450兆円の時消費需要は250兆円で，他の需要を加えると総需要は450兆円になり，需給が均衡することが確認できる.

均衡点を図解することもできる. 図3-1の C で示される直線は（3-4）式の消費関数を表しており，傾きは b で，縦軸の切片は $a-bT_0$ である. 図3-1には45度線も描かれているが， b が1より小さいことから消費関数を表す直線の傾きは45度線より緩やかになる.

投資と政府需要は所得水準にかかわらず一定であるので，総需要（$C + I_0 + G_0$）は図3-1のように消費関数と平行に， $I_0 + G_0$ だけ上方に位置する直線として描くことができる.

総需要線と45度線の交点 E_0 が均衡点である. なぜならば，点 E_0 に対応する所得水準 Y_0^* のもとでは発生する総需要は線分 $E_0 Y_0^*$ の長さで測られるが，直角二等辺三角形の性質から，それは OY_0^* の長さ，すなわち総供給に等しい

ので需給は一致する．すなわち $Y_0{}^*$ は均衡所得といえる．

　もし所得が $Y_0{}^*$ より小さい場合，例えば，Y_A のような水準の場合，そこから発生する総需要は総供給を上回っている．ごく短期的に在庫で調整する場合は，意図せざる在庫の取り崩しが発生し，投資需要がその分小さくなり総需要は Y_A の水準まで縮小される．しかし，そのような状態は継続せず，時間の経過とともに，生産は増加するだろう．超過需要が生じている限り生産増は続き，$Y_0{}^*$ に至る．

　逆に，もし所得が $Y_0{}^*$ より大きい場合，例えば Y_B のような水準の場合，先と逆の数量調整が起こる．すなわち，ごく短期的には意図せざる在庫の積み増しによる投資需要の拡大が総需要を補うが，時間の経過とともに生産の縮小が起こり，最終的には $Y_0{}^*$ に至る．

　このような数量調整を経て，結局，GDP はちょうどそれに等しい総需要が発生する水準に決定される．

(5) 投資の変化

　図3-1で考察したように，一度均衡に至ると経済はその状態に留まる．しかし，一定と仮定したものが変化すると，均衡ではなくなる．例えば，利子率が低下して投資が I_0 から I_1 に増加したとしよう．（3-6）式を用いれば，投資が I_1 の時の均衡所得は，

$$Y_1{}^* = \frac{1}{1-b}(a - bT_0 + I_1 + G_0) \qquad (3\text{-}7)$$

と書ける．（3-7）式から（3-6）式を辺々引くと，均衡所得の増分 ΔY^* は，

$$\Delta Y^* = Y_1{}^* - Y_0{}^* = \frac{1}{1-b}\Delta I \qquad (3\text{-}8)$$

となり，投資の増分に $1/(1-b)$ を掛けただけ均衡所得は増加することになる．この $1/(1-b)$ を**投資乗数**とよぶ．$0<b<1$ を前提とすれば，投資乗数は1より大きい．例えば，限界消費性向が0.6の場合，投資乗数は2.5で，投資が2兆円増加した場合，均衡所得は5兆円増加することになる．

　ここでは投資の変化の効果を考察したが，政府支出の増加（$G\uparrow$）や減税

図 3 - 2　投資乗数

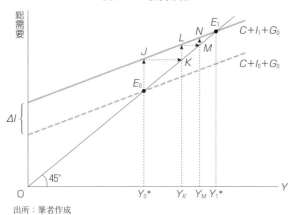

出所：筆者作成

（$T\downarrow$）も総需要線を上方にシフトさせ，均衡所得を増加させることがわかる．これらの効果については第 5 章で説明する．

　ところで，なぜ投資の乗数倍もの均衡所得が増加するのだろうか．投資の増加が所得に及ぼす影響は図 3 - 2 に示してある．まず，投資の増加分（$\Delta I = I_1 - I_0$）だけ総需要線が上方に移動することになる．この時もはや点 E_0 は均衡点ではない．$Y_0{}^*$ の水準で発生する総需要の水準は総供給を越えており，超過需要が ΔI だけ生じている（線分 JE_0）．超過需要をなくそうと企業は ΔI（線分 JE_0 ＝線分 JK）の分だけ供給を増加し，所得は Y_K の水準になる．

　しかし，この時まだ超過需要は解消されない．なぜなら，増加した所得が $b\Delta I$ だけの新たな消費需要（線分 LK）を生みだしているからである．さらに企業は生産を $b\Delta I$ だけ増加させ，所得は Y_M の水準になる．しかし，この時もまだ超過需要が $b^2\Delta I$ だけ存在し，供給の増加につながる．

　このようなプロセスが続くが，限界消費性向 b は 1 より小さいので，その増加は徐々に小さくなり，最終的には新しい均衡点 E_1 に至る．そこでは総供給は $Y_1{}^*$ で，総需要に等しい．

　したがって，所得の増加は次のように書ける．

　所得の増加の和 $= \Delta I + b\Delta I + b^2\Delta I + b^3\Delta I + \cdots\cdots$　　　　　　（3 - 9）

（3-9）式の右辺は初項が ΔI，公比が b の無限等比数列の和で，公式より（3-8）式の右辺と一致することがわかる（数学注）.

　このような消費需要と総供給の相互依存関係を通して，投資が増加するとその乗数倍もの所得の増加を引き起こし，新しい均衡所得に至る．限界消費性向が小さいと乗数は小さくなるが，b の値が小さいとこのような**乗数過程**から漏れる部分が大きくなるからである.

3-3　利子率の決定

(1) 利子率と債券価格

　前節で投資需要は利子率に影響されることがわかった．したがって，投資需要水準を決めるには利子率がどのように決まるかを考察する必要がある．一口に利子率といっても，多くの金融資産がある．すべての金融資産を扱うことは不可能であるので，貨幣とあらかじめ利子や満期日が決められている債券のみを想定し，まずは利子率と債券価格の関係から説明する.

　1年後に Q 円が支払われる約束の債券が1枚 P_b 円で売り出されたとする．この時の利子率は，$r=(Q-P_b)/P_b$ と定義できる．あるいは，$P_b=Q/(1+r)$ と表すことができる．つまり，債券価格が決まれば利子率が決まることになり，利子率が決まれば債券価格が決まることになる．さらに，他の条件が変化しなければ，利子率と債券価格は逆行関係にあることもわかる.

　ここでは非常に単純な債券を仮定したが，利払いが複数年にわたる場合や途中で債券を債券市場で売却する可能性を考慮したとしても，上述の利子率と債券価格の関係は成立する.

(2) 貨幣需要

　一般的に誰しもお金はたくさん欲しいと思うものであるが，ここでの貨幣需要とは願望ではなく，予算制約に裏付けられた貨幣の保有である．例えば，ある人の貯蓄が100万円で，それを債券60万円，現金40万円で保有しているとすれば，40万円が貨幣需要ということである.

　それでは，経済全体の貨幣需要はどのような要因に影響されるだろうか．債

券と異なり，貨幣を保有していても利子を生まない．にもかかわらず，貨幣を需要するのはその**流動性**（liquidity）が完全であるからである．流動性とは，損失や費用なしに，任意の他の資産や財・サービスと交換する容易さのことである．債券で財・サービスを購入することは困難であるが，貨幣なら容易である．そのような貨幣を需要する動機は，取引動機，予備的動機，投機的動機の3つに分類できる．

取引動機に基づく貨幣需要とは，経済取引に備えて貨幣を保有するというものである．所得水準が高く，経済取引が活発になるにしたがい，取引動機に基づく貨幣需要は増加すると考えられる．また，利子率が高いと債券保有により利子を得ようとする誘因が働くので，取引動機に基づく貨幣需要は利子率が高くなると減少すると考えられる．

予備的動機に基づく貨幣需要とは，将来の予期せぬ支払いのために備えて貨幣を保有するというものである．予備的動機に基づく貨幣需要も，取引動機に基づく貨幣需要と同様，所得の増加関数，利子率の減少関数と考えることができる．

最後に**投機的動機**に基づく貨幣需要をケインズの考えに沿って説明する．利子率が低くなると（＝債券価格が高くなると），将来利子率が上昇（＝債券価格が低下）すると予測する，いわゆる弱気筋が増えると考えられる．そのような人は，保有している債券を価格が低下する前に売ろうとするので，債券から貨幣へ需要が移動する．

逆に利子率が高くなると（＝債券価格が低くなると），将来利子率が低下（＝債券価格が上昇）すると予測する，いわゆる強気筋が増えると考えられる．彼らは，価格が上昇する前に保有している貨幣と交換に債券を手に入れようとするので，貨幣から債券へ需要が移動する．したがって，投機的動機に基づく貨幣需要は，利子率が上昇すると減少する．

以上をまとめると，貨幣需要 L は所得 Y の増加関数，利子率 r の減少関数として，以下のように表すことができる．右辺の Y の上のプラスの記号は所得が増加すると貨幣需要が増えることを，r の上のマイナスの記号は利子率が上昇すると貨幣需要が減少することを示している．

$$L = L(\overset{+}{Y},\ \overset{-}{r}) \tag{3-10}$$

図3-3 利子率の決定

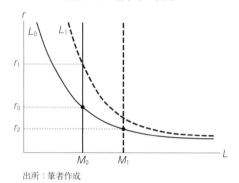

出所：筆者作成

(3)利子率の決定

ケインズの流動性選好説では，利子率を完全な流動性を持つ貨幣を手放すことに対する報酬ととらえ，貨幣の需要と供給が均衡する点で利子率が決まると考える．ここでの変数は実質であり，（3-10）式で表された貨幣需要も実質であるから，貨幣供給も名目貨幣供給 M を物価で除した実質貨幣供給が対応する．ただし，物価は一定で1と仮定するので，実質貨幣供給量も M である．したがって，**貨幣市場均衡**は以下の式で表される．

$$M = L(Y, r) \qquad\qquad (3\text{-}11)$$

名目と実質を区別する必要はないので，以下では単に貨幣供給とよぶ．

今，所得はある水準で一定とすると，貨幣需要は利子率のみの関数となり，図3-3の右下がりの曲線 L_0 で表すことができる．貨幣供給は外生で，M_0 とすると，M_0 の水準での垂線で表すことができる．この時，貨幣市場の需給を一致させる**均衡利子率**は r_0 の水準になる．

曲線 L_0 はある一定の所得水準を想定して描いているので，もしそれが変化すれば貨幣需要関数の位置は変化する．例えば，所得が増加すれば取引・予備的動機に基づく貨幣需要が増加するので，任意の利子率水準に対する貨幣需要は増加することになる．したがって，貨幣需要曲線は右にシフトすることになる（曲線 L_1）．その結果，均衡利子率は図3-3の r_1 となり，r_0 と比べて上昇する．所得が減少する場合は，逆のことが起こり均衡利子率は低下する．

貨幣需要曲線は L_0 のままであるとし，貨幣供給が M_1 に増加すると，均衡利子率は図3-3の r_2 となり r_0 と比べて低下する．逆に，貨幣供給が減少すると均衡利子率が上昇することも容易に確認できるだろう．

3-4　財市場と貨幣市場の同時均衡

(1) IS-LM モデル

ここまでは，所得と利子率の決定を分離して考えた．しかし，所得水準によって貨幣需要曲線の位置は変化するので，均衡利子率は所得の影響を受ける．また，利子率によって投資需要は変化するので，均衡所得は利子率の影響を受ける．このように，財市場均衡と貨幣市場均衡は相互に影響を及ぼすので，同時にそれらを考える必要がある．

財市場均衡式は（3-1）式であるが，消費は可処分所得の増加関数，投資は利子率の減少関数であり，ここでは一般的な関数形で表すこととする．改めて2つの市場の均衡式を書くと，

〈IS-LM モデル〉

$$Y = C(\overset{+}{Y} - T) + I(\overset{-}{r}) + G \tag{3-12}$$

$$M = L(\overset{+}{Y}, \overset{-}{r}) \tag{3-11}$$

である．T, G, M は政府が決定する変数で所与とすると，モデルは2本の連立方程式から成り，均衡の Y と r が決定される．

（3-12）式の財市場均衡は，第2章の2-5で導出したように，投資（Investment）と貯蓄（Savings）のバランスであり，（3-11）式の貨幣市場均衡は貨幣需要（Liquidity preference）と貨幣供給（Money supply）のバランスである．このことから両式から成るモデルは IS-LM モデルとよばれる．

(2) IS 曲線

（3-12）式を満たす，すなわち財市場の需要と供給が一致するような Y と r の組み合わせを示す曲線を IS 曲線とよぶ．逆にいうと，IS 曲線上の任意の点に対応する所得 Y と利子率 r は（3-12）式を満たすので，その水準の下では財市場均衡が成立している．

図3-4で IS 曲線が右下がりに描かれている理由は，利子率と投資需要，及び投資需要と均衡所得の関係から説明できる．3-2で考察したように，利子率が低下すると投資需要が増加する．そして，投資需要が増加すると財市場を均衡させるためには生産は増加しなければならない．したがって，財市場の需

図3-4　財市場と貨幣市場の同時均衡

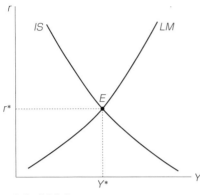

出所：筆者作成

要と供給が一致するためには，より低い利子率にはより高い所得が対応しなければならない．よってIS曲線は右下がりとなる．

　ただし，投資が利子率に完全非弾力的な場合（まったく反応しない場合）は，（3-12）式において投資水準がある一定の値となり，特定の所得水準の下でのみ財市場均衡が成立する．したがって，そのような場合は特定の所得水準でIS曲線は垂直となる．

　また，図3-4のIS曲線は所与の G や T の下で描かれているので，これらが変化するとIS曲線はシフトする．例えば，政府支出の増加（$G\uparrow$）や減税（$T\downarrow$）はIS曲線を右方にシフトさせる．なぜならば，それらは，3-2の(5)で示した投資水準の上昇と同様の効果をもたらすから，財市場が均衡するためには生産が増加しなければならない．任意の利子率についていえるので，IS曲線は右方にシフトする．つまり，所得や利子率以外の要因の変化で財に対する需要が増加するとIS曲線は右方にシフトする．逆の場合は左方にシフトする．

(3) LM曲線

　（3-11）式を満たす，すなわち貨幣市場の需要と供給が一致するような Y と r の組み合わせを示す曲線を LM曲線 とよぶ．逆にいうと，LM曲線上の任意の点に対応する所得 Y と利子率 r は（3-11）式を満たすので，その水準の下では貨幣市場均衡が成立している．

　図3-4でLM曲線は右上がりに描かれている理由は，所得と貨幣需要，および貨幣需要と均衡利子率の関係から説明できる．3-3で考察したように，所得が増加すると取引・予備的動機に基づく貨幣需要は増加する．そして，貨幣供給が一定の下では，貨幣市場均衡のためには，利子率が上昇し，貨幣需要をもとの水準に戻す必要がある．したがって，貨幣市場の需要と供給が一致す

るためには，より高い所得にはより高い利子率が対応しなければならない．
よってLM曲線は右上がりとなる．

　ただし，LM曲線の傾きも貨幣需要が利子率にどの程度反応するかに依存することに注意が必要である．貨幣需要が利子率に対して大きく反応する時は，一定の所得増加による貨幣需要増加を相殺するための利子率の上昇は少しですむ．したがって，弾力的であるほどLM曲線は水平に近くなる．

　利子率がそれ以上下がらないと考えられるような低い水準の時，誰も債券を保有しようとはせず，貨幣に換えようとする．このような状況では所得減少による貨幣需要減少を相殺するために利子率は低下する必要はない．貨幣需要がいくらでも存在するからである．このような状況では，LM曲線は水平になる．弾力性でいうと，貨幣需要が利子率に対して完全弾力的な場合である（第8章を参照）．

　逆に，貨幣需要が利子率に関して完全非弾力的な場合は，LM曲線は垂直になる．貨幣市場均衡が成立するためにはある特定の所得水準でなければならない．好景気で所得水準が高い時に，債券需要が極めて大きく，貨幣需要が取引・予備的動機に基づく需要しかないような場合に起こりうる．

　IS曲線と同様に，所与としていたことが変化すればLM曲線も移動する．例えば，貨幣供給が増加すると，LM曲線は右方にシフトする．理由は，3-3からわかるように，貨幣供給が増加すると，ある利子率の下で均衡を回復するためには所得が増加する必要がある．このことは任意の利子率についていえるので，LM曲線は右方にシフトする．貨幣供給量が減少すると，逆のことが起こり，LM曲線は左方にシフトする．

⑷ 同時均衡と財政・金融政策効果

　（3-11）・（3-12）式の連立方程式を満たす Y^* と r^* は，それぞれの方程式を満たす Y と r の組み合わせであるIS曲線とLM曲線の交点で与えられる．図3-4では点 E で与えられる．そこでは財市場も貨幣市場も均衡しているので，経済はその状態に留まる．

　IS-LMモデルを用いて財政・金融政策効果を分析できる．図3-5は政府支出の増加や減税による拡張的財政政策の効果を示している．政策を実施する

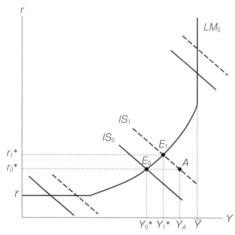

図3-5　拡張的財政政策の効果

出所：筆者作成

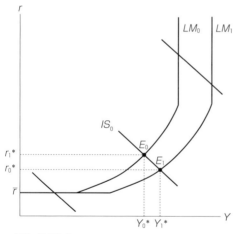

図3-6　拡張的金融政策の効果

出所：筆者作成

前，経済は，図3-5のIS_0とLM_0の交点E_0にあるとする．拡張的財政政策はIS曲線をIS_1の位置まで右方シフトさせるから，新しい均衡点はE_1となり，所得と利子率は上昇する．

　この場合，政府支出の増加分や減税分のファイナンスは民間引き受けの国債発行で賄われることになり，債券供給の増加は債券価格の低下，利子率の上昇，投資の減少をもたらす．もし利子率の上昇がなければ経済は点Aに至り，所得はY_Aの水準まで増加するだろう．しかし，利子率の上昇によって投資需要が減少し所得の拡大はY_1^*に止まる．このように拡張的財政政策が利子率の上昇を通して民間の投資需要を押し出す現象を**クラウディング・アウト**とよぶ．

　図3-5のLM曲線は水平な部分や垂直な部分をもっている．このようなところで

IS曲線が交差している場合の財政政策効果は対照的である．水平部で交差している場合，財政政策はクラウディング・アウトを引き起こすことなく所得を拡大する．一方，垂直な部分で交差している場合は，利子率が上昇するのみで

所得は増えず，完全なクラウディング・アウトが生じる．

　図3-6は拡張的金融政策効果を示している．貨幣供給を増加させると，LM曲線は右方にシフトし，新しい均衡点は E_1 となる．利子率の低下が投資を刺激し，所得は増加する．逆に，貨幣供給を減少させる時は，LM曲線は左方にシフトし，利子率の上昇が投資を抑制し，所得の減少を引き起こす．

　図3-6にはIS曲線がLM曲線の水平な部分や垂直な部分で交差している場合も描いている．水平な部分に均衡点がある時，金融政策は効果を持たないことがわかる．貨幣供給を増やしてもいくらでも貨幣需要があるので利子率が低下しないからである．このような状況は**流動性の罠**とよばれている．

　LM曲線が垂直な部分では金融政策は所得に対し有効である．しかし，もし垂直な部分が完全雇用水準で出現しているのであれば，生産量は増えることはできず，名目貨幣供給の増加はすべて物価の上昇で吸収されることになるだろう．

　さらに，IS曲線が垂直な場合，金融政策が無効であることも容易に確認できるであろう．

3-5　ワルラス法則

　経済取引は貨幣を媒介にして行われ，貨幣で測った収支が一致しなければならないという条件（予算制約）の下で経済主体は経済活動を行う．このことからマクロモデルを理解する上で重要な関係であるワルラス法則を導出できる．

　ここでは，貨幣と交換されるものとして労働力・財・債券を，経済主体として家計・企業・中央銀行を含む政府を想定し，海外との取引はないとする．

(1) 予算制約式

最初に記号を説明しておく．

　　M^s：貨幣供給，M_i：i の貨幣需要，B^s：国債供給，B_i：i の債券需要，

　　N^s：労働供給量，N^d：労働需要量，Y：生産，C：消費，I：投資，

　　G：政府支出，T：税収，T_i：i の税支払，r：利子率，w：賃金率，

　　π_i：i が予定する家計に分配される利潤

下付き添え字 i は家計なら h, 企業なら f となる. 記号の上に—がついたものは計画当初に前期から保有していることを示し, —のないものは計画であることを示す. 予算制約であるから, この節では労働量以外は名目で定義する.

　家計は以下の予算制約式に従わなければならない.

$$\overline{M}_h + (1+r)\overline{B}_h + wN^S + \pi_h = C + M_h + B_h + T_h \qquad (3\text{-}13)$$

つまり, 家計は前期から保有していた貨幣と債券を持ち越し, 当該期間に発生する利子, 賃金および家計に分配される予定の利潤を予算として, 税を支払い, 消費に支出した残りを貨幣か債権の形で保有することを計画する.

　企業の予算制約式は, 以下のようになる.

$$\overline{M}_f + (1+r)\overline{B}_f + Y = wN^d + \pi_f + I + M_f + B_f + T_f \qquad (3\text{-}14)$$

企業も前期からの貨幣と債券を持ち越し, 当該期間に発生する利子, 生産を予算として, 税を支払い, 家計へ賃金と利潤の一部を分配し, 投資に支出した残りを貨幣か債権の形で保有することを計画する. もし企業が債権を発行し借入を行っている場合, B_f はマイナスの値をとり, 利子を払うことになる.

　中央銀行を含む政府の予算制約式は以下のように書ける.

$$(M^S - \overline{M}^S) + (B^S - \overline{B}^S) + T = G + r\overline{B}^S \qquad (3\text{-}15)$$

政府は税収 T, 貨幣の増発 $(M^S - \overline{M}^S)$ 及び国債の新規発行 $(B^S - \overline{B}^S)$ を財源に, 政府支出と国債の利払いを行う.

(2) ワルラス法則

　各主体の予算制約式 (3-13) ～ (3-15) 式の辺々を足し合わせ, 整理すると以下を得る.

$$
\begin{aligned}
&(\overline{M}_h + \overline{M}_f - \overline{M}^S) + (1+r)(\overline{B}_h + \overline{B}_f - \overline{B}^S) + (\pi_h - \pi_f) + (T - T_h - T_f) \\
&= w(N^d - N^S) + (C + I + G - Y) + (M_h + M_f - M^S) + (B_h + B_f - B^S)
\end{aligned} \qquad (3\text{-}16)
$$

左辺の第 1 項と第 2 項は既に前期から持ち越された事後量であるから, いずれも 0 である. また第 3 項, 第 4 項は, それぞれ企業が決定する家計への利潤の分配, 政府が決定する税であるから, それらを家計や企業は受動的に受け入れざるを得ないので, いずれも 0 である.

　一方, 右辺の各項はそれぞれ労働・財・貨幣・債券の**超過需要**を意味する. したがって, (3-16) 式は,

　　労働の超過需要＋財の超過需要＋貨幣の超過需要＋債券の超過需要＝0
となり，超過需要の総和が常に0になることを示す．各経済主体の予算制約式
から導出されるこの関係は**ワルラス法則**とよばれる．超過需要のうち任意の3
つが0であれば，ワルラス法則より残りの超過需要も0であることを意味する．

(3) ワルラス法則と IS-LM モデル

　　財市場と貨幣市場の均衡式から成る IS-LM モデルは，ワルラス法則からは
どのように解釈すればよいだろうか．

　　IS-LM モデルには労働市場は登場しない．このモデルでは完全雇用に至っ
ていない状況を想定している．労働市場については不均衡があってもその状態
で取引が行われると考える．つまり，家計の労働供給量 N^s が企業の労働需要
量 N^d より大きいなら，N^d だけの雇用が行われ，その下で家計は計画を立て
直すことになる．つまり，（3-16）式において N^s が N^d に置き換わり，労働
市場の不均衡下での取引を前提としたワルラス法則は，

　　　財の超過需要＋貨幣の超過需要＋債券の超過需要＝0

となる．IS-LM モデルの均衡では財と貨幣の超過需要は0であるから，ワル
ラス法則より同時に債券の超過需要も0である．したがって，均衡状態の分析
については，債券市場均衡ではなく貨幣市場均衡を利用しても差支えがない．

3-6　おわりに

　　本章では，財政・金融政策の理論的枠組みとなる IS-LM モデルの基本を説
明した．拡張的な財政・金融政策を行うことにより，生産・所得の増加，ひい
ては雇用の増加が期待できる．しかし，政策効果を阻害する要因もある．

　　IS 曲線や LM 曲線の傾きから考察できるいくつかの要因はここでも扱った．
LM 曲線が垂直な部分での財政政策，LM 曲線が水平な部分及び IS 曲線が垂
直な部分での金融政策は無効であった．第5章と第8章では，これらの要因も
含めて財政・金融政策効果のより詳しい説明がなされる．

　　また，国際的な取引を導入した場合，財政・金融政策効果の有効性は貿易や

資本移動を通じて大きな影響をうける．その際為替レートが重要な役割を果たす．それらについては第12章で検討される．

　IS-LM モデルでは労働市場は扱わず，物価は一定と仮定している．しかし，労働市場や物価についての検討も経済政策には重要である．それらについては第9章で扱う．

＊数学注：無限等比級数

　例えば，次のような無限に並んでいる数の並びを考えよう．

　　2，4，8，16，32，64，128，256，…

最初の項が2で，2番目の項は最初の項に2をかけた数である．3番目の項は2番目の項に2をかけた数である．つまり，前の項に2を順々にかけていることがわかる．この時，最初の項を「初項」，毎回かけている一定の数を「公比」といい，無限に続いているので無限等比数列とよぶ．この例では，初項2，公比2の無限等比数列である．

〈無限等比級数の公式〉

　一般に，初項を a，公比を r とすると，無限等比数列の和（無限等比級数）は，次のように表すことができる．

$$S = a + ar + ar^2 + ar^3 + ar^4 + ar^5 + ar^6 + ar^7 + \cdots \qquad (3\text{-}17)$$

　S は $-1 < r < 1$ の時，$S = a/(1-r)$ に収束することが知られている．
（3-17）式の両辺に r をかけると，

$$rS = ar + ar^2 + ar^3 + ar^4 + ar^5 + ar^6 + ar^7 + ar^8 + \cdots \qquad (3\text{-}18)$$

である．（3-17）式から（3-18）式を辺々引くと，$(1-r)S = a$ で，S について解くと無限等比級数の公式を得る．

📖 学習のための参考文献（初級★・中級）

★グレゴリー マンキュー／足立英之・地主敏樹・中谷武・柳川隆訳（2017）『マンキューマクロ経済学 I　入門篇〔第4版〕』東洋経済新報社

★福田慎一・照山博司（2016）『マクロ経済学・入門〔第5版〕』（有斐閣アルマ）有斐閣

　グレゴリー マンキュー／足立英之・地主敏樹・中谷武・柳川隆訳（2018）『マンキューマクロ経済学 II　応用篇〔第4版〕』東洋経済新報社

　齊藤誠・岩本康志・太田聰一・柴田章久（2016）『マクロ経済学〔新版〕』有斐閣

第4章　財政政策1：財政の機能と財政政策

> 私たちは買物のたびに消費税を負担し，就職すれば給料から所得税を支払う．その一方で，通っている大学等の運営費の一部は，国からの補助金で賄われている．この章では，私たちの生活にも関わりの深い政府支出や租税等の財政活動の果たすべき役割を明らかにした上で，日本の財政状況とその課題について考察する．

4-1　はじめに：財政の意味と課題

　財政とは，国や地方公共団体等の「政府」が行う経済活動を指す．財政活動には，資源配分機能，所得再分配機能，経済安定化機能の3つの役割が期待されており，これらの機能をいかに有効に発揮できるかが，財政政策の課題であるといえる．そこで本章では，まず次節で，各機能を発揮するための財政支出の具体的内容に触れながら，上記の3つの機能の意味を解説する．

　4-3では，国の財政支出の規模や内訳，国税収入の推移をみて，近年では，社会保障関係費が増大してきており，日本の財政政策の重点は所得再分配機能に置かれるようになってきていることを指摘する．また，財政支出がほぼ一貫して増加傾向を示しているのに対し，国税収入は1990年代以降伸び悩んでおり，国債の大量発行，政府債務残高の累積が進み，国の債務残高の対GDP比は国際的にもきわめて高水準に達していることを示す．その上で，政府債務の対GDP比の一層の上昇を防ぎ，財政の持続可能性を高めるためには，プライマリー・バランス（基礎的財政収支）の黒字化が必要であることを指摘する．

4-2　財政の3つの機能

(1) 資源配分機能

　財政活動に期待される第1の機能は資源配分機能である．これは，民間部門では十分に供給されない財・サービスについて，政府が自ら供給するか民間企

業や消費者に補助を与えることによって，生産・消費の促進を図るという役割である．

▶公共財の供給

資源配分機能の中心を成すのは「**公共財**」の供給である．公共財は，いったん供給されると多数の人々が同時に等しく消費（享受）可能であるという「共同消費性」を持つ財サービスである．公共財の場合，他の人々の費用負担によって供給されるならば，自分は費用負担をしなくても，等しくその便益を享受することができるため，個人は，公共財に対する評価（需要）を自発的に表明するインセンティブを持たない．そのため，消費者の自発的な需要の表明に基づいて財・サービスの生産・供給を行う民間部門では，公共財に対する潜在的需要に見合った十分な公共財の供給は実現できない．そこで，公共財の供給は，租税による強制的な費用配分と政治・行政プロセスによる供給水準の決定を特徴とする政府部門によって行われなければならない．

公共財には，共同消費の範囲が国民全体に及ぶ国家レベルの公共財と，共同消費の範囲が地域的に限定される地域公共財がある．前者の例としては，外交活動，司法制度，国防，警察機構，金融システムの維持運営といった活動を挙げることができるが，これらは，安全で円滑な民間部門の経済活動の前提条件を充足する役割を果たしている．後者の例としては，道路や橋，港湾，上下水道，公園，文化・スポーツ施設の整備や消防サービス等が挙げられ，これらは，地域における生活や生産活動の基盤を提供している．

▶外部効果の調整

財政の資源配分機能が期待される第2の領域として，「**外部効果**」の調整が挙げられる．外部効果は，ある経済主体の行動が，民間部門における取引を経ることなく，直接，他の経済主体に与える効果である．外部効果には，他の経済主体の便益を高めたり費用を削減する「正の外部効果」と，他の経済主体の便益を低下させたり費用を増加させたりする「負の外部効果」がある．いずれの場合も外部効果は取引当事者に認識されないため，外部効果を伴う財・サービスの取引を民間部門に委ねておくと，正（負）の外部効果を伴う財・サービスの場合には，外部効果による便益の増加や費用の削減効果（便益の低下や費用の増加効果）を考慮に入れて消費者や生産者の純便益の最大化を図る場合に比

べて，取引量は過少（過大）となる．そこで，正の外部効果を伴う財・サービスについては，政府が自ら供給するか，民間の生産者や消費者に補助金を与えて，その生産・消費を促進することが求められ，負の外部効果を伴う財・サービスの場合には，政府が何らかの方法でその生産・消費を抑制することが求められる．正の外部効果を伴う重要なサービスとしては教育サービスを挙げることができる．国公立学校での教育の実施や私学助成，学生への奨学金の給付等の文教関係の財政支出の根拠の一端は，教育サービス供給に伴う正の外部効果に求められる．他方，負の外部効果を伴う財の重要な事例としては，地球温暖化ガスの原因となる炭素を含むガソリン等の化石燃料が挙げられる．化石燃料の使用の抑制には，法令による直接的規制も用いられるが，ヨーロッパの多くの国々では，炭素含有量に応じて税率を定める「炭素税」という税制措置も実施されている．

▶不確実性・リスクへの対応

　財政の資源配分機能が期待されるもうひとつの分野は，不確実性やリスクへの対応である．民間企業や個人も不確実性に直面し，ある程度損害を被るリスクを覚悟しながら生産活動に従事しているが，事業の成否が非常に不確実で，失敗した場合の損失が巨額に上る大規模な地域開発事業や都市計画事業，宇宙開発事業等は，個人や特定の民間企業（グループ）では，実施が困難であり，国や地方公共団体が実施主体となるか，少なくとも企画立案を行って，損失リスクの一部を負担する必要がある．また，終身にわたる年金や医療サービス，介護サービス等の給付を行う「社会保険制度」の維持運営も，リスクへの対応の観点から財政に求められる資源配分機能のひとつである．年金，医療，介護といった分野の保険は，退職後期間の長期化や傷病，要介護状態に陥るリスクを多数の被保険者間でプールする（各被保険者が比較的少額の保険料を負担し合い，実際に保険の対象となっている状況〔保険事故〕に陥った人々への給付に備える）仕組みであり，民間の保険会社によっても，ある程度は供給可能なサービスである．しかし，加入の有無や保険給付の水準の選択が任意である民間保険では，多額の保険給付を約束する保険契約に加入する人は，保険事故に陥りやすい人に限られるという「逆選択」や，保険加入の安心感から，保険事故を回避しようとする意識が薄れる「モラル・ハザード」といった現象を生じさせ，十分な

給付水準を保障する保険契約が成立しない可能性が高い．したがって，すべて
の国民を被保険者とし，終身にわたる保険給付を保障する保険制度の維持運営
は，強制加入と保険料の強制拠出を前提とする社会保険制度による必要があ
る．

(2) 所得再分配機能

　財政が果たすべき第2の機能は，所得再分配機能である．民間経済における
所得分配は，高い技能を持った勤労者がフルタイムで働くことにより高い所得
を得られることに典型的に表されているように，生産に対する貢献度に応じた
分配となっている．生産への貢献に応じた所得分配は，勤労や資産形成，投資
活動への意欲を高め，所得分配の源泉となる経済全体の生産物の拡大に有効な
所得分配のあり方である．しかし，一方で，生産への貢献に応じた所得分配
は，老齢，傷病，心身障害等により生産への貢献が困難な人々の所得を低水準
にとどめ，深刻な所得格差を引き起こす可能性がある．こうした民間経済の引
き起こす所得分配の不公平を是正し，所得格差の拡大を防ぐことが，財政の所
得再分配機能である．

　その具体的な政策として，すべての国民に最低生計費の確保を保障する生活
保護（公的扶助）制度をはじめ，各種の福祉給付が行われている．また，資源
配分機能の一環として挙げた年金，医療，介護等の社会保険制度も，現役世代
から退職世代，健常者から傷病者，自立可能な人々から要介護者への金銭ある
いは現物による再分配の仕組みとして機能しており，給付を受ける人々の多く
は，所得水準の低い階層であることから，所得再分配機能を果たしていると考
えられる．社会保険給付のかなりの部分は，被保険者の支払う社会保険料では
なく，公費負担によって賄われているが，この公費負担による社会保険給付
は，資源配分機能というより，所得再分配機能の現れであると解釈すべきであ
る．税制面では，所得の増加に伴って所得に対する税負担の割合が上昇する
「累進的」所得税等が所得再分配機能を果たしている．

　財政の所得再分配機能を果たす政策や制度には，福祉給付や累進課税のよう
な民間経済で決定された所得分配を事後的に変更する措置の他に，所得分配の
不公平性の原因となる人的物的資産分布の偏りを是正しようとする「機会均等

化政策」がある．所得を獲得するための人的資産（能力）を伸ばすための職業
訓練や技能資格取得研修費の助成，さらには資源配分機能としても挙げた国公
立学校での教育サービスの提供や私学助成，奨学金の給付等も機会均等化政策
の一環とみなすことができる．税制面では，物的資産の過度の集中を防ぐため
に，主として世代間の資産移転の際に課される相続税や贈与税が，機会均等化
政策の手段として挙げられる．

(3) 経済安定化機能

　財政活動に期待される第 3 の機能は，経済安定化機能である．民間部門を中
心とする国民経済全体の活動水準は比較的短期間に大きく変動する．こうした
経済変動の要因に関するひとつの有力な考え方は，民間消費や民間投資，政府
支出，そして海外からのネットの需要である「輸出マイナス輸入」からなる経
済全体の需要（総需要）の変動が，経済全体の生産活動水準（GDP）の変化を
もたらすという見方である．この見方に従えば，総需要が経済全体の生産能力
を下回り，失業者の増加や資本設備の稼働率の低下が生じる不況期には総需要
を増加させる政策を実施し，逆に生産能力を上回る総需要の増加が見込まれ，
物価の上昇が懸念される景気過熱期には総需要を抑制する経済政策を実施する
ことにより，経済変動を緩和することができる．そして，こうした経済政策の
手段としては，総需要の構成項目である政府支出の水準を景気状況に応じてコ
ントロールする財政政策が有効である．さらに，民間消費や民間投資の水準
が，所得から租税負担を差し引いた家計の可処分所得や民間企業の投資可能資
金に依存していると考えられることから，不況期には減税を実施し，景気過熱
期には増税を実施する租税政策によっても，総需要の水準をコントロールし，
経済変動の安定化に寄与することができる．こうした政府支出の増減や増減税
を通じて総需要を管理し，経済変動の緩和を図ることが，財政の経済安定化機
能である．経済安定化機能を発揮するための財政政策において，問題となるの
は支出規模や税負担の水準であり，原理的には，政府支出の対象分野や租税の
種類に限定はない．しかし，所得再分配政策の手段となる給付や経常的な公共
サービスの供給を担う公務サービスの購入費用（公務員の人件費）等の**政府消
費**支出の水準を景気状況に応じて短期間に増減させることは望ましくないた

め，通常，経済安定化のための財政政策の手段としては，公共施設の建設に充てる「政府投資」支出が用いられる．また，経済安定化のための租税政策の手段としては，家計の可処分所得の増減に与える影響が認識されやすい所得税が適切な政策手段となる．

4-3　日本の財政の現状と課題

この節では，前節で述べた3つの機能を期待されている財政がどのような状況にあり，どんな課題を抱えているのか，国の財政を対象として，みていくことにする．

(1) 主要項目別歳出額の推移

図4-1は，国の一般会計主要項目別歳出決算額（2019年度は予算額）の推移を1975年度以降5年度ごとに図示したものである．国の一般会計歳出は，近年では100兆円に達し，1975年度当時の約5倍となっている．主要な歳出項目の中で最大のウエイトを占めているのは，社会保障関係費であり，この費目は，すでに1990年代半ばには，国の負債である国債の利払いや償還（元本の返済）に充てられる国債費を除く政策経費の中で最大の項目となっていたが，2000年代に入ると急増し，近年では歳出総額の3分の1程度を占める巨額の歳出項目となっている．社会保障関係費の大半は，社会保険給付に対する国庫負担や生活保護費であり，この費目のウエイトの高さは，国の財政政策の重点が所得再分配政策に置かれていることを示している．

国債費を除く政策経費の中で社会保障関係費に次いで大きなウエイトを占めているのは地方財政関係費である．地方財政関係費のほとんどは，地方公共団体（都道府県や市町村）の財源不足の補填を通じて団体間の財政力格差を是正するために地方に支出される「地方交付税」に充てられている．

近年ではかなりウエイトの低下がみられるが，社会保障関係費や地方財政関係費に次いでウエイトの高い歳出項目となっているのが公共事業関係費である．これは，公共施設の建設に充当される経費項目であり，公共財の供給という資源配分機能の中心的役割を果たす手段となっていると同時に，その増減を

図4-1　国の一般会計主要項目別歳出額の推移

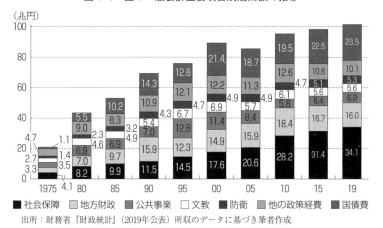

出所：財務省『財政統計』（2019年公表）所収のデータに基づき筆者作成

通じて財政の経済安定化機能を発揮する政策手段としても活用されてきた．

　公共事業関係費と同程度の歳出規模を示している防衛関係費と文教関係費は，いずれも，財政の資源配分機能を発揮する手段となっている．これらの費目の歳出規模は，長期間にわたって安定しており，経常的な公共サービスの提供という性格に合致した歳出パターンを示している．

(2) 歳出総額と国税収入額の推移

　次に，国の一般会計歳出総額と租税収入額および両者の差を埋めるための国債発行額の推移を図4-2によってみておこう．この図から明らかなように，国の一般会計歳出は，2000年代初頭に約90兆円に達するまでほぼ一貫して増加し，その後80〜85兆円程度で推移した後，リーマンショック翌年の2009年度に101兆円に達し，近年では，100兆円前後で推移している．これに対し，租税収入は，1990年代初頭に60兆円に達するまでは順調に増加してきていたが，その後減少に転じ，リーマンショックが発生した翌年の2009年度には40兆円を割り込む水準となった．2010年代には，租税収入は再び増加傾向を示しているが，2019年度予算に至っても，1990年代初頭の水準をやや上回る程度に回復してきているに過ぎない．

　こうした歳出と租税収入の推移の結果，1990年代以降両者の差は拡大し，こ

図4-2　国の一般会計歳出額，税収額および国債発行額の推移

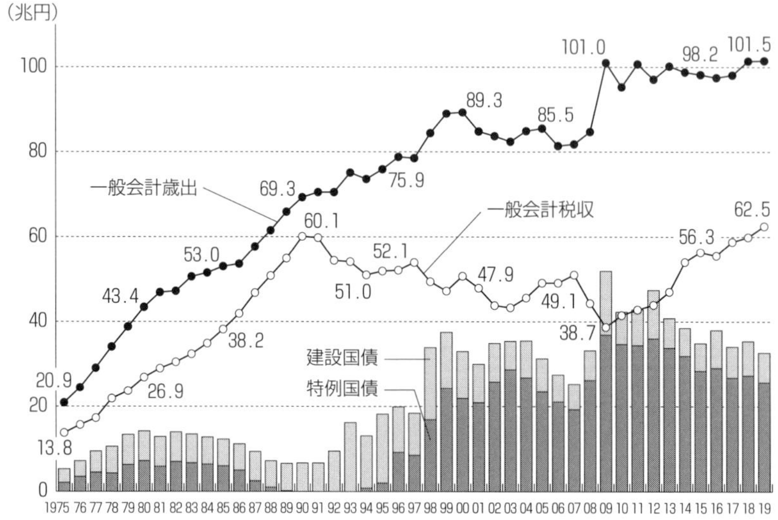

(兆円)

101.5
101.0
98.2
100
89.3
85.5
80
一般会計歳出
69.3
75.9
一般会計税収
62.5
60.1
60
56.3
53.0
52.1
43.4
51.0
47.9
49.1
38.2
40
建設国債
38.7
特例国債
26.9
20.9
20
13.8
0
1975 76 77 78 79 80 81 82 83 84 85 86 87 88 89 90 91 92 93 94 95 96 97 98 99 00 01 02 03 04 05 06 07 08 09 10 11 12 13 14 15 16 17 18 19

出所：財務省『日本の財政関係資料』（2019年6月）3頁所収の図を転載

　の差を埋める主要な財源調達手段である国債の発行額も，1990年代後半以降30
〜50兆円と，巨大な規模に達している．国の財政制度や財政運営の原則を定め
た「財政法」は，第4条で，原則として国債（借入金）によって財政支出を賄
うことを禁止しているが，ただし書きで，長期にわたって国民に便益を与える
公共施設の建設資金等に充てるための国債発行を認めており，この規定に従っ
て発行される国債は「**建設国債**」とよばれている．しかし，1965年度の補正予
算の編成に伴って，人件費や福祉給付等の経常的経費の財源に充てるための国
債発行が行われ，1975年度以降は，こうした国債の発行が毎年行われるように
なった．経常的経費にも充てることのできる財源を調達するための国債発行は
財政法の規定に違反するため，毎年度「特例法」を成立させて発行しなければ
ならない．そこで，こうした国債は「**特例国債**」あるいは俗に「赤字国債」とよ
ばれている．特例国債の発行は，1990年代初めには必要のない時期もあったが，
90年代半ばから急増し，90年代末以降は，建設国債の発行額を上回っている．
　こうした1990年代以降の大量の国債発行の継続の結果，未償還の国債残高を
中心とした国の長期債務残高は，2019年度末には928兆に達すると見込まれて

小泉改革とは何だったのか

　21世紀初頭の2001年 4 月に発足した小泉純一郎内閣は，5 年半に及ぶ政権期間に，郵政民営化をはじめとする「官から民へ」のサービス供給主体の移行，国から地方への補助金の削減と税源移譲を内容とする「三位一体の改革」，公共事業の抑制と規制緩和による民間市場重視の経済政策の展開を図り，「聖域なき構造改革」を標榜した．こうした一連の改革は，直接には，1990年代末から続いていた経済状況の低迷からの脱却をめざしたものであったが，その手段として，政府支出の増加による需要の拡大ではなく，民間経済活動の活発化という供給面の政策を重視した点に特徴がある．

　財政面では，小泉改革は「小さな政府」を志向しており，その点は，本文の図 4 - 2 において小泉政権時代に国の一般会計歳出がその前後の時期に比べて低い水準に抑えられていたことにも現れている．しかし税制面では，消費需要の維持拡大のための所得税減税が継続されていたこともあり，財政収支の大幅な改善をもたらすには至らなかった．

おり，GDP の約158％という諸外国でも例をみない高水準となっている．こうした政府債務残高の累積は，これまでのところ，豊富な家計金融資産や日本銀行による既発国債の買入等に支えられ，国債金利の急騰やインフレーションの発生，政府の債務不履行（デフォルト）といった「財政の持続可能性」を危うくする事態には至っていないが，今後とも政府債務の増加が続けば，財政の持続可能性の確保が危ぶまれる事態の発生につながりかねない．

(3) プライマリー・バランスと財政再建目標

　政府の長期債務残高の対 GDP 比の動向を左右する財政指標としては，「プライマリー・バランス（基礎的財政収支）」という指標がよく用いられる．プライマリー・バランスは，租税収入等，国債発行による収入以外の歳入額から，国債の利払い費と償還費（元本返済額）からなる国債費以外の歳出額との収支差を指す．国債発行収入も含む歳入総額と国債費も含む歳出総額とはバランスしていなければならないこと，および，国債発行額は，今年度末の国債残高から，前年度末の国債残高と今年度の国債償還額との差額を差し引いた金額となることを考慮すると，プライマリー・バランスは，前年度末の国債残高に「1 +（国債）利子率」を乗じた額から，今年度末の国債残高を差し引いた額となる．

この関係を書き換えると，今年度末の国債残高は，前年度末の国債残高に「1＋利子率」を乗じた額からプライマリー・バランスを差し引いた値となる．最後に，この関係式の両辺を今年度の GDP で除し，今年度の GDP は前年度の GDP に「1＋経済成長率」を乗じた額になることを考慮すれば，今年度末の国債（政府債務）残高の対 GDP 比は，前年度末の国債（政府債務）残高対 GDP 比に「（1＋利子率）／（1＋経済成長率）」を乗じた値から，プライマリー・バランスの対 GDP 比を差し引いた値となる．

　GDP は 1 年間に国内で発生する所得の総額を表し，利子所得はその一部を構成することから，中長期的には，利子率と経済成長率はほぼ一致した水準となると考えられる．その場合，上で導出した関係式は，プライマリー・バランスが赤字（マイナス）となるような財政運営の下では政府債務残高の対 GDP 比は上昇し続けることになるが，プライマリー・バランスを均衡ないしは黒字（プラス）化することができれば，政府債務残高対 GDP 比の上昇を食い止め，徐々に低下させることができ，財政の持続可能性を高めることができることを示している．内閣府が公表している2017年度の『国民経済計算』によれば，2010年代に入って国の財政のプライマリー・バランス対 GDP 比は，2011年度の▲（マイナス）7.1％を底に，2017年度には▲2.5％と改善の方向を示しているが，依然として赤字が続いている．政府は，2015年 6 月に閣議決定した「経済・財政再生計画」において，消費税率の引上げを見込んで，2020年度までに国のプライマリー・バランスを黒字化する目標を掲げたが，2017年10月の総選挙に際し，財政再建に充てる予定であった消費税収の増収分の 2 分の 1 程度を幼児教育や高等教育の一部無償化の財源とする方針を打ち出したこともあって，この財政再建目標の達成が困難となり，2018年 6 月に閣議決定した新たな「経済・財政再生計画」では，プライマリー・バランスを黒字化する目標年次を2025年度に延期している．

4-4　租税の役割と税制改革の課題

　租税の基本的な役割は，財政支出のための財源を提供することである．しかし，前節でみたように，日本では国の一般会計歳出のうち国税収入で賄われて

いる割合は 6 割程度に過ぎず，プライマリー・バランスの継続的赤字を通じて政府債務残高の膨張をもたらしている．

　こうした日本の財政の現状を考えると，今後は，歳出の抑制とともに，税収の充実確保に向けた税制改革の展開が望まれる．しかし一方で，租税には，古くから，充たすべき望ましい規準（租税原則）が指摘され，租税原則を無視した闇雲な増税政策は，民間経済に混乱をもたらし，租税に対する国民の信頼を失って，税収の確保それ自体を困難にする恐れがある．

(1) 租税原則

　租税原則は，現代では，「公平」,「中立」,「簡素」の 3 点に集約されている．課税の公平は，担税力（税を負担する経済的能力）の指標として広く受け入れられている所得に関して，「等しい所得の納税者には等しい税負担を課すべきである」とする「水平的公平」の原則と，「高所得の納税者ほど大きな税負担を課すべきである」とする「垂直的公平」の原則から成っているが，後者は，課税前所得分布に比べて課税後所得分布の方がより平等になることが望ましいという観点から，所得が高い納税者ほど，所得に対する税負担額の割合（税負担率）が高くなる「累進課税」を推奨しているものと解釈されている．課税の中立性は，民間経済主体の消費や生産活動における選択を大きく変えてしまうような課税形態や課税方法を避けることを求める規準である．中立性の観点からは，できるだけ広い範囲の経済活動に対して一様に課税することが求められる．課税の簡素化は，税額の計算方法や納税手続が明確で，納税や徴税のために要する金銭的時間的コストができるだけ小さい税制を求めている．

(2) 税目別国税収入額の推移

　図 4 - 3 は，消費税が導入された直後の1990年度から 5 年度おきに，国税収入額の推移を示したものである．この図に示されているように，国税の主要な税目は，所得税，消費税，法人税であり，これら 3 税で，つねに国税総額の 7 ～ 8 割を占めている．このうち法人税については，経済のグローバル化の中で税率等の税構造を日本独自で設定することが困難になりつつあり，また地方税も含む法人所得課税全体の税率は国際的にみてやや高い水準にあることから，

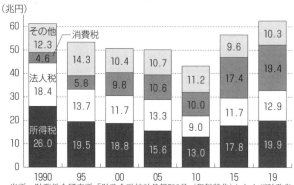

図4-3　国税収入額の推移

出所：財務総合研究所「財政金融統計月報793号（租税特集)」および財務省
『日本の財政関係資料』（2019年6月）所収のデータより筆者作成.

税率の引上げ等，増収を図る税制改革の実施は難しい状況にある．そこで以下
では，所得税と消費税について，租税原則に留意しつつ税収の充実確保に資す
る税制改革の方向を考察する．

(3) 所得税の問題点と改革の方向

　所得税は，国税収入のおよそ3割の税収を占める基幹税目である．しかし，
課税前所得に対する所得税の負担割合は意外に低く，図4-3でみたように，
所得税の税収は，2010年代に入って回復傾向にあるものの，ピーク時の1990年
度に比べると今だに数兆円低い水準にとどまっている．

　図4-4は，日本円に換算して，年間100万円，200万円，300万円，500万円，
700万円，1000万円，1500万円，2000万円の給与収入を得ている単身の給与所
得者に対し，2018年1月時点における各国の所得税制を適用して計算された所
得税額を給与収入で除した所得税の負担率を描いた「所得税の負担率曲線」を
国別に示したものである（「改革案」の内容については後述する）．この所得税の負
担率曲線はどの国でも右上がりとなっており，所得税が課税の垂直的公平の原
則を充たす累進税であることがわかる．日本の所得税もこの点では例外ではな
い．しかし，日本の所得税負担率は，給与収入が500万円以上の中高所得階層
においても3〜20％程度と，国際的に最も低い水準となっている．給与所得者

図 4 - 4　　給与所得者の所得税負担率の国際比較

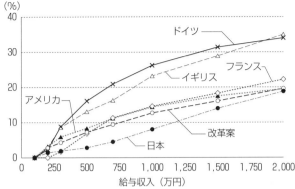

出所：財務総合研究所「財政金曜統計月報782号（租税特集）」所収のデータ
より筆者作成.

は，所得税の納税者の 6 割以上を占め，その中で給与収入500万円以上の納税
者の納税額は 8 割以上に及んでいる．こうした状況を考慮すると，所得税収の
低迷は，中高給与所得階層における負担率の低さに起因するところが大きいと
いえる．

▶給与所得控除の問題点と改革案

　給与所得者の所得税負担率が低い水準にとどまっている要因のひとつは，給
与所得控除が大きい点に求められる．**給与所得控除**は，事業所得における経費
控除に相当するが，事業所得においては，所得を得るために実際に要した費用
を積算して経費控除額を求める「実額控除方式」が採用されているのに対し，
給与所得控除は，給与収入の水準に応じて定められた控除率を適用して計算さ
れた金額を差し引く「概算控除方式」となっている．2019年現在の税制では，
給与収入が180万円以下の部分には40％（最低保障額65万円），180万円超360万円
以下の部分には30％，360万円超660万円以下の部分には20％，660万円超1000
万円以下の部分には10％の控除率が適用され，給与収入額が1000万円以上では
220万円の定額となっている．給与収入が500万円の中堅所得者にこの算式を適
用すると給与所得控除は154万円となり，給与収入の30％を上回る水準となる．
事業所得者とは異なって商品・原材料等の仕入や人件費を必要としない給与所
得者にとって，このような高水準の経費控除は過大であるといえる．実際，総

務省『家計調査』に記載された勤労者世帯の消費支出額のデータを用いて，スーツやワイシャツ等給与所得者にとって必要経費とみなしうる消費支出項目を抽出し，その合計額が給与収入のどれほどの割合となるかを検討したいくつかの研究結果によれば，所得階層にかかわらず経費率は 7 ～ 8 ％程度であると報告されている．こうした検討結果に基づけば，給与所得控除は，給与収入の一律10％の定率控除に簡素化することが妥当であると考えられる．

▶基礎的人的控除の問題点と改革案

　給与所得控除が寛大に過ぎる一方，納税者世帯の人的構成に応じて認められている「人的控除」，なかでも，すべての納税者に認められる「基礎控除」，課税所得のない配偶者や16歳以上の扶養親族（子や親等）を持つ納税者に認められる「配偶者控除」や「扶養控除」といった「基礎的人的控除」については，現行税制では一律38万円に設定されているが，これを増額することが望まれる．基礎的人的控除の根拠は，納税者本人あるいはその扶養下にある配偶者や親族の最低生計費に相当する所得部分には課税すべきではないという判断に求められる．最低生計費の規準は生活保護基準額に求めることができるが，生活保護基準額は，大都市圏に居住する被保護世帯の場合，単身世帯で年間95万円，夫婦世帯で140万円，夫婦子 2 人世帯で230万円程度である．したがって，生活保護基準額に合わせて基礎的人的控除を定めるならば，基礎控除を95万円，配偶者控除と扶養控除を45万円に設定するのが望ましいといえる．

▶所得税率の問題点と改革案

　中高給与所得階層の税負担率を低い水準にとどめているもうひとつの要因は，最低税率の低さと，20％台の税率が適用される課税所得の範囲の広さである．現行所得税の税率は，給与所得者の場合，給与収入から給与所得控除と人的控除を差し引き，さらに社会保険料の全額に等しい社会保険料控除（通常，概算で給与収入の15％と算定）や生命保険料控除等の個人的支出控除を差し引いて算出される課税所得に応じて，課税所得が195万円以下の部分には 5 ％，195万円超330万円以下の部分には10％，330万円超695万円以下の部分には20％，695万円超900万円以下の部分には23％，900万円超1800万円以下の部分には33％，1800万円超4000万円以下の部分には40％，そして4000万円を超える課税所得部分には45％の税率で課税されている．このように，課税所得の最初の部分

に適用される税率は５％と非常に低く，低所得者のみならず，中高所得階層の税負担率をも低める要因となっている．また，20％ないしは23％の税率が適用される課税所得の範囲が非常に広く，単身者でも，諸控除を差し引く前の給与収入では1400万円近い収入のある給与所得者まで23％の税率が適用される構造となっている．中高所得階層において低い税負担率をもたらしているこうした税率構造を是正し，併せて７段階となっている税率区分を５段階に簡素化する改革案としては，例えば，課税所得が200万円以下の部分に適用する最低税率を10％とし，課税所得が200万円超500万円以下の部分には20％，500万円超1000万円以下の部分には30％，1000万円超2000万円以下の部分には40％，そして課税所得が2000万円を超える部分には現行の最高税率と同じく45％の税率を適用するという案が考えられる．このような税率構造の改訂と，先に述べた給与所得控除の10％定率控除化および基礎的人的控除の引上げを併せて実施した場合，単身の給与所得者の所得税負担率は，図４‐４の「改革案」と記した折線グラフのように，給与収入が500万円〜1000万円の中堅所得階層において４〜５％ポイント上昇し，フランスやアメリカの負担率曲線にかなり近づく．2017年度の国税庁『民間給与実態統計調査』によれば，給与収入が500万円〜1000万円の中堅給与所得階層の得ている給与総額は117兆円程度に達しているので，この階層において単身者以外の世帯構成の給与所得者についても単身者と同程度の所得税負担率の上昇が見込めるとすれば，上記の改革案の実施によって所得税収は４〜５兆円の増収が期待できる．

⑷ 消費税の逆進性と社会保障目的税化

　近年では所得税に匹敵する税収をもたらすようになった消費税は，財・サービスを生産・販売する事業者を納税義務者とし，その売上に税率を乗じた「売上税額」から，機械・設備・建物等の投資財の購入を含む仕入額に税率を乗じた「仕入税額」を差し引いた差額を申告納付する「消費型付加価値税」である．納税義務者は事業者であるが，売上税額は販売価格に上乗せされ，次々に販売先に転嫁されることが前提とされ，最終的な税負担は，税額を転嫁する先を持たない消費者に帰着するものと想定されている．したがって，家計の消費税負担額を算出するには，総務省『家計調査』等に掲載された消費税込みの消

図4-5 一律税率および軽減税率導入時における所得階級別消費税負担率

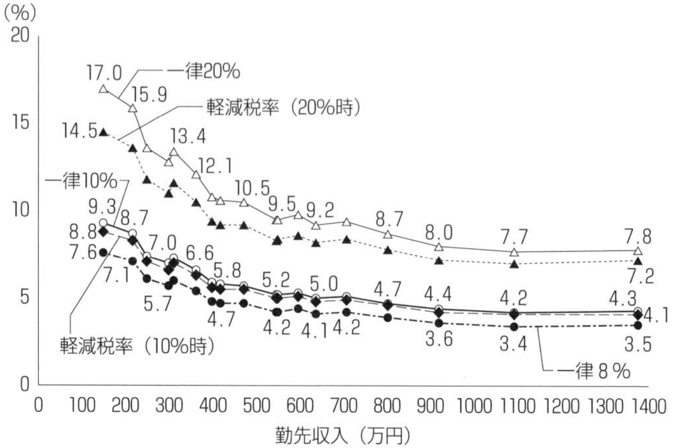

（%）
20

17.0 ─ 一律20%
15.9
──軽減税率（20%時）
14.5　13.4
12.1
一律10%　10.5
9.3　　　　9.5 9.2　　8.7
8.8 8.7　　　　　　　　　8.0　　7.7　　7.8
7.6 7.0 6.6　　　　　　　　　　　　　　7.2
7.1　　5.8　5.2 5.0　4.7 4.4　4.2　4.3 4.1
5.7　4.7 4.2 4.1 4.2　　3.6 3.4　3.5
軽減税率（10%時）　　　　　　　　　　一律8％

0　100 200 300 400 500 600 700 800 900 1000 1100 1200 1300 1400
勤先収入（万円）

出所：総務省『家計調査』（2017年度）所収のデータに基づき，筆者作成.

費支出額のデータを収集し，これに「消費税率／（1＋消費税率）」（消費税の「実効税率」）を乗じて求めなければならない.

▶消費税の逆進性

　図4-5の「一律8％」と記された折線グラフは，2017年度の『家計調査』所収の年間収入階級別消費支出データ（2人以上の勤労者世帯）を用いて，非課税品目に相当する支出項目以外の消費支出について消費税の実効税率（8/108）を乗じて消費税負担額を算出し，その合計額を各収入階級の勤先収入（給与収入に相当）で除して算出した消費税負担率を示した所得階級別の負担率曲線である．このグラフからわかるように，消費税の負担率曲線は右下がりであり，消費税が，所得が高まるほど負担率が低下する「逆進税」であることを示している．逆進性の程度を，最も負担率の高い最低所得階級（年間勤先収入平均約150万円）と最も負担率の低い最高所得階級（年間勤先収入平均約1375万円）との負担率の差で測ると4.1％ポイント程度と，現状では，それほど激しいものではない．しかし，累進的税負担構造が望ましいとする課税の垂直的公平の原則に照らせば，消費税の逆進的性格は重大な問題であり，今後とも予想される消費税率の引上げの可能性を考えればなおさらである．

　消費税率が引上げられた場合に所得階級別の消費税負担率がどのように変化

するかを予想するためには，税込み価格の上昇に対する各課税消費項目への消費支出の反応を推計する必要があり，正確な予想は難しい．しかし，税込み価格が変化しても課税品目への税込み支出額は変化しないと想定すれば，税率引上げ後の消費税負担額は現在の税込み支出額に新たな実効税率を乗じることによって求められる．図4-5の「一律10％」，「一律20％」と記されたグラフは，このような想定の下で，消費税率が10％または20％に引上げられた場合の所得階層別の消費税負担額を計算し，負担率曲線を描いたものである．

　最低所得階級の負担率と最高所得階級の負担率との差で測った逆進性の程度は，税率8％の場合の4.1％ポイントから，税率10％の場合には5.0％ポイントに，税率20％の場合には9.2％ポイントに高まることになる．

▶社会保障財源としての消費税の意義

　こうした税率引上げに伴う逆進性の激化の可能性にもかかわらず，今後も消費税率の引上げが必要と考えるとすれば，その根拠はどこに求められるべきであろうか．それは，社会保障財源として消費税を位置づけるという点に見出すべきであると考えられる．社会保険給付費への国庫負担を中心とする社会保障関係費は安定した財源措置を必要としており，消費税収の安定性はこの要請に適合している．また，社会保障関係費の増加額は，将来の年齢別人口構成の予測等をもとに比較的正確に予想できるが，この点と，税率1％当たりの税収が約2.5兆円で安定している消費税の性格とを考え合わせると，将来必要となる消費税率の水準をおおよそ予測できることも，消費税を社会保障財源として位置づけることの意義であるといえる．さらに，低所得者ほど給付前所得に対する給付額の割合が高い社会保障給付の財源とすることによって，消費税の逆進性がもたらす所得分配の不平等化効果を相殺できることも，社会保障目的税化の有力な根拠となる．

▶軽減税率導入の意義と問題点

　社会保障財源とすることにより，所得分配に与える悪影響を相殺ないしは緩和することができるとはいえ，消費税の逆進性はできるだけ緩和することが望ましい．この逆進性の緩和策としてEU諸国をはじめ消費型付加価値税を導入している多くの国々で実施されているのが，食料品等，低所得階層で支出割合が高い必需的な品目に通常の税率（標準税率）より低い税率を適用する「軽減

税率」の導入である．日本でも，標準税率が10％に引上げられた2019年10月からは，外食や酒類を除く食料品と週2回以上発行される新聞の定期購読料に対して8％の軽減税率が導入された．消費税率が変化しても税込み消費支出額は変化しないという想定の下で，この軽減税率導入時の消費税負担率曲線を描いたのが図4-5の「軽減税率（10％時）」である．「最低所得階級の負担率−最高所得階級の負担率」で測った逆進性の程度は，一律10％への消費税率引上げの場合の5.0％ポイントから4.7％ポイントに縮小する．標準税率を10％に引き上げた場合の8％の軽減税率導入の効果はきわめて小さいが，消費税の社会保障財源化がいっそう厳密に行われ，例えば，基礎年金給付費のすべてを消費税で賄う基礎年金目的税化が実施される場合には，EU諸国並みの20％台の標準税率が必要となり，軽減税率の設定による逆進性の緩和効果も大きくなると期待される．図4-5の「軽減税率（20％時）」と記したグラフは，10％への税率引上げ時と同じ想定の下で，標準税率が20％，軽減税率が8％と設定された場合の消費税負担率曲線である．軽減税率の設定は，「最低所得階級の負担率−最高所得階級の負担率」で測った逆進性の程度を，一律20％への税率引上げ時の9.2％ポイントから7.3％ポイントに縮小する顕著な効果を持つことがわかる．

しかし，その一方で，軽減税率の導入に伴って，標準税率適用項目と軽減税率適用項目との判別の問題や税率区分に応じた仕入や売上の管理の必要性等，課税の簡素化の観点からは望ましくない事態が発生することも事実である．

すでに述べたように，消費税の納付の際には，課税事業者は売上税額から仕入税額を差し引くことができる．仕入税額は，帳簿上の仕入額に消費税の実効税率を乗じて計算すればよいことになっているが，仕入税額の計算が適正に行われているかを必要に応じてチェックするために，発行者の氏名・名称，発行年月日，取引内容，対価（税込），受領者の氏名・名称を記載した仕入先からの請求書等を保存しておく義務が課せられいる．軽減税率が導入されると，仕入税額の計算のもととなる帳簿上の仕入額を税率ごとに区分する必要が生じる上に，保存義務のある請求書等には，税率ごとの対価（税込）の記載が必要となる．さらに2023年10月からは，課税事業者に「登録番号」が付され，この登録番号と税率ごとの税額・税率も記載した「適格請求書等」の保存が義務付けられるようになり，実質的に，仕入先から受け取る適格請求書等に記載された

税額を集計して仕入税額控除額の最終確認を行う方式となる．このような仕入税額控除額の算出方式は，消費型付加価値税を導入している多くの国々で採用されており，「インボイス方式」とよばれている．インボイス方式の採用は，税額の転嫁を確実に行い，仕入の水増しや売上の圧縮による納税額の軽減を防止する上では有効であるが課税事業者の時間的・金銭的コストを高めることは確かである．

4-5　おわりに

　日本の財政は，公共財の供給を中心とする資源配分機能，福祉給付や社会保険制度への公費負担を主な手段とする所得再分配機能，そして公共事業費や租税負担のコントロールを通じて実施される経済安定化機能の3つの役割を担って，国の一般会計のみでみても，毎年100兆円近い財政支出を行っている．他方，財政支出の主要な財源となるべき租税収入は1990年代以降伸び悩んでおり，財政支出と租税収入とのギャップを埋めるための国債の大量発行が続いている．財政政策の目標は，上記の3つの機能を通じて国民の経済的厚生を高めることにあり，財政収支のバランスを保つことにあるわけではない．しかし，大量の国債発行と政府債務の累積が続き，GDPに対する政府債務残高の比率が継続的に高まっていくと，金利の急騰や激しいインフレーションの発生，政府の債務不履行といった，民間経済に大きな撹乱をもたらす事態の発生も招きかねない．こうした日本の財政状況を踏まえると，今後の財政政策の方向としては，プライマリー・バランスの黒字化を念頭に置いて，財政支出内容の精査を図りつつ，租税原則との整合性に配慮しながら，税負担の強化を図る税制改革の検討を行っていく必要がある．

📖 学習のための参考文献（初級★・中級）
★林宏昭・玉岡雅之・桑原美香（2015）『入門　財政学〔第2版〕』中央経済社
★赤木博文（2016）『財政学の基礎』多賀出版
　赤井伸郎編（2017）『実践財政学─基礎・理論・政策を学ぶ』有斐閣
　森徹・森田雄一（2016）『租税の経済分析─望ましい税制をめざして』中央経済社

第5章 財政政策2：経済安定化政策

内閣府が毎年実施している「国民生活に関する世論調査」によると，政府に対する要望として「景気対策」を挙げる人の割合は50%以上にのぼっており，「社会保障の整備」や「高齢社会対策」とともにつねにトップ3に入っている．この章では，国民からの要望の高い景気対策を財政政策によって実施しうる理論的根拠を解説し，日本の財政政策が実際に経済理論の示す方向で展開されてきたかどうかを検証する．

5-1 はじめに：経済安定化のための財政政策

　第4章で述べたように，財政は，民間経済では十分に供給されない財・サービスの供給に人的物的資源を振り向ける資源配分機能や，民間経済で決定される所得分配の不平等を是正し，より公平な所得分配を実現する所得再分配機能を果たしており，これらの機能を発揮するために財政支出や租税を活用することは財政政策の重要な役割である．しかし一般には，財政政策は，景気政策の意味で語られることが多い．1990年代初めのバブル景気の崩壊後の深刻な景気後退期や90年代末の金融不況期，2008年のリーマンショック後の世界的不況期に財政支出の拡大や減税が実施され，こうした政策が，財政政策の典型的な事例と受け取られている．この章では，このような，民間経済の変動を和らげ，経済の安定化を図るための財政政策について，その有効性の理論的根拠を明らかにした上で，1990年代前半以降の経済安定化政策の動向を考察する．

　まず次節では，第3章で述べた単純な所得決定理論やIS-LMモデルに基づいて，財政支出の拡大や減税政策が均衡GDPの増加に与える効果を示す．ここでは，経済安定化のための財政政策の効果が，経済の構造や民間経済主体の行動様式によって左右される可能性についても言及する．

　5-3では，内閣府が毎年作成している『国民経済計算』（SNA）のデータを用いて，日本経済全体の需給バランスの中で，政府部門が果たしてきた役割を

概観し，財政支出の対前年度増減率と経済成長率との対比によって，財政政策が，どの程度景気対抗的に実施されてきたかを検討する．

　5-4では，経済安定化のための財政政策の主要な手段となる公共投資の動向を観察し，その推移の要因を考察する．

5-2　経済安定化のための財政政策の有効性

　第 3 章では，価格（物価）が容易に変化しない経済において，経済全体の所得（GDP）は，その所得の下で発生する経済全体の総需要（意図された総支出）と一致する水準に決定されるという所得決定理論（「有効需要の原理」）を前提として，マクロ経済政策に関する議論を展開した．この章でも，この有効需要の原理を前提として，財政政策の効果について検討しよう．

(1) 単純なマクロ経済モデルにおける財政政策の有効性

▶政府支出乗数

　第 2 章でも述べたように，経済全体の総需要の構成要素は，民間消費，民間投資，政府支出，そして海外からのネットの需要である純輸出（輸出 − 輸入）である．民間消費は，今期の所得（GDP）から租税負担を差し引いた今期の可処分所得に依存するケインズ型消費関数で表されるものとし，他の需要項目は，とりあえず民間投資も含めて，GDP や利子率の水準には依存しないものとする．

　簡単化のために海外部門を捨象（あるいは輸出と輸入が均衡しているものと）して，このような単純な所得決定モデルを簡単な数式で表すと，第 3 章の（3-1），（3-2），（3-5）式と同様，GDP の決定式は $Y = C + I + G$（ただし，Y は GDP，C は民間消費，I は民間投資，G は政府支出を表す），ケインズ型消費関数は $C = a + b(Y - T)$（ただし，T は租税負担，a は自生的消費支出，b は限界消費性向を表し，$0 < b < 1$ とする），そして，民間投資，政府支出，租税負担の水準は $I = I_0$，$G = G_0$，$T = T_0$ と表され，均衡 GDP の水準は $Y_0^{*} = \dfrac{1}{1-b}(a - bT_0 + I_0 + G_0)$ と求められる．

この単純な経済において，政府支出が G_0 から G_1 に $\Delta G = G_1 - G_0$ だけ増額されたとき，上記の均衡 GDP の決定式から容易に導かれるように，均衡 GDP は $\Delta Y^* = \dfrac{\Delta G}{1-b}$ だけ増加することになる．

　このような結果が導かれる理由は，第 3 章で述べた，民間投資が増加した場合の説明と同じである．政府支出は総需要の構成項目であるから，政府支出が ΔG 増加したとき総需要も同額だけ増加し，それに伴って GDP も ΔG だけ増加する．次に，この GDP の増加は，同額の可処分所得の増加をもたらし，民間消費を $b\Delta G$ だけ増加させる．この民間消費の増加は総需要の増加を意味し，第 2 段階として，$b\Delta G$ の GDP の増加をもたらす．以下同様に，第 3 段階，第 4 段階…として，$b^2\Delta G$，$b^3\Delta G$，…の GDP の増加が生じ，GDP の増加額の合計は，無限等比級数の和の公式を用いて，$\Delta G + b\Delta G + b^2\Delta G + b^3\Delta G + \cdots = \dfrac{1}{1-b}\Delta G$ と求められる．第 3 章で求めた民間投資の GDP 増加効果と同様，上記のような単純な所得決定モデルにおける政府支出拡大の効果は，「1 − 限界消費性向」の逆数倍の GDP の増加効果を持つ．限界消費性向は 1 より小さな正の値と考えられるため，政府支出の増加は 1 より大きな乗数倍の GDP 拡大効果を持ち，「1 − 限界消費性向」の逆数は「**政府支出乗数**」とよばれている．

　以上のように，政府支出の増加は，GDP の水準を高める効果を持ち，例えば，限界消費性向の値が0.6であれば，2 兆円の政府支出の増加は GDP を 5 兆円増加させる効果を持つ．経済の潜在的な生産力に比べて現実の GDP が低いために失業率が高く稼働していない生産設備が多くみられるような不況期に，政府支出を増やして景気の回復を図ることが求められる根拠は，この点にあるといえる．

▶租税乗数

　政府支出の拡大とともに不況期に求められる財政政策として減税政策がある．上記のモデルでは，減税は，租税負担を T_0 から T_1 に $-\Delta T$ だけ引き下げる措置として表される．ただし，ここで $\Delta T = T_1 - T_0$ であり，ΔT は負の値である．均衡 GDP の決定式から租税負担のみが ΔT だけ変化したときの均衡

GDP の変化を求めると，$\Delta Y^* = -\dfrac{b}{1-b}\Delta T$ となる．このことは，減税の効果が，政府支出の増加のように「1 − 限界消費性向」の逆数倍ではなく，これに限界消費性向を乗じた倍数 $\left(\dfrac{b}{1-b}\right.$：これは「租税乗数」とよばれている$\left.\right)$ の GDP の増加しかもたらさないことを意味している．限界消費性向が 1 を下回る正の値である限り，租税乗数は政府支出乗数より小さな値となる．

　租税乗数が政府支出乗数より小さい理由は，減税の場合には，その波及効果の第 1 段階において，減税額そのものが総需要の増加，したがって所得の増加額となるのではなく，減税額に等しい可処分所得の増加をもたらすにすぎないからである．可処分所得の増加は，それに限界消費性向を乗じた額の消費支出の増加をもたらし，この消費支出の増加が総需要の増加，したがって所得の増加となる．第 2 段階以降は，政府支出の拡大の場合と同様，所得の増加額に限界消費性向を乗じた額の所得の増加が次々に生じることになるが，当初の所得増加（初項）が $b(-\Delta T)$ であるために $-\Delta T$ の減税がもたらす所得（GDP）の増加額の合計は，$b(-\Delta T) + b^2(-\Delta T) + b^3(-\Delta T) + \cdots = -\dfrac{b}{1-b}\Delta T$ となる．

▶均衡予算乗数

　上記のように，租税乗数が政府支出乗数より小さいことから，政府支出の増加を同額の租税負担の増額（増税）で賄った場合でも，GDP の拡大効果を期待することができる．いま政府支出を G_0 から G_1 に $\Delta G = G_1 - G_0$ だけ増額し，租税負担を T_0 から T_2 に $\Delta T = T_2 - T_0$ だけ増加させるような財政政策を同時に実施し，$\Delta T = \Delta G$ とするものとしよう．この場合，税負担に関しては増額（増税）を行っているので，ΔT は正の値である．このとき，ΔG の政府支出の増加は $\dfrac{1}{1-b}\Delta G$ だけの GDP の増加をもたらし，$\Delta T = \Delta G$ の増税は $\dfrac{b}{1-b}\Delta G$ だけの GDP の減少をもたらす．したがって，同額の増税によって政府支出の増加を賄う財政政策は，$\dfrac{1}{1-b}\Delta G - \dfrac{b}{1-b}\Delta G = \Delta G$，すなわち政府支出の増加額と同額の GDP の増加をもたらす．政府支出の増額を同額の増税で賄い，政府

支出と税負担の増加部分については財政収支の均衡が図られる場合の，政府支出の増加額に対する均衡 GDP の増加額の倍率は「**均衡予算乗数**」とよばれているが，ここで前提としている単純なマクロ経済モデルにおいては，均衡予算乗数は 1 となる.

(2) IS-LM モデルにおける財政政策の有効性

▶クラウディング・アウトと財政政策

　これまで前提としてきた単純なマクロ経済モデルを拡張し，民間投資が利子率の上昇（低下）に反応して減少（増加）し，また貨幣市場の需給均衡を考慮した，より現実的な経済モデル（第3章の3-4で示した IS-LM モデル）を想定すると，財政政策の有効性は，上で示した効果より低下する可能性が生じる．その理由は，「クラウディング・アウト」の発生である.

　政府支出の増加や減税は GDP を増加させるが，貨幣の需給を考慮に入れると，これは取引動機に基づく貨幣需要を増加させ，貨幣供給量が変化しない限り，貨幣の超過需要を発生させ，貨幣市場の需給均衡の回復のために，利子率の上昇をもたらす．この利子率の上昇は，民間投資を低下させ，総需要の減少，GDP の低下をもたらし，財政政策による GDP の拡大効果の一部を相殺する．こうして，IS-LM モデルで表される経済では，政府支出の拡大や減税による GDP の増加効果は，先に示した政府支出乗数や租税乗数より小さなものとなる可能性が高い．こうした状況を総需要の構成項目の変化からみると，政府支出の増加，あるいは減税による消費の拡大が，利子率の上昇を通じて民間投資を低下させる（押し出す）結果となることから，このような状況は「**クラウディング・アウト**」とよばれている.

　クラウディング・アウトによる財政政策効果の低下がどれほど深刻であるかは，民間経済主体の投資行動や金融政策の動向，貨幣需要の状況によって左右される.

　当然のことながら，民間投資が利子率の変化によって大きく増減することのない状況では，クラウディング・アウトの影響は小さいと考えられる．民間企業が高い収益を上げる投資機会を数多く持っている場合や，家計が十分な返済能力の見通しを持ち住宅投資に強い意欲を示している状況では，利子率の上昇

による民間投資の減少は財政政策の効果を大きく減退させるものとはならないと考えられる．こうした状況は，第3章の**図3-5**において，IS曲線が垂直線に近い場合として表される．この場合には，拡張的財政政策はIS曲線を右方にシフトさせ，利子率の上昇をもたらすが，そのGDPの拡大効果は，利子率の変化がない場合と大きく異なることはない．これとは逆に，民間投資が利子率の変化に敏感に反応して増減する場合には，IS曲線は水平線に近い形状をとり，拡張的財政政策によるIS曲線の水平方向のシフトの幅が大きくても，LM曲線との交点に対応する均衡GDPは，財政政策が実施される前と大きく変わらない水準にとどまることになる．

▶**金融政策とのポリシーミックスによるクラウディング・アウトの緩和**

　クラウディング・アウトによって拡張的財政政策の効果が制約を受ける場合でも，政府支出の拡大や減税に合わせて，中央銀行が貨幣供給量の増加をもたらす金融緩和政策をとれば，クラウディング・アウトの発生を防止ないしは緩和することができる．拡張的財政政策によるGDPの増加に伴って取引動機に基づく貨幣需要が増加しても，金融緩和政策による貨幣供給量の増加によってこれを吸収してしまえば利子率の上昇は起こらず，民間投資の減少をもたらすこともないからである．これは，図3-5を用いて示すならば，拡張的財政政策によるIS曲線の右方シフトに合わせて，金融緩和政策によってLM曲線も右方にシフトさせる状況として描くことができる．このように，拡張的財政政策と金融緩和政策の組合せは，クラウディング・アウトを抑制する上では望ましいが弊害もある．IS-LMモデルでは物価の変動は考慮されていないが，現実には金融緩和による大規模な貨幣供給量の増加は，インフレーションや為替価値の低下（円安）をもたらす可能性が高い．物価の高騰や為替レートの変動は国内外の経済取引に混乱をもたらし，実質GDPの拡大を阻害してしまう可能性も考えられる．こうした弊害を考慮すると，拡張的財政政策の効果を発揮するために，長期にわたって協調的な金融緩和政策を中央銀行に期待することは，必ずしも望ましいポリシーミックスとはいえない．

▶**流動性の罠と財政政策**

　政府支出の拡大や減税がクラウディング・アウトを生じさせないもう1つの状況は，利子率のわずかな上昇（低下）によって貨幣需要が大きく減少（増加）

する場合である．この場合には，拡張的財政政策による GDP の増加に伴う取引動機に基づく貨幣需要の増加は，利子率のわずかな上昇をもたらすに過ぎない．したがって，総需要の増加を相殺する要因となる民間投資の減少も小さくてすみ，クラウディング・アウトは深刻な問題とはならない．このように貨幣需要が利子率の変化に対して敏感に反応する状況は「**流動性の罠**」とよばれ，経済がこのような状況に陥っているとき，LM 曲線は水平線に近い形状となる．図3-5で，IS 曲線との交点付近で LM 曲線が水平線に近い形状を示しているとすれば，拡張的財政政策による IS 曲線の右方シフトは，利子率の上昇をほとんど招くことなく，GDP の増加をもたらすことができる．こうした IS-LM モデルによる財政政策の効果に関する分析に基づけば，超低金利時代といわれる近年の日本経済は，財政政策の効果が発揮されやすい状況であるとみることができる．しかし，第4章でみたように，日本の政府債務残高はきわめて高い水準に達しており，このような状況の下で，財政収支，とくにプライマリーバランスの赤字を伴う財政運営を継続していくならば，国債価格の暴落，長期金利の高騰を招きかねない危険性も高まってくるであろう．それだけに，景気状況をよく見極め，良好な経済状況の下では，政府支出の抑制や租税収入の充実確保に努め，景気政策としての財政政策の発動を機動的に行える余力を蓄えておくべきである．

(3) 中立命題と財政政策の有効性

　最後に，拡張的な財政政策が政府支出乗数や租税乗数で示されるほど大きな GDP の増加効果を持つことに疑問を投げかける，クラウディング・アウトとは別の議論を紹介しておこう．これは，家計の消費支出の決定行動に関する議論である．

　これまで家計の消費（民間消費）は，ケインズ型消費関数で表されるものと想定してきた．ケインズ型消費関数では，今期の消費は，今期の可処分所得のみに依存して決定されるものと想定されている．しかし，家計は，実際には，今期の消費支出を決定する際に，今期の可処分所得のみではなく，将来の可処分所得の見通しも考慮に入れている可能性がある．そこで，ケインズ型消費関数における可処分所得を，今期の可処分所得ではなく，今期以降の可処分所得

の平均的値（の見通し）に置き換えることとする.

　こうした家計の消費支出決定を前提として，政府が国債の発行（財政赤字の拡大）による政府支出の拡大を行った場合の効果を考えてみよう．ケインズ型消費関数の下では，政府支出の増加は，それに政府支出乗数を乗じた額のGDPの増加をもたらすと期待できるが，家計が将来の可処分所得の見通しを考慮に入れて今期の消費支出を決定する場合には，政府支出の拡大による国債の発行が，将来国債利子の支払いや国債の償還（元本返済）のために必要となる租税負担の増加，したがって将来の可処分所得の減少を見越して，今期の消費支出の水準が決定されることになる．この場合には，今期の政府支出の増加と等しい将来の税負担の増加（可処分所得の減少）が見込まれるため，今期の消費支出は，政府支出の増加額に限界消費性向を乗じた額だけ減少することになる．これは，政府支出の増加を同額の増税で賄った場合と同様の状況であり，均衡予算乗数が示すように，政府支出の増加は，同額のGDPの増加をもたらすに過ぎない．同様に考えると，政府支出の増加ではなく減税を実施し，その財源を国債発行で賄った場合には，GDPの拡大効果はまったく期待できないことになる．

　上記のように，家計の消費支出の決定が，将来の可処分所得の水準を考慮して行われ，家計が，拡張的財政政策が将来の租税負担の増加をもたらすことを予想して今期の消費支出を抑制する行動をとるとする議論は「**中立命題**」とよばれている．現在の日本経済においてこの中立命題がどの程度妥当しているかは明確ではないが，かつてのような高度成長が見込めず，長寿命化が進んでいる状況の中で，家計の消費行動が長期的視野に立って行われ，租税負担の先行きについてもある程度の予想を持って消費や貯蓄の選択が行われている可能性があることを考えると，中立命題の妥当性は高まってきているといえよう．

5-3　日本の財政政策の動向

　前節では，経済安定化のための財政政策の有効性について検討し，とくに，深刻な不況期には政府支出の拡大や減税等の拡張的財政政策が，GDPの水準を引き上げ，経済安定化に寄与し得ることを理論的に示してきた．この節で

は，日本の財政が，実際に，理論的に期待される方向で運営され，経済安定化に寄与してきたと考えられるかどうかを，内閣府が公表している『国民経済計算』(SNA) のデータを用いて検討してみよう．

⑴ 日本経済の需給バランスと財政の役割

▶ GDP の三面等価

第 2 章で述べたように，『国民経済計算』に示されている GDP は，1 年間に日本国内で新たに生み出された付加価値（生産物−中間投入）を市場価格で評価し集計したものである．この GDP は，生産への貢献に応じて労働者には「雇用者報酬」，企業には「営業余剰」（企業所得）として分配されるが，市場価格で評価されているために，労働者や企業への分配分の他に，消費税のような生産物に課される間接税が含まれており，生産物に対する補助金の分だけ少なくなっている．労働者や企業に分配された GDP（所得）の一部は，所得税や法人税等の直接税や社会保険料の支払い（以下では，「間接税−補助金」と合わせて，「租税負担等」とよぶ）に充てられ，残りは，消費に使われるか，貯蓄として家計や企業に留保される．また，国内で生産された財サービスは海外から輸入された財サービスとともに，中間投入物として用いられるか，家計や企業又は政府によって消費財や投資財として購入されるか，在庫品の増加分となるか，あるいは輸出として海外からの購入の対象となる．したがって，付加価値（国内生産物−中間投入）の合計である GDP は，その販売先の経済主体の支出という面からみると，民間消費，民間投資，在庫の増加，政府支出および純輸出（輸出−輸入）の合計（これを「国内総支出 GDE」という）として表される．

以上のように，もともとは生産の概念である GDP は，分配・処分面や支出面からも表現でき，どの面からみてもその総額は等しい値となる．第 2 章の 2−3 で述べたように，これは，GDP の「三面等価」とよばれており，式の形で要約すると，次のように表される．

（分配・処分面）民間消費＋民間貯蓄＋租税負担等≡GDP(生産面)

≡民間消費＋民間投資＋在庫の増加＋政府支出＋純輸出(支出面：GDE)

この式において，GDP と GDE の均等関係は，5−2 で示した均衡 GDP の決定式と類似しているが，上式は，方程式ではなく，どのような GDP の水準に

ついても成り立つ恒等式であることに注意しておく必要がある．GDP と GDE の均等関係が恒等式で表される理由は，GDE の構成要素に「在庫の増加」が含まれているためである．GDP の水準が均衡水準と異なる場合には，意図しない売れ残り（在庫の増加）が生じたり，期待以上の売れ行きの良さのために意図しない在庫の減少が生じるが，『国民経済計算』において推計された GDE は，こうした意図しない在庫変動も含めた値で計算されているため，GDP が均衡水準になくても GDE と GDP の均等関係が成立するのである．

▶貯蓄投資バランスからみた財政の役割

　さて，上記の三面等価を表す式の最左辺と最右辺をみると，どちらの辺にも民間消費が含まれているので，両辺からこれを消去し，最右辺のすべての項を最左辺に移項して整理すると，次の恒等式が導かれる．

　　　（民間貯蓄 − 民間投資）+（租税負担等 − 政府支出）+（輸入 − 輸出）≡ 0

　ただし，民間投資には在庫の増加も含まれている．

　この式は，民間部門における貯蓄と投資の差額と，国債等の借入を除く歳入と政府支出の差額としての政府収支，そして海外部門にとっての収支にあたる貿易収支赤字（輸入 − 輸出）を合計すると，ゼロとなることを示している．以下では，この関係を用いて，日本の政府部門がマクロ経済全体の動きの中でどのような役割を果たしてきたのかを考えてみることにする．

　図 5 - 1 は，1990 年代半ばから 2010 年代半ばにかけての日本経済において，各経済部門の貯蓄投資差額あるいは収支差額の対 GDP 比がどのように推移してきたかを示したものである．この図では，民間部門を家計と企業に分け，家計には，『国民経済計算』における家計部門（個人企業を含む）の他，学校法人，宗教法人，政党，労働組合，共済組合等の「対家計民間非営利団体」を含め，企業部門は，『国民経済計算』における「非金融法人企業」部門と「金融機関」を合わせた部門としている．また，政府は，『国民経済計算』における「**一般政府**」部門を意味しており，これは国の一般会計や非企業的特別会計等を含む「中央政府」と，地方公共団体（都道府県，市町村等）の一般会計や，公企業を除く特別会計等からなる「地方政府」に，国や地方公共団体の社会保険関係の特別会計や健康保険組合等の社会保険に係る民間組織からなる「社会保障基金」を加えた部門となっている．なお，家計，企業，政府の貯蓄投資差額（収

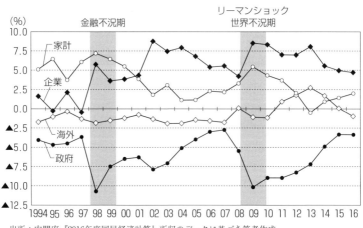

図5-1　日本経済における部門別貯蓄投資差額（収支差額）の
　　　対 GDP 比の推移

出所：内閣府『2016年度国民経済計算』所収のデータに基づき筆者作成.

支差額）としては，『国民経済計算』における各年度の「制度部門別資本勘定」
の「純貸出」額を採用した．図5-1に示された各部門の貯蓄投資差額（収支差
額）の合計は，推計上の誤差等により，厳密にゼロとはなっていないが，図に
示された20年余の期間に各部門の収支がどのように推移してきたかを概観する
には有用な資料である.

　図5-1をみると，ここ20年余のほとんどの期間において，（法人）企業部門
は，貯蓄超過となっている．かつては民間企業は，家計の貯蓄資金を借り入
れ，設備投資を行う主体とみなされ，実際に1990年代初めまでは，ほぼ一貫し
て投資超過の状態にあった．しかし，1990年代半ば以降は，高収益の見込める
国内投資の機会が減少し，大企業を中心に，企業所得の大部分を内部留保に回
す貯蓄超過部門へと転換していった．他方，従来は民間企業部門に豊富な貯蓄
資金を提供してきた家計部門は，高齢化の進行や社会保障制度の充実の中で，
かつてほどの貯蓄意欲を示すことはなくなりつつあり，貯蓄投資差額の対
GDP 比は1990年代初めに比べ半減しているが，依然として貯蓄超過主体とし
て機能している．海外部門の収支差額は，2010年代の前半に黒字（日本の貿易
収支は赤字）となったが，大部分の時期は GDP の1～2％程度の赤字（日本の

貿易収支は黒字）である．海外部門の収支赤字の拡大は，しばしば，諸外国との貿易摩擦の要因となり，この面から海外部門が大幅な支出超過主体となることは期待できない．

　上記のような各部門の収支状況，とくに国内民間部門の大幅な貯蓄超過に対応して，政府の財政赤字が進行し，1998年度や2009年度には，GDP の10％以上の財政赤字が発生した．政府部門がこのような大幅な財政赤字を被らなければ，国内民間部門の貯蓄超過はもっと縮小していたはずであるが，そのような状況は，家計所得や企業所得の縮小，したがって GDP の大幅な低下の下でのみ可能であったと考えられる．この点を考慮すれば，財政は，1990年代末の金融不況期や2008年に発生したリーマンショック後の世界的不況期において，日本の経済活動水準の一層の低下を食い止める「下支え」の役割を果たしてきたといえる．

　ただし，図5‒1の部門別収支バランスの推移をみただけでは，政府部門が，意図的に拡張的な財政政策を展開して，景気の一層の冷え込みを抑える下支え役を果たしてきたかどうかはわからない．1990年代末や2009年頃の財政赤字の急激な拡大は，GDP の縮小による税収の落ち込みによって財政収入が急減した結果生じた現象に過ぎず，政府支出の拡大の結果ではなかったのかもしれない．また2004～2007年度間や2010年代中盤以降の財政赤字の縮小は，財政再建に向けた政府の主体的な努力の現れではなく，GDP の増加による税収の好調が主因であるかもしれない．

(2) 経済成長率と政府支出の増加率との対比

　そこで，この点を確かめる手掛りを得るために，政府支出の対前年度増加率と，経済成長率（GDP の増加率）の推移を比較して，不況期に意図的な政府支出の拡大政策がとられ，好況期には政府支出の抑制が図られたのか検討してみよう．

　図5‒2は，1995～2016年度における経済成長率（％）と政府（一般政府）支出の対前年度増加率（％）の推移を描いたものである．この図をみると，経済成長率が大きく低下した年度あるいはその翌年度には，政府支出の大幅な増加が図られていることがわかる．したがって，図5‒1でみた1990年代末や2009

図5-2　経済成長率と政府支出増加率の推移

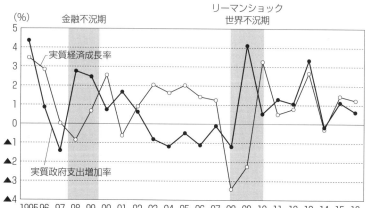

注：GDP 及び政府（一般政府）支出は，2011暦年基準の連鎖方式による実質額を用いて，増加
　　率を算出している．
出所：内閣府『2016年度国民経済計算』所収のデータに基づき筆者作成．

　年度頃における大幅な財政赤字の発生は，単に景気悪化による税収の減少のみ
を反映したものではなく，政府支出の意図的な拡大の結果であったとみること
ができる．

　実際，図5-2において高い政府支出の増加率が示されている1998年度や
2009年度には，10兆円を超える規模の財政支出を伴う「総合経済対策」（2008
年4月24日策定）や「経済危機対策」（2009年4月10日策定）が打ち出され，1999
～2006年度にわたっては，所得税額の20％（25万円が限度）を減額する大幅な
所得税の減税措置も実施された．

　このように，日本では，経済状況の悪化に対応して，意図的に拡張的な財政
政策が発動され，財政の経済安定化機能の発揮が図られてきたといえる．しか
し，こうした積極的な財政政策の発動が財政赤字の拡大をもたらし，他方で，
比較的経済状況の良い時期においても容易に政府支出の抑制が図られず，減税
政策も継続されたため，政府の債務残高は膨張を続ける結果となっている．中
立命題の議論が示唆しているように，政府債務の増大は，将来の税負担の大幅
な増加に対する国民の懸念を強め，景気後退期における拡張的財政政策の効果
を弱める可能性を持つ．この点を考えると，経済安定化のための財政政策の有

アベノミクスとは

　安倍内閣の経済政策の総称である「アベノミクス」は，すでに第 1 次安倍内閣（2006 年 9 月〜07 年 8 月）時代に使われていたが，この言葉が脚光を浴び，流行語大賞にも選ばれたのは，2012 年末に民主党政権の退陣後発足した第 2 次安倍内閣になってからである．新たなアベノミクスでは，2 ％のインフレターゲットを掲げ，無制限の量的金融緩和を図る「異次元の金融政策」が打ち出され，「1 億総活躍社会」や「女性が輝く日本」あるいは「地方創生」等の標語の下で，人口減少時代における日本経済の構造改革をめざした「成長戦略」が追求されている．他方，第 2 次安倍内閣発足後間もない 2013 年 1 月には，「日本経済再生に向けた緊急経済対策」が策定され，東日本大震災からの復興も意識した「国土強靭化」対策として，公共投資を中心に 10 兆円を超える財政支出が行われた．

　このように，アベノミクスは，金融政策，財政政策，構造改革政策を総動員して，デフレからの脱却，日本経済の再生をめざすポリシーミックスである．その効果については評価の分かれるところであるが，雇用状況等をみる限り経済状況が好転してきていることは確かである．しかし，2015 年に掲げられたプライマリーバランス黒字化の目標は未だ達成されておらず，財政再建に向けた今後のアベノミクスの動向が注目される．

効性を確保する上でも，経済状況の変化を注視しつつ，プライマリーバランスの黒字化を目標としたマイルドな財政再建の方向を追求していく必要があろう．

5-4　公共投資と財政政策

　これまでの議論では，経済安定化のための財政政策の手段としての政府支出については，その中身を区別することなく取り扱ってきた．しかし，政府支出の中には，経済状況に応じて支出規模を変更することが比較的容易な項目と支出規模の変更が困難な項目とがある．

(1) 政府消費と政府投資

　政府支出の内容は，大別して「政府消費」と「政府投資」に区別することができ，『国民経済計算』では，前者を「政府最終消費支出」，後者を「政府総固定資本形成」とよんでいる．**政府消費**には，消耗品や備品等の購入費も含まれ

ているが，公務員の人件費や公共施設等の減価償却費，医療保険や介護保険給付の政府負担分にあたる「現物社会保障給付」が含まれており，近年では高齢化の進行を背景として，現物社会保障給付が政府最終消費全体の40％以上と最も高い割合を示している．これに対し，**政府投資**は，道路・港湾，河川改修，上下水道，文教・厚生福利施設等の「社会資本」の建設・整備に充てられる政府支出である．

　経済理論上は，政府消費であれ政府投資であれ，その増加は総需要の水準を高め，均衡 GDP の増加に寄与することになる．しかし，実際には，政府消費の大部分が，景気状況の如何にかかわらず安定的に支出しなければならない社会保障給付や公務員の人件費等に充てられていることを考えると，経済安定化政策の手段として，経済状況に応じて増減させることは困難である．公共投資による社会資本整備も，財政の資源配分機能を担っており，計画的に進められることが望ましいが，消費支出に比べると，計画の前倒しやペースダウンの余地があり，景気状況に応じた支出の増減が図りやすい．また，公共投資によって建設された公共施設は，長期間にわたって国民，地域住民に便益をもたらすため，公債を財源として，実施時には財政赤字の拡大を前提とした支出の拡大が容認されやすい．こうした事情により，経済安定化のための財政政策の実際的手段としては，公共投資を用いることが望ましいと考えられる．

　実際，日本の財政政策においても，公共支出の拡大や抑制には，公共投資が主役となってきたといえる．図5-3は，1995年度の値を100とした指数によって，政府消費と政府投資の推移を示し，これに経済成長率（％；右目盛）の動きを重ねたものである．この図をみると，政府消費は，経済成長率の変動にかかわらず，ほぼ一貫して増加を示しているのに対し，公共投資は，経済成長率が大きく低下した年度あるいはその翌年度には，増加していることがわかる．このことは，景気対策の手段として政府支出の拡大が図られる場合，その中心は，公共投資の拡大によって行われてきたことを示唆している．

⑵ 公共投資の動向と今後の展望

　ところで，図5-3からは，政府消費が年々増加傾向を示しているのに対し，財政政策の主役である政府投資は，趨勢的に減少してきていることが見て取れ

図 5 - 3　政府消費，政府投資の推移と経済成長率の変動

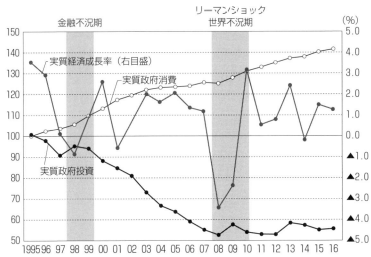

注：政府消費及び政府投資は，政府最終消費支出及び政府総固定資本形成の2011暦年基準の連
　　鎖方式による実質額を，1995年度の値を100とした指数で示している．経済成長率は，同様
　　な実質額の対前年度増加率である．
出所：内閣府『2016年度国民経済計算』所収のデータに基づき筆者作成．

る．このような公共投資の減少傾向の背景には，クラウディング・アウトや中
立命題といった財政政策の有効性に疑問を投げかける経済理論の展開も要因の
1つとして考えられる．しかし，それ以上に有力な要因として考えられるの
は，政府支出における消費の増大である．先にも述べたように，高齢化の進展
に伴って医療・介護への現物給付の必要性が高まっており，社会資本整備に充
てる政府支出の余地が狭まっていることが公共投資の減少の基本的要因である
と考えられる．また，日本の社会資本整備が高度成長期の1960年代以降の50年
間に大きく進展し，公共投資によって建設される公共施設の整備の必要性が相
対的に低下していることも要因の1つとして考えられる．

　ただし，既存の公共施設の中には，建設後30〜40年以上を経て老朽化の進ん
でいるものも少なくないことや，近年，地震や台風等の自然災害の規模や頻度
が増しつつあることを考えると，今後は公共施設の更新・改修・強靭化のため
の公共投資の必要性が高まると考えられる．財源の確保と計画的，効率的な社
会資本整備を図りつつ，経済状況の変化に対応した機動的な公共投資の実施が

望まれる.

5-5　おわりに

　この章では，第3章で述べたマクロ経済モデルに基づいて，公共支出や税制を政策手段とする財政政策が，経済の安定化を図る上で有効性を持ちうることを理論的に示し，実際の財政政策が，理論の示す方向で運営されてきたかどうかを『国民経済計算』のデータを用いて検討した．ここでの検討からは，急激な景気状況の悪化に際しては，政府支出の拡大や減税政策が実施され，財政政策が経済理論が示す方向で，景気対抗的に運用されたことが理解された．

　しかし，他方で，比較的良好な経済状況の下で減税措置が継続されたり，政府支出の抑制が図られなかったりする時期も散見され，そのことが財政赤字の継続，政府債務の累積につながり，財政政策の有効性を低下させる可能性も懸念される．

　経済安定化のための財政政策の有効性を確保する上でも，経済状況の変化を注視しつつ，マイルドな財政再建の方向を追求していく必要がある．

📖 **学習のための参考文献**（初級★・中級）
★林宏昭・玉岡雅之・桑原美香（2015）『入門　財政学〔第2版〕』中央経済社
★赤木博文（2016）『財政学の基礎』多賀出版
　赤井伸郎編（2017）『実践財政学—基礎・理論・政策を学ぶ』有斐閣
　福田慎一・照山博司（2016）『マクロ経済学・入門〔第5版〕』有斐閣

第6章 財政政策3：所得再分配政策

2006年に，「格差社会」という言葉が流行語大賞のトップテンに入ったことに象徴されているように，近年日本では不平等が広がってきているのではないかという見方もなされている．この章では，不平等度を測るポピュラーな指標を用いて，近年の日本の所得分配の不平等度の推移を示し，租税や社会保障給付によってどの程度所得分配の不平等度が是正されているのかを計測して，財政の所得再分配機能を評価する．

6-1　はじめに：所得再分配政策の効果の計測

　第4章で述べたように，民間経済で決定される所得分配の不平等を是正し，より公平な所得分配を実現することは，財政活動に期待される重要な機能である．どのような所得分配の状況が「公平」であるかは，時代や社会状況，個人の立場によって異なり，客観的には決められない問題であるが，財政制度や財政政策によって当初の所得分配の不平等度が緩和されることが望ましいという点については幅広い合意が得られていると考えられる．そこで本章では，所得分配の不平等度を測る指標を用いて，所得再分配のための政策措置が適用される前の所得分配の不平等度を計測し，税制や社会保障給付によりこの不平等度がどの程度改善されるかを検討することによって，所得再分配政策の効果を評価する．

　まず次節では，所得分配の不平等度の尺度として広く用いられているジニ係数と，その基礎となるローレンツ曲線について解説する．その上で，厚生労働省『所得再分配調査』と国税庁『民間給与実態統計調査』のデータを用いて，所得再分配政策が実施される前の所得分配の不平等度が1990年代以降どのように推移してきたかを検討する．

　6-3では，主要な国税である所得税と消費税が所得分配の不平等度に与える影響を国税庁『民間給与実態統計調査』や総務省『家計調査』のデータを用

いて計測する．ここでは，累進税である所得税が所得分配の不平等を緩和する機能を持つのに対し，逆進税である消費税は，所得分配の不平等度を拡大する効果を持つことを示し，所得再分配の観点から，今後の租税政策のあり方を検討する．

6-4では，生活保護費や公的年金等の現金給付や，公的医療保険制度や介護保険制度を通じて行われる現物給付が，所得分配の不平等を是正する役割について，厚生労働省『所得再分配調査』の結果に基づいて評価する．ここでは，これらの社会保障制度を通じた所得再分配効果が，租税による所得再分配効果に比べて非常に大きい反面，制度を支えるための財政負担も巨額に上っており，今後の財政政策の方向を考える上で重要な課題となることを指摘する．

6-2 所得分配の不平等度の尺度

(1) ローレンツ曲線とジニ係数

所得分配の不平等度を測る指標にはさまざまなものがあるが，最もポピュラーな指標は，ローレンツ曲線図に基づいて導出されるジニ係数である．**ローレンツ曲線**は，図6-1のように，横軸に，1人（または1世帯）当たりの所得が最も小さい所得階級から順に，当該所得階級までの人数（世帯数）の累積比率を測り，縦軸には，当該所得階級までの所得の累積比率を測って，対応する累積比率の組合せを示す点と原点とを結んで構成される曲線である．今ある所得分配に関する調査において，調査対象となった個人（または世帯）を1人（または1世帯）当たりの所得が最も低い個人（または世帯）のグループから順に4等分したとき，最も所得の低い第Ⅰ階級の人々が得ている所得は，調査対象者全体の総所得の10％であり，次に低い第Ⅱ階級の人々の所得の全体に対する割合は15％，第Ⅲ所得階級の所得割合は25％，そして最も所得の高い第Ⅳ所得階級の所得割合は50％であったとしよう．このとき，各所得階級までの人数（または世帯数）の累積比率は，第Ⅰ階級から順に，0.25，0.5，0.75，1となるが，所得の累積比率は，0.1，0.25，0.5，1となる．各所得階級について，人数（または世帯数）の累積比率と所得の累積比率との組み合わせを図示すると，図6-1の黒丸で示した点となり，これらの点と原点O(0，0)を結んだ曲線

（折線）がローレンツ曲線とな
る．もし，どの所得階級の1人
（1世帯）当たりの所得も均等
で，所得分配が完全に平等であ
る場合には，ローレンツ曲線
は，原点 O（0, 0）と点 O'
（1, 1）を結んだ直線，すなわ
ち，幅と高さがともに1の正方
形の対角線となるため，この対
角線を「完全平等線」とよんで
いる．通常は上記の例のよう
に，所得階級間の所得割合には

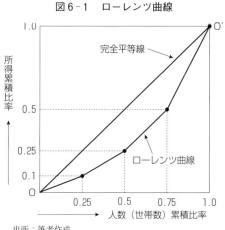

図6-1　ローレンツ曲線

出所：筆者作成

格差があるため，ローレンツ曲線は完全平等線の下方に位置し，下方にあるほ
ど所得分配は不平等であることを意味している．

　ジニ係数は，ローレンツ曲線が完全平等線からどの程度下方に位置している
かを数値によって示した指標であり，完全平等線とローレンツ曲線とで囲まれ
た弓形の面積を，完全平等線の下方の三角形の面積（1×1÷2=1/2）で除した
値，すなわち弓形の面積の2倍によって表される．ジニ係数を計算するために
は，ローレンツ曲線の下方の台形（第Ⅰ所得階級については三角形）の面積を計
算し，それらの和を完全平等線の下方の三角形の面積（0.5）から差し引いた
値を2倍すればよい．上記の例では，台形の面積の和は，{(0+0.1)+(0.1+
0.25)+(0.25+0.5)+(0.5+1)}×0.25÷2=0.3375 となるため，ジニ係数は
(0.5−0.3375)×2=0.325 と計算される．調査対象者数（世帯数）が均等に区切
られていない場合には，ローレンツ曲線の下方の各所得階級の台形の面積を計
算する際の「高さ」にあたる人数（世帯数）の割合が所得階級ごとに異なるた
め計算は煩雑になるが，どのような調査結果を用いても，所得階級別の人数
（世帯数）と所得の割合が得られれば，ジニ係数の計算は可能である．

⑵ 2つの統計調査データに基づくジニ係数の推移

　そこで，以下では，2つの異なる統計調査データに基づいて，1990年代以降

の日本の所得分配の不平等度を示すジニ係数の推移をみておくことにしよう.

▶ 『所得再分配調査』の概要

　ここで取り上げる統計調査のひとつは, 厚生労働省が3年ごとに実施している『所得再分配調査』である. この調査は, 年金や生活保護給付, 児童手当等の現金給付と医療, 介護, 保育サービス等の現物給付の双方を含む社会保障給付と社会保険料負担, それに家計が直接納税する租税 (所得税, 住民税, 固定資産税, 自動車税・軽自動車税) の負担が, 所得分配に与える影響を明らかにし, 今後の政策立案の基礎資料とすることを目的としており, 全国の5000程度の世帯をサンプルとして集計されている. この調査では, 社会保障給付による世帯所得の変化を調査することが重視されているため, 調査対象となった世帯は, 65歳以上の高齢者のみ, またはこれに18歳未満の未婚者が加わった「高齢者世帯」のウエイトが高く, 最近の調査では, 世帯主の年齢が65歳以上の世帯の割合が50％近くを占めている. ここでは, この調査において「当初所得」とよばれている, 社会保障給付や社会保険料・税の負担がなされる前の所得 (雇用者所得, 事業所得, 農耕・畜産所得, 財産所得, 家内労働所得及び雑収入並びに私的給付〔仕送り, 企業年金, 生命保険金等〕の合計額) の分配状況に関するジニ係数の推移を示すこととする. なお, 当初所得階級の区分は, 年額50万円未満の階級から50万円刻みに21階級設けられ, 最高の所得階級は年間の当初所得が1000万円以上の階級となっている. この調査の結果をまとめた報告書には, あらかじめ計算された当初所得分配のジニ係数が掲載されている.

▶ 『民間給与実態統計調査』の概要

　もうひとつの統計調査は, 国税庁が毎年実施している『民間給与実態統計調査』である. この調査は, 民間の事業所における給与支払いの実態を明らかにし, 給与所得者からの所得税収入の見積もりや税負担状況の検討, 税務行政運営等の基礎資料を得ることが目的となっており, 所得分配の状況を知ることそのものが調査の目的ではない. しかし, 所得税制が適用される前の給与収入の分布状況や, 給与所得階級ごとの所得税負担額のデータを得ることができ, 所得税の課税前後の給与所得者に関する所得分配状況を知ることができる. ここでは, まず所得税制が適用される前の年間給与収入の階級別給与所得者数の分布を用いて, 課税前の給与収入の分配状況に関するジニ係数の推移を示すこと

とする．なお，『民間給与実態統計調査』は標本調査であり，民間事業所の従業員の規模（10人未満から5000人以上まで7段階に区分）に応じて全事業所の1/400から1/200の事業所を無作為に抽出し，調査対象となった事業所の従業員から事業所規模に応じて1/2〜1/200の割合で調査対象者を抽出し，各個人の年間給与収入額，年間税額，所得控除額，税額控除額，扶養親族の状況，年齢，勤続年数等について，調査対象事業所から回答を得るという方法がとられている．調査対象となった事業所数や給与所得者数（従業員数）は年によって異なるが，最近の調査では，事業所数が2万か所程度，給与所得者数が30万人程度となっている．公表された調査結果は，調査対象となった事業所や給与所得者についての回答結果をそのまま集計するのではなく，抽出率や回答率の逆数を乗じることによって得られた給与所得者全体についての値（推計値）で示されている．ここで示す給与所得者の所得分配状況は，「1年を通じて勤務した給与所得者」に関するものであり，平均年齢は，給与所得階級によって異なるが，概ね40歳代後半から50歳代後半となっている．給与収入階級は，年間100万円以下から100万円刻みに1000万円以下までの10階級，1000万円超は500万円刻みの4階級に区分され，最高は2500万円超の階級となっている．

▶再分配政策実施前の所得分配に関するジニ係数の推移

　以上の2つの統計調査から得られる「当初所得」および「給与収入」の分配状況に関するジニ係数の推移を，1990年以降『所得再分配調査』が実施された年について示したものが図6-2である．『民間給与実態統計調査』では，給与収入階級別の給与所得者数や給与収入総額は示されているが，ジニ係数は算出されていないため，図6-1で例示した方法によって算出した値を示している．

　図6-2をみると，『所得再分配調査』と『民間給与実態統計調査』とでは，所得分配の不平等度の水準や動向に関してかなりの相違がみられる．このような相違は，それぞれの統計調査が対象としている世帯や個人の年齢階層や就業状況等に差異があることから，むしろ当然の結果ともいえる．この章では，6-3，6-4で租税制度や社会保障制度を通じた所得再分配政策が所得分配に与える影響を検討して，今後の所得再分配政策のあり方について考察するが，租税政策の評価に関しては『民間給与実態統計調査』が，社会保障制度の評価に関しては『所得再分配調査』が重要な調査結果を提供する資料となる．

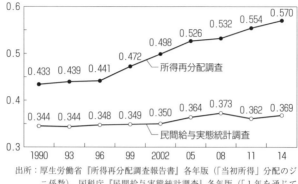

図6-2　ジニ係数の推移

出所：厚生労働省『所得再分配調査報告書』各年版（「当初所得」分配のジ
　　　ニ係数），国税庁『民間給与実態統計調査』各年版（「1年を通じて
　　　勤務した給与所得者（男女計）」のデータに基づき，給与収入分配に
　　　関するジニ係数を筆者計測）．

6-3　税制の所得再分配効果

　この節では，日本の国税の中で，いずれも3割程度の税収ウエイト（2017年
度決算）を示す所得税と消費税について，所得分配に及ぼす効果を課税前所得
分配と課税後所得分配のジニ係数の変化を示すことによって計測し，所得再分
配政策の観点からそれぞれの税が持つ課題について考察する．

(1) 累進税と逆進税が所得分配に与える影響の相違

　第4章の4-4で述べたように，所得税は，所得の上昇に伴って，課税前所
得に対する税負担額の比率（税負担率）が高まる累進税であり，消費税は所得
の上昇に伴って税負担率が低下する逆進税である．そこで両税の課税前後のジ
ニ係数を実際のデータに基づいて計測する前に，累進税と逆進税が所得分配に
及ぼす効果の違いを6-2で用いた数値例に基づいて示しておくことにする．

　表6-1では，どの階級も納税者の割合が全体の25％を占める4つの所得階
級が，税制が適用される前の課税前所得の総額1億円のうち，最も所得の低い
第Ⅰ階級から最も所得の高い第Ⅳ階級まで，それぞれ0.1億円，0.15億円，
0.25億円，0.5億円の所得を得ている状況が想定されている．このとき，課税
前所得分配のジニ係数は，6-2で計算したように0.325と求められる．

日本の所得分配は不平等化したのか？

　21世紀に入った前後から，IT 起業家や証券トレーダー等巨額の所得を得る人々が現れる一方，「派遣切り」に遭ってホームレス化する人々が増えるなど，日本は「一億総中流」の平等な社会から「格差社会」に変貌したといわれている．本文の図 6 - 2 の『所得再分配調査』に基づくジニ係数の上昇は，こうした見方を裏付けているようにみえる．しかし，本文でも述べたように，『所得再分配調査』の対象世帯の多くは高齢者世帯であり，ジニ係数の上昇は高齢者世帯間での所得格差の拡大を示唆しており，現役世代も含めた日本の所得分配全体が不平等化していることを示しているわけではないと解釈できる．現に，現役サラリーマンを主な対象とする『民間給与実態統計調査』に基づく給与収入分布のジニ係数は，2000年代に入って若干高まっているものの顕著な上昇傾向にあるとはいえない．

　とはいえ，高齢者層における所得格差の拡大は，高齢者の所得水準に応じた社会保障負担の設計や，高齢者層が多く保有している土地建物等の実物資産の活用方法の開発等，高齢者に向けた所得再分配政策の改編の必要性を示唆しており，現役世代における「忍び寄る」所得格差の傾向は，所得税制の見直しや子育て支援政策の拡充等の所得再分配政策の展開の必要性を示唆している．

　いま，累進税が課税され，各所得階級の納税者の課税前所得に対する税額の割合が表 6 - 1 の「累進税課税後」の「税負担率」の欄に記された割合であったとしよう．このとき，各所得階級の課税後所得は，「累進税課税後」の「総所得額」の欄に記された値となる．例えば第 II 所得階級の納税者については，課税前所得（0.15億円）のうちの20％が税として差し引かれるので，課税後の総所得は，0.15億円×（1 - 0.2）＝0.12億円となる．4 つの所得階級すべての課税後総所得の合計は0.685億円となり，これに対する各階級の課税後総所得の割合は，「所得割合」の欄に記された比率，これらを第 I 階級から順に加えていった課税後所得の累積比率は「所得累積比」欄に記された値となる．この「所得累積比」と各階級の人数割合（0.25）を用いて，6 - 2 で述べた方法により，累進税課税後所得分配のジニ係数を計算すると0.25となり，課税前所得分配のジニ係数より0.075ポイント低くなる．課税前所得分配のジニ係数に対する低下幅の比率は「**再分配係数**」とよばれているが，この場合の再分配係数は約23.1％である．

　他方，逆進税が課税され，各所得階級の課税前総所得に対する税負担額の割

表 6-1　課税前後の所得分配状況の変化とジニ係数（数値例）

所得階級	人数割合	課税前				累進税課税後				逆進税課税後			
		総所得額	人数累積比	所得累積比	税負担率	総所得額	所得割合	所得累積比	税負担率	総所得額	所得割合	所得累積比
I	0.25	0.10	0.25	0.10	0.1	0.090	0.131	0.131	0.4	0.060	0.074	0.074
II	0.25	0.15	0.50	0.25	0.2	0.120	0.175	0.307	0.3	0.105	0.129	0.202
III	0.25	0.25	0.75	0.50	0.3	0.175	0.255	0.562	0.2	0.200	0.245	0.448
IV	0.25	0.50	1.00	1.00	0.4	0.300	0.438	1.000	0.1	0.450	0.552	1.000
計	1.00	1.00	—	—	—	0.685	1.000	—	—	0.815	1.000	—
ジニ係数		0.325				0.250				0.388			
改善幅		—				0.075				▲0.063			
再分配係数		—				23.1				▲19.4			

出所：筆者作成

合が**表 6-1**の「逆進税課税後」の「税負担率」の欄に記されたように，高所得階級ほど低くなるものとすると，同様な計算によって，課税後所得分配のジニ係数は0.388と，課税前所得分配のジニ係数より約0.063ポイント上昇（約▲0.063ポイント低下）し，再分配係数は約▲19.4％となる（ただし▲はマイナスを示す）．

　以上の数値例からわかるように，累進税の場合は，課税前所得分配に比べて課税後所得分配のジニ係数は低下し，所得分配の不平等が緩和される．これに対して，逆進税では，課税後所得分配のジニ係数は課税前所得分配のジニ係数より大きくなり，所得分配の不平等度が高まることになる．課税の公平の観点から，所得税のような累進税が望ましいとされ，消費税における逆進的負担構造が問題視されるのは，これらの租税が所得分配の不平等度に与える影響の違いによる．

　上記の数値例について，課税前後の所得分配のローレンツ曲線を描いてみると**図 6-3**のように示される．累進税課税後のローレンツ曲線は，課税前所得分配のローレンツ曲線の上方に位置し，逆進税課税後のローレンツ曲線は下方に位置していることから，累進税は所得分配の平等化を促し，逆進税は所得分配の不平等を強めることがわかる．

図6-3　課税前後の所得分配のローレンツ曲線

（数値例）

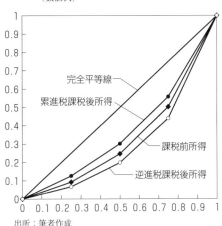

出所：筆者作成

⑵ 所得税の再分配効果

　次に，日本における代表的な累進税である所得税や，その逆進性が問題視されている消費税が，所得分配の不平等度に関してどの程度，これを緩和または悪化させる効果を持っているかを実際のデータを用いて計測してみよう．

　所得税に関しては，6-2でも取り上げた国税庁『民間給与実態統計調査』を用いて課税前後のジニ係数を算出し比較することにより，所得税の所得再分配効果を計測する．この統計調査では，給与収入階級ごとの所得税の（源泉）徴収税額が掲載されており，給与総額からこの徴収税額を差し引いた金額を各階級の課税後所得総額とする．課税前所得は給与収入総額である．2016年のデータを用いて課税前所得分配のジニ係数を計算すると0.3650となり，課税後所得分配のジニ係数は0.3479となる．再分配係数は約5.4％と，それほど強力ではないが所得税が所得分配の平等化を促す機能を持っていることがわかる．

　図6-4は，『民間給与実態統計調査』に基づき，1980年代末以降の所得税課税前後のジニ係数と再分配係数の推移を示したものである．この図に示されているように，所得税の再分配機能は，1990年代から2000年代（1桁代）半ばにかけて低下したことがわかる．これは，1980年代末から1990年代にかけて行われた最高税率の引き下げを伴う税率区分数の削減や中堅所得階層に適用される

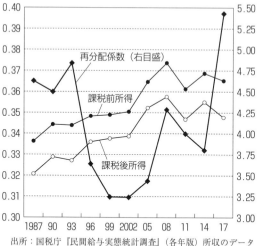

図6-4 所得税課税前後の所得分配のジニ係数および
再分配係数（％）の推移

出所：国税庁『民間給与実態統計調査』（各年版）所収のデータ
に基づき筆者作成

税率区分の幅の拡大等，いわゆる「税率構造のフラット化」や，1998年以降に
景気対策として行われた所得税の定額減税・定率減税によるところが大きいと
考えられる．こうした所得税の減税政策は2007年以降は廃止され，税率構造も
最高税率を37％とする4段階から，最高税率を45％とする7段階へとフラット
化を修正する方向に改正されつつあり，所得税の再分配機能も2000年代（1桁
代）末以降は回復傾向にある．こうした所得税制改正の動きは，所得再分配政
策の観点からは望ましいものであるが，最近の税制改正に盛り込まれた配偶者
控除や基礎控除に対する所得制限の導入は，所得税の再分配効果を幾分強める
効果はあると考えられるものの，納税者本人やその被扶養者の最低生計費部分
には担税力が認められないことを根拠として設けられる基礎的人的控除の趣旨
に反している．第4章の4-4でも述べたように，基礎的人的控除の水準は，
むしろ生活保護基準額に合わせて引き上げ，所得税の再分配効果の強化は，給
与所得控除の圧縮や税率構造の一層の見直しによって図っていくべきである．

⑶ 消費税が所得分配に及ぼす影響

　第4章の4-4で述べたように，消費税の納税義務者は課税事業者であるが，消費税を最終的に負担しているのは消費者である．したがって，消費税が所得分配に及ぼす影響を計測するためには，消費主体である家計の税負担前の所得分配状態と所得階級別の消費税負担額を推計できるデータを用いる必要がある．こうしたデータを得ることができる統計調査は，4-4でも用いた総務省『家計調査』であり，とくに収入面の詳しいデータの得られる勤労者世帯の「年間収入階級別1世帯当たり1か月間の収入と支出」の調査結果が有用である．近年の世帯人員2人以上の勤労者世帯に関する調査では，所得階級（年間収入階級）は，200万円未満から50万円刻みに800万円未満までの13階級と800万円以上100万円刻みの2階級，それに1000万円以上1250万円未満，1250万円以上1500万円未満，1500万円以上の3階級の合計18階級が設定されている．調査は世帯を対象として行われ，調査対象世帯数は約4000世帯，世帯主の平均年齢は40歳代後半から50歳代前半に分布している．以下では，勤労者世帯の収入の中心をなす「勤先収入」を消費税負担前の所得とみなすが，この金額の平均額は，最低所得階級で月額12万円程度，最高所得階級で月額115万円程度となっている．各所得階級の消費税を負担する前の「課税前所得」の総額は，この平均勤先収入に調査対象世帯数を乗じて求める．

　消費税の負担額は，非課税項目に相当する「家賃地代」，「保健医療サービス」，「授業料等」，「教科書・学習参考教材」を除く消費支出額に消費税の実効税率（消費税率／(1＋消費税率)：消費税率は地方消費税分も含む）を乗じた額に，調査対象世帯数を乗じて求める．課税前所得総額から，この消費税負担総額を差し引いた値を，各所得階級の消費税負担後の「課税後所得」総額とする．

　こうして得られた消費税負担前の所得分配と，消費税負担額を差し引いた課税後所得分配のそれぞれについてジニ係数を求めてみると，消費税率（地方消費税分を含む）が8％の2017年では，課税前所得分配のジニ係数が0.23365，課税後所得分配のジニ係数が0.23740となる．ジニ係数の値が増加していることから，消費税が所得分配の不平等化をもたらしていることは確かであるが，その程度はわずかであり，再分配係数はマイナスであるが▲1.6％に過ぎない．

　このようなジニ係数の変化からは，消費税率が10％程度までの範囲にとどま

る限り，消費税が所得分配の不平等度を著しく高めることはなく，消費税率10％段階での軽減税率の導入の必要性も低いと考えられる．ただし，ここでの試算に用いた『家計調査』の「2人以上の勤労者世帯」の所得データは，課税前所得分配のジニ係数が『所得再分配調査』の当初所得分配のジニ係数と比較して2分の1以下の値となっており，『民間給与実態統計調査』の給与収入分布のジニ係数と比べても0.1ポイント程度低い値となっていることからもわかるように，現役世代の正規就業者を世帯主とする比較的狭い範囲の所得層から得られたものである点に留意しておく必要がある．この点を勘案すれば，社会保障給付への公的負担の増大を背景に予想される消費税率の一層の引き上げに際しては，低所得の高齢者世帯を中心に消費税負担の軽減を図る措置の必要性は高まると考えられる．

6-4　社会保障給付の所得再分配効果

　所得税や消費税の負担と異なって，いったん供給されると国民全体あるいは地域住民全体に便益をもたらす公共財の供給を主な内容とする国や地方公共団体の財政支出が，所得分配にどのような影響を与えているかを計測することは困難である．しかし，広い意味での政府部門である社会保障基金（社会保険関係の国・地方の特別会計や健康保険組合等の非営利民間組織など）を含む公共部門が実施している社会保障給付（生活保護給付，公的年金，公的医療サービス，公的介護保険サービス等）が，所得分配に与える効果を計測することは可能であり，6-2で紹介した厚生労働省『所得再分配調査』には，生活保護給付や公的年金等の現金給付と，公的医療保険サービスや介護保険サービス等の現物給付が，当初所得の分配状況をどれほど平等化させる効果を持っているかを給付後所得分配のジニ係数を示すことによって明らかにしている．

(1)現金給付と現物給付の所得再分配効果

　図6-5は，1993（平成5）年以降の『所得再分配調査』が実施された年について，当初所得分配と，当初所得から社会保険料を差し引き公的年金や生活保護給付等の現金形態の社会保障給付を加えた「純現金給付後所得」分配，純現

図6-5　社会保障給付・負担と租税による所得再分配効果（ジニ係数の推移）

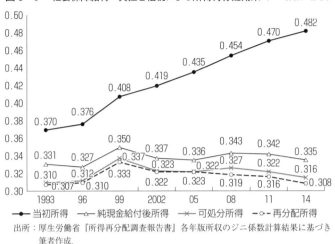

出所：厚生労働省『所得再分配調査報告書』各年版所収のジニ係数計算結果に基づき
筆者作成.

金給付後所得から租税負担額を差し引いた「可処分所得」の分配，そして可処
分所得に公的医療保険サービスや介護保険サービス等の現物形態の社会保障給
付相当額を加えた「再分配所得」分配のジニ係数の推移を示したものである．
ただし，この図に示されたジニ係数は，『所得再分配調査』によって直接収集
された世帯単位の各種所得金額をそのまま用いて計算された値ではなく，世帯
単位の所得を世帯人員数の平方根で除して，近似的に世帯員1人当たり（個人
単位）の所得額（『所得再分配調査』では，これを「等価所得」とよんでいる）を求
め，所得階級別の「等価所得」の分布に基づいてジニ係数を計算したものであ
る．なお，図6-5で「等価所得」ベースのジニ係数を用いたのは，『所得再分
配調査報告書』には，1999年以前における「純現金給付後所得」や「可処分所
得」の分配状況について，世帯単位の所得額をベースとしたジニ係数の結果が
掲載されていないためである．

　図6-5から明らかなように，当初所得分配のジニ係数は，1990年代初めの
0.37から最近では0.5近くに上昇している．この図では，「等価所得」をベース
としているために若干値は低くなっているが，当初所得分配のジニ係数が1990
年代以降大きく上昇している点は，図6-2の世帯単位の場合と同様である．

　これに対して，純現金給付後の所得分配のジニ係数は0.33〜0.35の水準で安

定的に推移しており，現金形態の社会保障給付が強い所得再分配効果を持つことを示している．これは，低所得の高齢者世帯が増加する中で，公的年金が世帯の生計を支えるますます重要な収入源となってきていることを示唆している．

　一方，純現金給付後所得分配のジニ係数と可処分所得の分配のジニ係数との差で表される租税の再分配効果や，可処分所得のジニ係数と再分配所得に関するジニ係数との差で示される現物社会保障給付の再分配効果は，相対的に小さい．租税に関しては，累進的な負担構造を持つ所得税や住民税の他に，土地や建物の評価額を課税標準とする固定資産税や，自動車税のような耐久消費財の保有に係る課税が含まれていることによるところもあるが，第4章の4-4で述べたように，所得税の負担水準がそれほど大きくないことも，租税の再分配効果が相対的に小さい要因となっている．

　現物形態の社会保障給付に関しては，公的医療サービス等の給付が，相対的に所得の低い高齢者層に重点的に配分されていることは確かであるが，退職後の高齢者層に限定して給付されている公的年金に比べれば，高齢者層への給付の集中度が低いことが，所得再分配効果が相対的に低い要因であると考えられる．

(2) 所得再分配の観点からみた今後の財政政策の方向

　以上でみたように，社会保障給付，とくに公的年金を中心とする現金形態の社会保障給付は，税制に比べ，非常に強力な所得再分配効果をもち，広い意味での財政の所得再分配政策の重要な手段となっている．それだけに，今後とも公的年金制度の持続可能性を高めていくことは重要な政策課題である．

　公的年金制度の基盤を形成する「基礎年金（国民年金）」には，その給付費の2分の1相当額の国庫負担が投入されており，その規模は国の社会保障関係費のおよそ3分の1にあたる10兆円以上に達している．今後の超高齢化時代の進展や基礎年金給付の充実の必要性を考えると，基礎年金制度の持続可能性のためには，将来的には現状の倍以上の財政支出が必要となると見込まれる．プライマリー・バランスの黒字化という財政再建目標との両立を図りつつ，基礎年金制度の持続可能性を確保するためには，税収の拡大は必須であり，安定した

税財源の確保には消費税の税率引き上げは避けられない政策選択であると考えられる.

6-5　おわりに

　この章では，所得分配の不平等度を測る指標としてジニ係数を取り上げ，租税負担の配分や社会保障給付が，課税前・給付前の所得分配に比べて，課税後・給付後の所得分配をどれほど平等化あるいは不平等化するかをジニ係数の変化によって計測した．この章で計測した所得再分配効果の大きさは，計測の基礎となる統計調査が異なるため，単純な比較はできないが，租税による所得再分配効果に比べて，社会保障給付による所得再分配効果が優っているという点では，信頼のおける計測結果であると考えられる．財政や社会保障制度の持続可能性を確保しつつ，財政活動全体として一定の所得再分配機能を発揮していくためには，ジニ係数のような，所得分配の不平等度を測る客観的な指標を用いて，収支両面にわたる財政活動の所得再分配効果の方向や規模を計測しながら，租税政策・社会保障政策の適切な組み合わせ（ポリシー・ミックス）を探る姿勢が求められる.

□ 学習のための参考文献（初級★・中級）
★林宏昭・玉岡雅之・桑原美香（2015）『入門　財政学〔第2版〕』中央経済社
★赤木博文（2016）『財政学の基礎』多賀出版
　赤井伸郎編（2017）『実践財政学―基礎・理論・政策を学ぶ』有斐閣
　森徹・森田雄一（2016）『租税の経済分析―望ましい税制をめざして』中央経済社
　森徹・鎌田繁則編（2013）『格差社会と公共政策』勁草書房

第7章　金融政策1：貨幣と金融政策

> 　金融政策は経済に流通している貨幣量を調節することで金利を変化させ，投資の変化を通じて経済を成長させる政策である．本章ではそもそも貨幣とは何かという説明から始めて，現在の日本経済で何が貨幣として使用されているのかを解説する．そのあとに金融政策の具体的な手段，そして金融政策を運営するうえで物価の安定が重要であることを詳しく説明する．

7-1　はじめに

　前章までで学習した財政政策と並んで経済安定化政策として用いられるのが金融政策である．金融政策は経済に流通する貨幣の量を操作することにより景気に働きかける政策である．現在の経済において貨幣を使用せずに経済活動を送ることは考えられないが，そもそも貨幣とは何かということを定義することから本章の議論を始める．貨幣にはさまざまな種類があり，現金だけでなく銀行に預けられた預金も経済学では貨幣として扱う．銀行の預金がなぜ貨幣であるのかということを理解したうえで，どのようなメカニズムで経済に貨幣が供給されるのかを学ぶのが7-3である．次いで7-4では金融政策の具体的な手段を説明する．金融政策の最終的な目標は経済成長であるとされるが，その目標を達成するために重要になるのが，物価の安定である．なぜ物価を安定させることが金融政策を運営するうえで重要なのかを7-5で解説する．

7-2　貨幣の機能と定義

　金融とは「お金を融通すること」であるが，そもそも「お金」とは何だろうか．お金というと，皆さんは財布の中に入っているお札（紙幣）やコイン（硬貨）を思い浮かべるかもしれないが，現実経済で使用されるお金はそれだけではない．お金のことを経済学では**貨幣**といい，①支払い手段，②価値尺度手

段，③価値貯蔵手段の3つの機能があるものが貨幣である（日本においては法律的に「貨幣」とは硬貨のことを指すが，本書では経済学で一般に用いられる用語として，すなわち以下で詳しく説明する3つの機能を持つものを「貨幣」とよぶ）．

(1) 貨幣の3つの機能

　支払い手段は交換手段ともいい，貨幣と交換に欲しい財やサービスを手に入れることができるというものである．売り手が財やサービスを買い手に渡し，買い手は売り手に対し貨幣を渡すことで取引が成立する．価値尺度手段というのは貨幣がさまざまな財やサービスの価値を測る基準となっているということである．日本では「円」という単位が用いられており，アルバイトの時給が1000円だとしたら，皆さんの労働力の1時間当たりの価値は貨幣を基準にすると1000単位分であるということになる．価値貯蔵手段は支払い手段としての機能を将来に持ち越すことができるというものである．魚や肉などは数日後には腐ってしまって価値が失われてしまうが，貨幣で持っていると1年先や10年先でも1000円は1000円のままである．

(2) 貨幣の定義

　先程述べた3つの機能をすべて満たすものが貨幣であるが，現実経済ではどのようなものが貨幣として使用されているのだろうか．一番身近なのは紙幣と硬貨であろう．紙幣は正しくは日本銀行券といい，中央銀行である日本銀行が発行している．それに対し硬貨は財務省が発行しており，日本銀行券と硬貨を合わせたものが**現金通貨**である．現金に加えて，民間の銀行が日本銀行に預けている預金（日銀当座預金残高）を合計したものが**マネタリーベース**であり，中央銀行が直接供給する通貨である．

　しかしながら，マネタリーベースだけが貨幣ではない．皆さんの日々の生活の中では現金を使って取引するケースが多いだろうが，企業同士の取引では現金はあまり用いられない．企業が一般的に取引に用いるのは銀行の預金である．皆さんもスマートフォン（スマホ）の代金や電気代，ガス代などの公共料金は，現金ではなく銀行の口座から引き落としという形で支払っている人が多いのではないだろうか．また大学の授業料も大学の窓口に現金を持参するので

はなく，指定された銀行口座に振り込みという形で支払っているはずである．
さらに皆さんの中にもアルバイト代を現金でもらうのではなく銀行の預金口座
に振り込みという形で受け取っている人も多いのではないか．これは銀行の預
金で財・サービスの購入代金を支払ったり，受け取ったりしているということ
である．すなわち銀行の預金は支払い手段として機能していることを意味して
いる．預金の単位も現金と同じ「円」で表示され，スマホ代金として皆さんの
預金口座から8000円が引き落とされれば，それはスマートフォンというサービ
スを使用したことの価値が8000円相当ということになる．つまり現金同様に，
銀行の預金も価値尺度手段としての機能を持っていることになる．そして，銀
行に10000円を預けておくと，引き落としや引き出しがない限り1年後も10000
円のままであり，それを1年後に支払い手段として用いて欲しい財やサービス
を手に入れることができる．つまり預金は価値貯蔵手段としての機能も持って
いるといえる．

　このように銀行の預金は上で述べた貨幣の3つの機能をすべて持っているこ
とから，銀行の預金は貨幣であると判断できる．預金にもさまざまな種類の預
金があるが，一番身近なのは普通預金であろう．普通預金はATMからいつ
でも現金を引き出したり，スマホ代金の支払いに充てたりすることができる．
このような性質を持った預金は要求払預金とよばれる．企業が現金の代わりに
用いる小切手や手形の決済のために使う当座預金も要求払預金であり，これら
を合計したものが**預金通貨**である．

　いつでも引き出せる普通預金と違い，定期預金は原則として一定期間は引き
出すことはできないが，一定の条件の下で解約して現金や普通預金にすること
ができる．つまり，そのままでは貨幣としては使えないが，簡単に現金通貨や
預金通貨にすることができるため**準通貨**とよばれる．定期預金の一種で，満期
まで解約できない代わりに他人に譲り渡すことが可能な（つまり支払い手段とし
て使用できる）譲渡性預金（CD, Certificate of Deposit）とよばれるものも存在す
る．これらも貨幣の機能をすべて満たしていることから貨幣と考えることがで
きる．

(3) マネーストック

　貨幣は中央銀行と民間銀行の双方によって供給されているが，金融部門から経済全体に供給されている通貨の総量，すなわち経済に貨幣がどれだけ流通しているかを表したものが**マネーストック**とよばれる指標である．マネーストックはマネタリーベースとともに日本銀行によって毎月公表されている．マネーストックでは現金通貨と預金通貨を合計したものが M1 として，M1 に準通貨と譲渡性預金を加えたものが M3 として公表されている．かつては M2 とよばれる指標が貨幣供給量を表す指標として用いられていたが，M2 にはゆうちょ銀行の貯金残高が含まれていないという特徴がある．ゆうちょ銀行の口座は今でこそ給料の受取や一部公共料金の支払いに利用できるが，民営化される前の郵便貯金の時代には，給料の受取口座に指定することや公共料金の引き落とし口座としては使えなかった．つまり郵便貯金は貨幣の機能としての支払い手段を満たしていなかったため通貨とはみなされていなかったのである．現在では M2 よりもゆうちょ銀行の貯金残高も加えた M3 を用いるのが一般的である．

　図7-1は15年間にわたるマネーストックの供給残高の推移をグラフにしたものである．ここからわかることは，経済に流通している貨幣のうち現金通貨は非常にわずかであり，大部分が預金通貨と準通貨が占めているということである．言い換えれば，経済に流通している貨幣の大部分は，中央銀行ではなく，民間の銀行によって供給されているということになる．

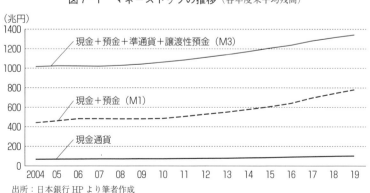

図7-1　マネーストックの推移（各年度末平均残高）

出所：日本銀行 HP より筆者作成

　最近，暗号理論を用いてインターネット上だけで流通する仮想通貨が誕生した．ビットコイン（Bitcoin）がその代表であり，最大の特徴は特定の管理者が存在せず，ブロックチェーンという技術を用いて参加者同士が相互に監視することで取引の安全性を確保している点である．

　ビットコインが貨幣かどうかについては本文で説明した3つの機能を満たしているかどうかである．通販サイトだけではなく実際のお店でも使えるところが増えてきているものの，非常に少なく，支払い手段としては不十分である．価値尺度手段としてはBTCとよばれる独自の通貨単位を有しており，補助単位としてsatoshiが存在していることから，BTC建てで価値を測定できる．価値貯蔵手段としては，1BTCは1年後も1BTCのままであり，BTC建てでは価値を貯蔵できる．つまり，支払い手段として使える場所は今後増える可能性があり，残りの2つの機能は完全に満たしていることから，将来的に貨幣として機能する可能性は否定できないが，現在の法定通貨が少なくともビットコインにとって代わられる可能性はなさそうである．その理由は経済規模に比べてビットコインの発行上限が少なすぎるためである．現状の設計ではビットコインの発行上限は2100万BTC（2100兆satoshi）となっているが，2018年現在の世界のGDPの合計は8000兆円強であり，世界の総生産が今後も増えていくことを考えれば，経済取引をすべてビットコインで行うには無理がある．

7-3　貨幣の供給

⑴ 中央銀行による貨幣供給

　前節では，貨幣の大部分が民間の銀行によって供給されていることを述べたが，本節では実際に貨幣がどのように供給されるのかについてみていく．経済の歴史をさかのぼれば，金や銀といった貴金属からなるコインを貨幣として用いていた時代や，貨幣として金や銀などの貴金属との交換を保証した紙幣（兌換紙幣）を使用していた時期もあった．例えば金そのものや金との交換を保証した兌換紙幣を用いる経済制度を金本位制度というが，金本位制度の下では，発行者が保有する金の量に依存して貨幣の供給量が決定される．しかしながら現在使われているものは金や銀などとの交換ができない不換紙幣であり，その価値は法律によって保証されている．日本では日本銀行法第46条第2項において「日本銀行が発行する銀行券は，法貨として無制限に通用する」と規定され

ている．つまり日本銀行券は金や銀との交換が保証されているわけではなく法律によって通用力が認められている法定貨幣（法貨）なのである．

　兌換紙幣を発行する場合は裏付けとなる金や銀を保有している必要があるが，不換紙幣の場合は金や銀との交換の必要がないので，際限なく発行できると思うかもしれないが，実際はそのようなことはない．通常の財やサービスでも供給が増えれば価格が下落するように，貨幣も大量に供給されると価値が低下する．価値が低下してしまうということは，貨幣の機能の1つである価値貯蔵手段として機能しなくなるということであり，誰もそのような貨幣を保有しようとは思わなくなる．また価値が低下すると予想すれば，売り手はそのような貨幣を受け取ろうとはしないので，支払い手段としても機能しないということになる．そのため発行者は通貨の価値を維持するように供給量を管理することが求められる．これを**管理通貨制度**とよぶ．金本位制度の下でなぜ貨幣が流通するのかといえばそれはいつでも金と交換できるからであるのに対し，管理通貨制度の下では発行者が貨幣価値を維持すると人々が信じているからということになる．つまり管理通貨制度において大切なのは通貨発行者の「信用」である．

(2) 銀行による信用創造

　信用が大切なのは現金通貨だけではなく，預金通貨にも同じことが当てはまる．預金通貨は民間の銀行によって供給されるが，そもそも人々が銀行を信用していなければ銀行に預金をしようとは思わないので，銀行が預金通貨を供給することはできない．

　ではここで民間銀行による貨幣供給のメカニズムについてみていく．A社が保有していた1億円の現金を取引銀行であるアルファ銀行に預金したとする．アルファ銀行は受け入れた預金をB社に貸し出すことで利益を得ようと考えているが，受け入れた1億円を全額貸し出すことはできず，払い戻しに備えて一定割合の準備金を保有しておかなければならないことが法律によって定められている．ここでは準備金の割合（**預金準備率**）を10％と考える．つまりアルファ銀行は1億円の10％である1000万円を準備金として保有し，B社に貸し出すことができるのは残りの9000万円である．9000万円の融資を受けたB社

はその資金で新しい機械をC社から購入したとする．購入代金は預金通貨で支払うと考えると，アルファ銀行からC社の取引銀行であるベータ銀行へ9000万円が振り込まれる．これはC社が新たに9000万円をベータ銀行に預金したことと同じである．9000万円の預金を受け入れたベータ銀行は，10％の900万円を準備金としておいておき，残りの8100万円をD社に貸し出すとする．D社は借りた8100万円でE社から商品を仕入れ，代金はE社の取引銀行であるガンマ銀行の口座に振り込むとする．この取引によって新たに8100万円の預金が生まれることになる．この時点でA社もC社もE社も預金を一切引き出していないと仮定すると，アルファ銀行からガンマ銀行までの3行の預金総額は，1億円＋9000万円＋8100万円＝2億7100万円である．もしA社が1億円を現金のまま保管していれば経済に存在する通貨は1億円のままだが，銀行に預金されたことで2億7100万円の預金という通貨が経済に供給されたことになる．このように民間銀行が貸出（信用ともいう）によって新たな預金を生み出すメカニズムを**貨幣創造**（**信用創造**）という．もちろんガンマ銀行も受け入れた預金の一部を貸し出すと考えられるので，民間銀行による貨幣創造はさらに続くことになる．

　より一般的には初めに預けられた預金（**本源的預金**）を D，預金準備率を r とし，各銀行は最低限の準備金だけを保有すると仮定する．このとき，最終的な預金通貨の額は最大で

$$D + (1-r)D + (1-r)^2 D + (1-r)^3 D + \cdots = D/r \qquad (7-1)$$

すなわち，預金総額＝本源的預金÷預金準備率となる．このような銀行の信用創造のメカニズムを通じて，本源的預金として預け入れられた現金通貨の何倍もの預金通貨が経済に供給されるのである．なお，民間の銀行が信用創造によって生み出した預金は派生預金とよばれる．

(3) 信用秩序維持政策

　狭義の意味での金融政策とは次節で述べる貨幣量の調節のことを指すが，広義の意味では金融システムの安定を目的とした金融機関に対するさまざまな規制なども金融政策として考えることができる．民間の銀行が供給する預金が通貨として流通するためには金融システムの安定化，すなわち信用秩序の維持が

重要であり，日本銀行法第1条第2項に「日本銀行は，…（中略）…，銀行その他の金融機関の間で行われる資金決済の円滑の確保を図り，もって信用秩序の維持に資することを目的とする」と規定されているとおり，信用秩序の維持は日本銀行が実施する政策の目的の1つである．

　信用秩序の維持にとって重要なのは銀行経営の健全性であり，そのために**自己資本比率規制**が設けられている．自己資本比率規制は主として貸出からなる銀行の保有資産に対し，一定割合以上の株主資本（自己資本）の保有を義務付けたものであり，近年は経済のグローバル化に伴い銀行も世界規模で事業展開するようになったことから，主要国で統一した基準に基づく規制を実施することが国際決済銀行（BIS, Bank for International Settlement）によって合意がなされている．

　自己資本が多くあれば，多少の損失を計上したぐらいでは経営の健全性を揺るがすほどの事態にはならないだろうし，また自己資本をなるべく毀損しないようにより安全な経営を心掛けるようになると考えられる．つまり自己資本を多く保有することは，銀行経営の安定性につながるのである．実際には，海外事業を手掛ける大手銀行は自己資本比率が8％を，海外事業を手掛けない国内銀行の場合は4％をそれぞれ下回ると，金融当局から経営計画の改善に着手することを求める早期是正措置が発動される．

　自己資本比率規制以外にも銀行にはさまざまな規制が課せられている．例えば特定の貸出先への融資を自己資本の一定比率以下にしなければならない大口融資規制や，特定企業の発行済株式を5％以上保有してはならない株式保有規制などがある．いずれの規制も特定企業の経営状態に問題が発生した場合に，銀行経営の健全性が脅かされるのを防ぐためである．このほかにも，最低資本金規制（銀行法施行令によって資本金は20億円以上でなければならないと定められている）や業務内容に関する規制も存在する．

7-4　貨幣量の調節（金融政策）

　前節では，経済に貨幣が供給されるメカニズムについて説明したが，本節では中央銀行がどのようにして流通する貨幣の量（LM曲線のMに相当）を変更

するのかについて説明する．中央銀行による貨幣量の調節のことを一般的に金融政策というが，経済に流通する貨幣量を増加させるための政策を**金融緩和政策**といい，逆に中央銀行が貨幣を吸収する政策を**金融引締政策**という．中央銀行は主に3つの手段を用いて金融政策を実施する．以下で具体的な政策手段についてみていく．

(1) 公開市場操作

　現在の先進国における主要な政策手段は**公開市場操作**（オペレーション）である．公開市場操作とは中央銀行が金融資産の売買を行うことである．対象となる金融資産は主に利付国債や国庫短期証券，それに日本銀行が適格と認めた企業が発行する社債やコマーシャルペーパー（CP）だが，最近では上場投資信託（ETF）や不動産投資信託（J-REIT）などにも拡大されている．例えば中央銀行が民間銀行から債券を購入する資金供給オペレーション（買いオペレーション）を実施すると，中央銀行が民間銀行の保有している債券を買い取り，その代金を民間銀行に支払うことから貨幣量が増加することになる．逆に中央銀行が保有している債券を民間銀行に売却する資金吸収オペレーション（売りオペレーション）の場合，民間銀行は債券の購入代金を中央銀行に支払うことになるので経済に流通する貨幣量は減少する．このような日々のオペレーションを通じて中央銀行は貨幣量の調節を行っているのである．

(2) 預金準備率操作

　2つ目の手段は**預金準備率操作**である．銀行による貨幣供給の説明の際にも触れたが，銀行は受け入れた預金の一部を払い戻しに備えて準備金として中央銀行に預け入れる必要がある．預金準備率が高いと銀行はより多くの準備金を用意する必要があるのであまり貸し出しができず，その結果として経済に流通する貨幣の量は少なくなる．それに対し準備率が低いとより多く貸し出すことができるので，預金通貨の供給が増えることになる．預金準備率は法令によって定められていることから法定準備率ともよばれる．法定準備率は一律ではなく，定期性預金よりも要求払預金のほうが高く，また受け入れ預金額が多いほど準備率も高くなる超過累進制準備率制度となっている．現在のところ預金準

備率操作は先進国では金融政策の手段としてあまり利用されていないが，中国の中央銀行である中国人民銀行は金融政策の手段として預金準備率操作を積極的に採用している．

(3) 基準貸付利率操作

　3つ目の手段が補完貸付制度における**基準貸付利率操作**である．補完貸付制度とは民間の金融機関が中央銀行から資金を借り入れる制度であり，その時に適用される金利が基準貸付利率である．民間の金融機関は日々の資金過不足を短期金融市場でやり取りしているが，その際の金利は需要と供給に基づいて決定されるので，例えば極端に供給が少なくなったりすると短期金融市場での金利が高騰することになる．このような場合に補完貸付制度を使用することで民間銀行は中央銀行から資金を借りることができるので，基準貸付利率は短期金融市場の金利の事実上の上限として機能する．一般に借り入れコストが高いと，資金不足に陥らないように多くの準備金を保有しようという誘因が働くため，民間銀行の貸し出しはその分少なくなり，その結果として流通する貨幣量は少なくなると考えられる．このようなメカニズムで，基準貸付利率の変更は貨幣供給量に影響を及ぼすのである．

　基準貸付利率はかつて公定歩合とよばれており，1990年代までは日本銀行の金融政策手段は主として公定歩合操作であった．当時は銀行の金利が自由化されておらず，預金の金利や貸出の金利などはすべて公定歩合に連動して変動していたため，公定歩合は金融政策のスタンスをあらわす重要な役割を果たしていた．しかし金利が自由化されると，各種の金利と公定歩合の直接的な連動性はなくなり，公定歩合は2001年に登場した補完貸付制度において適用される金利として生まれ変わった．実際これまでの基準貸付利率（公定歩合）の推移をみると，1970年代から1990年代にかけては非常に頻繁に変更がなされており，例えば景気拡大期には公定歩合を引き上げているのに対し，景気後退期には公定歩合を引き下げていることが図7-2からみて取れる．しかし2000年代以降は，それほど頻繁に変更がなされているわけではない．つまり2001年を境として，金融政策の中心的な手段が，公定歩合操作から公開市場操作（オペレーション）へと変わっていったのである．

図7-2　基準貸付利率（公定歩合）の推移

出所：日本銀行 HP より筆者作成

⑷ 中央銀行の独立性

　中央銀行がどのような金融政策を行うのかを決めるのが**金融政策決定会合**である．金融政策決定会合は年8回開催され，日本銀行の総裁（1人），副総裁（2人），審議委員（6名）からなる合計9名による政策委員の多数決により，今後の金融政策の方針が決定される．政策委員の任期はいずれも5年間で，国会同意人事となっている．国会の同意を経て選任された政策委員は，その任期中は意に反して解任されることはない．つまり中央銀行は政府とは独立した組織として考えられている．もし中央銀行が政府から独立していなければ，政府が必要な資金を中央銀行から直接調達することが可能になる．多額の財政赤字の穴埋めのために大量の貨幣を供給すれば，通貨価値が暴落し，激しいインフレーションに陥ってしまう．事実1920年代前半のドイツは，第一次世界大戦の費用を賄うために大量に発行した戦時国債の償還と戦後の賠償金の支払いのために紙幣を大量に印刷したことでハイパーインフレーションが起こり，経済は大混乱に陥った．このような反省から，政府が必要な資金を中央銀行から調達することは望ましくなく，中央銀行は政府から独立した組織であることが求められるのである．現在の日本においても，財政法第5条で「すべて，公債の発行については，日本銀行にこれを引き受けさせ，又，借入金の借入については，日本銀行からこれを借り入れてはならない」と規定されており，中央銀行の独立性が保証されている．公開市場操作で中央銀行が購入する国債は，政府が新しく発行したものではなく，すでに発行され，民間の金融機関が保有して

いるものに限られている.

7-5　金融政策の目的と理念

　ここで金融政策の目的についてみていくことにする. 一般的に金融政策の目的は, 経済の成長, 完全雇用の達成, 物価の安定, 為替相場の安定, 国際収支の均衡などであるとされる. しかしながら, 例えば第9章で詳しく学習するように物価上昇率と失業率との間には負の関係があり, 物価の安定と完全雇用とを両立させることは現実経済では非常に困難であるといったように, すべての目的を同時に達成させることは不可能に近い. わが国の場合は日本銀行法第2条によって「日本銀行は, 通貨及び金融の調節を行うに当たっては, 物価の安定を図ることを通じて国民経済の健全な発展に資することをもって, その理念とする」と金融政策の運営理念が規定されている. ここでいう国民経済の健全な発展とは経済成長のことであり, 法律的には金融政策の目的は経済成長であるということになる. 経済成長のために重要なのが物価の安定であるが, ではなぜ物価の安定が重要なのだろうか. 次にこのことについて考える. なお経済成長については第10章で詳しく学習する.

(1) インフレーションのコスト

　物価が安定していないということは, 物価が継続して上昇するインフレーション (インフレ) が起こっているか, あるいは物価が継続的に下落するデフレーション (デフレ) が発生しているか, それとも上昇と下降を繰り返しているということになるが, これらいずれの状態であっても経済にとっては望ましくない. はじめにインフレのケースについて考える. マクロ経済学ではインフレーションにはコストがかかると考えられている. 例えば, 激しいインフレが生じている経済では, 人々は利子を生まない現金を保有するよりも利子を生む銀行預金を多く保有しようとするので, 結果として現金を最低限しか保有しないことになるが, 現金を保有していないと, 取引のたびに銀行に行く必要が出てくるので, 歩く距離が増え靴底がすり減ることから, 現金を保有しないことに伴うコストは靴底コストとよばれている. 同様にインフレーションが激しい

と企業は価格を頻繁に変更しなければならないが，そのことに伴うメニューコストも発生する．

　インフレというのはモノの値段が上がることであるが，例えばリンゴが1個200円だったものが1個250円になった場合，これまで1000円札1枚でリンゴを5個購入できたものが，同じ1000円札1枚でリンゴが4個しか購入できなくなったということである．これはリンゴの価値が上がったと考えることもできるが，逆に貨幣の価値が下がったと考えることもできる．このように考えると，インフレというのは貨幣の機能の1つである価値尺度機能が変化した，あるいは価値の基準が小さくなったということになる．例えばもし1mの長さがある日突然従来の半分になると，これまで身長が1.75m（175cm）だった人は，新しい長さの基準の下では身長は3.5m（350cm）になると考えればわかりやすいだろうか．実際に見た目は変わらなくても，長さの基準が変わったことによって，身長が2倍になるのである．この例のような基準の変化が頻繁に起これば，生活するうえで大変不便である．貨幣は価値の基準である以上，その価値は安定していることが求められるのである．また貨幣の価値が下がったということは，価値貯蔵機能が低下したということであり，人々が貨幣を保有しようとは思わなくなるという問題点も生じる．

　そのほか，資金の貸し借り中に予期せざるインフレが発生すれば富の再配分が行われるし，現在の税制は物価の変動を考慮したものになっていないため，インフレによって収益を過大に評価し，その結果より高い税金が掛けられてしまうという問題も生じる．例えば，100万円を金利10％で1年間貸し借りを行うと考える．このときリンゴ1個の価格が200円であれば，100万円はリンゴ5000個に相当する．貸し手は1年後に110万円を返済してもらうことになるが，もし5％のインフレが起こればリンゴは210円になり，このときの110万円はリンゴ5238個に相当することになる．この資金貸借の前後で，貸し手は貸し出した貨幣よりも10％多くの貨幣を返済してもらったわけだが，その返済された貨幣では4.76％（238個）多くのリンゴを購入できるにすぎない．借り手の観点からはリンゴ5000個相当の貨幣を借りて，リンゴ5238個相当の貨幣を返したわけなので，10％ではなく4.76％で貨幣を借りたということもできる．つまり貸し手が損をして借り手が得をしている．これが貸し手から借り手への予期せざる

富の移転である．さらに，現在の税制では4.76%ではなく10%すなわち10万円の利子所得があったとみなして課税されるのである．仮に金利よりもインフレ率が高ければ，貸し手は実質的に損失を被っているにもかかわらず課税されるということすら起こりうる．このようなことは，貸し手にとって非常に不利であり，貸し出しのインセンティブを低下させることになる．

(2) 負債デフレーション

　インフレよりもデフレの方がより大きなダメージを経済に及ぼすことが予想される．先ほどの例と同じように100万円を金利10%で 1 年間貸し借りしたが，デフレが起こり 1 年後にリンゴの価格が190円に値下がりしたとする．このとき 1 年後の110万円はリンゴ5789個に相当する．つまり借り手の実質的な金利は15.78%となり，より多くのリンゴを生産して返済しなければならないことになる．このようにデフレによって借り手の実質的な負債が重くなることを**負債デフレーション**とよぶ．経済にデフレが発生している場合，人々は今買うよりももう少し待てばさらに値段が下がるであろうと考え，消費を先延ばしにすることが予想される．もしそうであれば，借り手は人々があまり物を買わないような状況の下でより多くのものを販売しなければならないことになり，最悪の場合返済できなくなり，倒産してしまうこともありうる．借り手が倒産してしまえば貸し手は貸した資金を回収できないので貸し手も損をすることになり，そのような状況では誰も貸し出しを行おうとは思わないだろう．つまりデフレは誰にとっても望ましくないのである．

(3) 物価安定の重要性

　このように物価が安定していなければさまざまなコストがかかるだけでなく，もしデフレになり資金の借り手の倒産が増加すれば，金融システムの中核を担っている銀行が経営破綻しかねず，金融システムそのものが機能不全に陥ってしまう可能性がある．第10章の経済成長の章で詳しく説明するが，経済成長にとって重要なのは投資であり，金融システムがうまく機能しなければ企業は投資に必要な資金を借り入れることができなくなる．そのため経済成長が達成できないのはもちろんであるが，現在の経済において大部分の貨幣を供給

しているのは民間の銀行であるので，金融システムが機能不全に陥ると，日々の経済活動においても預金通貨を使わず，現金通貨のみで決済するという事態になりかねない．そのような事態は明らかに望ましくない．つまり，経済は物価が安定している状態が最も望ましいのである．

　しかしながら，実際の物価は各経済主体が市場で取引を行った結果，そこで決定された価格を経済全体で集計したものであり，中央銀行が直接コントロールできるわけではない．中央銀行がコントロールできるのはあくまでもマネタリーベースである．そのため中央銀行が意図したとおりに物価が安定するとは限らない．仮に中央銀行がインフレでもデフレでもない状態，すなわちインフレ率がゼロである状態を目指して金融政策を実施したとしても，中央銀行の意図に反して物価にデフレ圧力がかかる可能性がある．経済がいったんデフレになれば人々は消費を先送りするため，売り手は消費を刺激するために値下げをするかもしれず，デフレがさらなるデフレを引き起こすというデフレスパイラルの状態に陥ってしまう恐れがある．デフレになれば金融システムがうまく機能しなくなるだけでなく，そもそも商品が売れないのであれば企業は生産を減らすことを迫られ，労働者の賃金を減らしたり労働者を解雇したりすることで対応すると予想される．つまりデフレというのは一見モノが安くなるので消費者にとっては望ましいと考えるかもしれないが，賃金が減ったり失業したりする可能性を考えれば，望ましいとはいえない．

　上で述べたように，インフレにはさまざまなコストがかかるが，これらのコストはインフレ率があまり高くない場合にはそれほど経済に悪影響を及ぼすとは考えられない．むしろほんの少しインフレ気味である方が，人々は安いうちに財・サービスを購入しようと考え，消費が刺激されて景気にとっては望ましいともいわれている．そのようなこともあり，現在の日本ではインフレ率が2％になるように貨幣供給量を調節するということが金融政策の目標となっているし，世界各国の中央銀行もほとんどがプラスのインフレ目標を設定している．

⑷ 貨幣数量説

　前項で，金融政策の運営理念は物価の安定であることを説明したが，ここで

貨幣供給量と物価との間にはどのような関係があるかみていきたい.

　すでに説明したように, 貨幣には支払い手段としての機能が備わっており, 人々は貨幣を用いて取引を行うことから, 貨幣は人の手から人の手へと渡っていく. 特定の貨幣が一定期間内にどれだけ取引に用いられるのかは**貨幣の流通速度**とよぶ. 例えば次のようなケースを考える. AさんがBさんから1000円の財を購入し, 1000円札で支払ったとし, BさんはCさんから別の1000円の財を購入し, Aさんから受け取った1000円札で支払ったとする. この時1000円札は2回取引に使われたので流通速度は2となる. Cさんがさらに同一期間内にこの1000円札を用いて何か財やサービスを購入したとすれば, 流通速度は3ということになる. つまり流通速度が高ければそれだけ貨幣による取引が多いことを意味し, 逆に流通速度が低い場合は, それほど取引がなされていないということになる.

　ここで貨幣供給量を M, 流通速度を V, 物価水準を P, 生産量を Y とすると, 以下の関係式が得られる (この式は**貨幣数量方程式**とよばれる).

$$M \times V = P \times Y \tag{7-2}$$

　一般的に, 生産量は長期的には資本や労働の投入量から決まり, 貨幣の量とは無関係に決まると考えられる. また簡単化のため貨幣の流通速度は一定であると仮定する. このとき, 貨幣供給量の変化は物価を比例的に変化させることがわかる. つまり中央銀行は貨幣供給量を調節することで, 物価に影響を及ぼすことができるのである.

(5) 金融市場から実物市場へ

　これまでは金融政策の具体的な手段と運営理念について説明したが, ここで貨幣供給量の変化がどのように実物経済と関係し, 最終的に経済成長へとつながるのかについて簡単に説明する.

　貨幣供給量が増加すると, 経済に多くの余剰資金が発生することになる. 当面使う予定のない貨幣は現金で保有するよりも, 貸し出して利子を稼いだ方が得をするので, 多くの余剰資金が貸し出しに回ることになり, 貸付資金市場の供給が増えることになる. 供給が増えることで, 貸付資金の価格である金利が低下し, その結果より多くの資金が貸し付けられることになる. 貸し付けられ

た資金は投資に使われると考えられるが，投資が増えれば将来の生産が増えるので，結果として経済成長につながるのである（第10章参照）．

7-6　おわりに

　本章では金融政策の具体的な手段と物価安定の重要性について述べた．現在の先進国で主に用いられている金融政策の手法は公開市場操作（オペレーション）であり，中央銀行が民間銀行との間で債券の売買をすることで貨幣供給量を調節する．オペレーションで供給された貨幣は民間銀行による信用創造を通じてその何倍にも膨れ上がる．この際に重要なのが物価の安定であり，物価を安定させることが金融政策を運営するうえでの重要な理念となっている．貨幣供給量を変化させれば，金利が変化し，それに応じて投資が変化することで経済成長へとつながっていくわけであるが，その具体的なメカニズムについては次章で詳しく述べることにする．

□□ 学習のための参考文献（初級★・中級）

★岩田規久男（2012）『インフレとデフレ』講談社学術文庫

★小林照義（2015）『ベーシックプラス　金融政策』中央経済社

　白川方明（2008）『現代の金融政策―理論と実際』日本経済新聞出版社

　梅田雅信（2011）『日銀の政策形成―「議事録」等にみる，政策判断の動機と整合性』
　　東洋経済新報社

第**8**章　金融政策2：金融政策の理論と歴史

> 伝統的な金融緩和政策は，貨幣供給量を増加させることで金利を下落させ，それが投資を刺激して景気を回復させることにつながる．しかし金利が十分に低い場合には伝統的な金融緩和政策は意味をなさなくなる．本章ではそのような状態に陥った日本経済を立て直すために，日本銀行がどのような政策を採用したのかについて詳しく解説する．

8-1　はじめに

　前章では，金融政策の目的や運営理念に加えて，具体的な実施方法について学習したが，本章では初めに金融政策が実物経済に影響を及ぼす代表的なメカニズムについて解説する．通常は，金融政策による金利の変化を通じて実物経済に影響を及ぼすが，金利がかなり低い場合，金融政策が実物経済に何の影響も及ぼさないこともある．そのような場合これまで学習してきた伝統的な金融政策は意味をなさないので，これまでとは異なる金融政策を行うことが求められる．最後にこのような非伝統的金融政策も含め，日本の金融政策がどのように変化してきたのかについて解説を加えていき，その変遷と問題点について考察する．

8-2　金融政策の理論

　前章で学習したように，金融政策の目的は「国民経済の健全な発展」すなわち経済成長であるが，財政政策の場合と異なり，金融政策の場合，中央銀行の政策がGDPに影響を及ぼすメカニズムはそれほど単純ではない．このメカニズムは複数存在するが，以下では金利チャネルと外国為替チャネルの2つについて解説する．

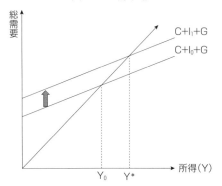

図 8‑1　財市場

総需要

C+I₁+G
C+I₀+G

所得(Y)

Y₀　Y*

出所：筆者作成

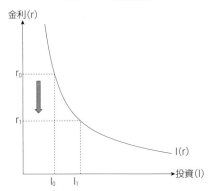

図 8‑2　投資関数

金利(r)

r₀

r₁

I(r)

投資(I)

I₀　I₁

出所：筆者作成

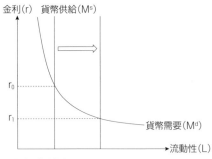

図 8‑3　貨幣市場

金利(r)　貨幣供給(Mˢ)

r₀

r₁

貨幣需要(Mᵈ)

流動性(L)

出所：筆者作成

(1) 金利チャネル

第3章で学習した IS-LM モデルを思い出してほしい. 例えば, 図8‑1において現在の所得水準が Y_0 であり, 望ましい所得水準が Y^* であるとする. このとき投資を I_0 から I_1 に増加させることができれば, 望ましい GDP を達成することができる. また図8‑2に描かれているように投資と金利は逆向きの関係にあることから, 投資を I_0 から I_1 に増やすには, 金利を r_0 から r_1 に低下させる必要があることがわかる. そして金利を低下させるには, 図8‑3で示されているように貨幣市場において均衡金利が r_1 になるまで貨幣供給量を増やす必要がある.

つまり, 金融緩和政策によって貨幣供給量が増加すると, 貨幣市場において金利が下落し, それが投資を誘発し, 財市場の総需要が増えるので所得が増えることになる. しかし金融政策の影響が経済全体へ波及するまでには, 財政策と比べて長い時間がかかる. そのため, 金融政策が却って景気の変動を大きくしてしまうこともあり, 景気を安定化させるには金融

政策だけではなく財政政策も組み合わせて実施することが求められる.

　また所得の増加に伴い, 貨幣需要が増加して貨幣需要曲線が右にシフトすると考えれば, 金利はr_1まで低下せず, したがって投資もI_1まで増加しないことも考えられるが, 一度きりの貨幣供給の増加ではなく継続的に資金供給オペレーションを実施することで, 目標とする金利水準は達成できると考えられる.

⑵ 外国為替チャネル

　金融緩和政策による金利の低下は, 上で述べた投資の増加だけでなく, 外国為替相場（外国為替レート）の変化を通じて GDP に影響を及ぼす経路も考えられる. 外国為替レートとは日本円とアメリカドル, アメリカドルとユーロなど異なる通貨間の交換比率である. 例えば, 1ドルが100円の場合, アメリカドル10ドルと日本円1000円を交換することになる. 第2章で学習したように, GDP は輸出と輸入にも影響を受けるが, 為替レートの変化によって影響を受けるのは主に輸出である. 例えば1ドルが100円の場合, 日本円で300万円の自動車はアメリカでは3万ドルで売られることになるが, 1ドルが150円の場合, 同じ300万円の自動車はアメリカでは2万ドルで販売されることになり, 価格が下がることで多くのアメリカの人々が日本の自動車を購入することになると考えられる.

　ここで金融政策と外国為替レートの関係について解説をしたい. 中央銀行が金融緩和政策を行うと自国の金利が低下することはすでに学習したとおりである. もし外国の金利が変化しなければ, 余剰資金を自国で運用するよりも相対的に金利の高い外国で運用したほうが高い収益が得られるので, 外国為替市場で自国通貨が売られ外国通貨が買われることから自国通貨が減価することになる. 例えば日本円が売られてアメリカドルが買われる場合, 日本円が減価し（安くなり）アメリカドルが増価する（高くなる）. ここでドルが増価するということは, 例えば1ドルが100円から110円になることである. アメリカドルの増価, すなわち日本円の減価によって, アメリカの人々は日本製品を安く購入できるので, 日本からアメリカへの輸出が増えると考えられ, その分だけ日本のGDP を増加させることにつながるのである. このような金融緩和政策が為替レートの減価を通じて, GDP に影響を及ぼす経路が外国為替チャネルである.

(3) 流動性の罠

　これまで学習したように，金利チャネルにしろ外国為替チャネルにしろ，どちらにしても貨幣供給量の増加は金利の低下と GDP の増加をもたらすというのが，通常の IS-LM 分析で導かれる結果であるが，図8-4のように貨幣需要が金利に対して非常に弾力的な場合は，貨幣供給量を増やしても金利が低下しない．このような状態は**流動性の罠**とよばれ，金融政策は意味をなさない．

　IS-LM モデルで考えれば，図8-5のように貨幣市場の均衡を表す LM 曲線が水平となっているところで IS 曲線と交わっている状態と解釈できる．貨幣供給量の増加は LM 曲線を右にシフトさせるが，LM 曲線は水平であるので，金融緩和政策は金利にも所得にも何の影響も及ぼさないことになる．このような場合には，第5章で学習したように拡張的財政政策を行うことによって，金利を引き上げることなく所得を増加させることができる．

　例えば金利がゼロの場合は貨幣を保有する機会費用はゼロになるので，人々は支払い手段として利用できない債券よりも支払い手段として利用できる貨幣を好むようになる．そのため，貨幣供給量を増加させても貨幣保有残高が増えるだけで金利は低下しないことになる．

(4) 短期と長期

　ここで短期と長期の違いについて説明をしておきたい．経済学においては，少なくとも1つ以上の変数が固定されている世界が短期であり，すべての変数

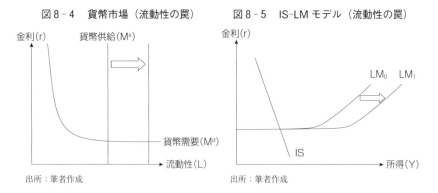

図8-4　貨幣市場（流動性の罠）　　　図8-5　IS-LM モデル（流動性の罠）

出所：筆者作成　　　　　　　　　　　出所：筆者作成

が変化しうる世界が長期である．例えば，IS-LM モデルでは，物価は一定とされていることから，IS-LM モデルは短期モデルであり，物価が固定されている世界で財政政策や金融政策の影響を分析するために使われるモデルである．それに対し，前章で説明した貨幣数量方程式は，貨幣供給量と比例的に物価が変動することを説明した長期モデルである．分析の都合上，貨幣の流通速度を一定と仮定したが，貨幣の流通速度が変化することを考慮して分析することもできる．

　経済学における一般的な短期と長期の区別は上のとおりであるが，金融の世界における短期と長期の区別はそれとは異なる．金融の世界では短期は1年以下であり，長期は1年超である．短期金融市場とは満期が1年以下の資金を扱う市場であり，満期が1年超の資金を扱う市場は長期金融市場である．短期金融市場の中でも代表的な市場がコール市場であり，そこでの金利が**コールレート**とよばれ，**短期金利**の指標として用いられる．それに対し，政府が新たに発行した10年満期の国債の年平均収益率（新発10年物国債利回り）が**長期金利**の指標として使われている．

　短期の分析を行う際には物価の変動すなわち貨幣価値の変動はあまり重要ではない．しかしながら，長期の分析を行う場合には，貨幣価値の変動を考慮したうえで分析を行うことが必要である．前章で，現在の日本銀行は2％のインフレ率を目標に金融政策を行っていると述べたが，もし2％のインフレ率で物価が上昇を続けた場合，22歳で大学を卒業し新卒で入社した人が65歳で定年を迎えるとすると，その間に物価はどれだけ上昇するだろうか．答えは $1 \times (1 + 0.02)^{43} = 2.34$ 倍である．つまり，もし日銀の目論見どおり物価が上昇すれば，新卒で採用された時に受け取る給料が20万円，定年前の給料が46万8000円であれば，名目的には給料が2.34倍に増加しているが，実質的には同じ給料を受け取っている（購買力は同じ）ということになる．異時点間の価格比較を行う際には，物価の変動による貨幣価値の変化を考慮して分析を行わなければならない．

8-3　政策目標の変遷

　前節の初めに解説したように，中央銀行は投資の決定要因である金利をある

現在の1万円と将来の1万円は同じ価値か？

　前章で学習したように，貨幣には価値貯蔵手段としての機能が備わっているが，実はインフレーションが起これば貨幣の価値は少しずつ減少する．例えば，日本銀行がめざす2％のインフレーションの場合，100円のリンゴは1年後には102円になるので，1万円札1枚で買えるリンゴの個数は100個から98個に減少する．つまり物価が上がればその分だけ貨幣の価値は減少する．もし毎年2％のインフレーションがずっと続けば，50年後には物価は2.7（＝1.02^{50}）倍になる．言い換えれば今現在20歳の人が70歳になるときには，現在の1万円は3715（＝$10,000 \div 1.02^{50}$）円の価値しか持たないことになる．老後にゆとりのある生活を送るには年金以外に2000万円必要との試算が発表されたが，それは現在の貨幣価値に基づいた試算であり，もし2％で物価が上昇を続けるなら，現在20歳の若者の場合，5400万円の資産が必要ということになる．インフレーションが発生すれば，その分だけ貨幣価値が減少するので，将来の試算を行う際には，インフレーションを考慮する必要がある．

水準に誘導することを目標として貨幣供給を決定する．伝統的には短期金利が金融政策を実施する上で政策目標とされてきた．しかし経済が流動性の罠に陥っている場合，貨幣供給量を増加させても，金利が低下せず，伝統的な金融政策では景気を刺激することは困難になる．そのため，新たな金融政策が模索されることになるが，以下では政策目標がどのように変遷してきたのかを含め，非伝統的金融政策について説明する．

(1) 伝統的金融政策

　通常，中央銀行が政策目標として用いるのは短期金利である．具体的には民間の金融機関が日々の資金過不足を調整するためのコール市場において最も頻繁に取引されている「無担保コール翌日物」とよばれる今日借りて明日返す資金に適用される金利（コールレート）を一定水準に誘導することを目標に貨幣供給量を調節してきた．

　例えば，景気が過熱し，バブルが発生しそうになると，コールレートの誘導水準を引き上げ，その水準になるように資金吸収オペレーションを実施して市場に出回る貨幣を減らす一方で，不景気になると，投資を刺激するために金利の誘導目標を引き下げ，その目標水準に低下するまで資金供給オペレーション

によって貨幣供給量を増やすということを行うのである．多くの先進国で短期
金利が金融政策の目標として用いられている．

(2) ゼロ金利政策

　1990年代前半のいわゆるバブル経済の崩壊による長期不況の際には，コール
レートの誘導水準を徐々に低下させて景気を刺激しようと努めてきたが，民間
銀行の不良債権問題などもあり，残念ながら日本銀行の意図したとおりには景
気回復につながらなかった．これが非伝統的金融政策の採用の始まりである．

　1999年には景気回復のためにコールレートの誘導目標を0.15％から事実上 0
％にすることを決定したが，この政策がゼロ金利政策とよばれるものである．
仲介会社に支払う手数料があるので，厳密には金利はゼロではなかったもの
の，手数料を除けば金利はゼロであり，資金が必要な銀行はコストを支払うこ
となく必要な資金を調達できることになった．このタダで調達した資金を民間
企業にプラスの金利で貸し出せば，銀行は利益を得られるので，民間銀行によ
る貸し出しが増えることが期待されたのである．

　しかし金利がゼロというのは名目金利がゼロということである．名目金利と
いうのは資金貸借の際の契約書にかかれている金利であり，満期までにいくら
の貨幣を貸し手に返済しなければならないのかというものである．しかし前章
の負債デフレーションのところで説明したように，経済がデフレーションであ
れば借り手は契約時よりも実質的には多く返済しなければならない．このよう
な物価変動による貨幣価値の変化を考慮した金利が実質金利である．図 8 - 2
や図 8 - 3 における金利は実質金利であり，投資や貨幣需要を決める金利は実
質金利である．名目金利と実質金利との間には，近似的に，

　　　実質金利＝名目金利－インフレ率　　　　　　　　　（8-1）

という関係が成立する．つまり名目金利がゼロであっても，経済がデフレ（イ
ンフレ率がマイナス）であれば実質金利はプラスとなり，ゼロ金利政策では投資
を刺激し景気回復をもたらすほど十分には実質金利が低下しなかったと考えら
れる．図 8 - 6 は消費者物価指数（CPI, Consumer Price Index, 詳細は第 9 章参照）
で測定したインフレ率であるが，1999年後半からデフレが続いていることがわ
かる．つまりこの時期は確かに名目金利はゼロであったが，実質金利はゼロで

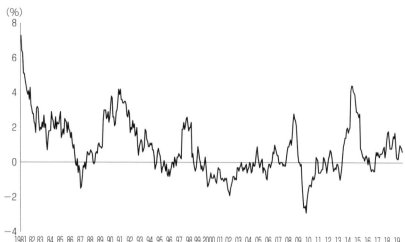

図 8 - 6　消費者物価指数で測ったインフレ率（前年同月比）

出所：総務省統計局より筆者作成

はなく，１％程度のプラスであったと推定される．

(3) 量的緩和政策

　日本経済はゼロ金利政策にもかかわらず，1999年後半からデフレが続いたこともあり，なかなか景気は回復しなかった．そこで2001年に新たに採用された金融緩和政策が**量的緩和政策**とよばれる政策である．この政策の下では政策目標として日銀当座預金残高が用いられた．すでに学習したように，民間銀行は受け入れた預金の一部を必要準備として中央銀行に預け入れなければならないが，必要準備を超えて当座預金を保有したとしても，当座預金には金利は付かないので，その余剰資金を民間銀行が貸し出しに回すことを期待したのである．伝統的な金融政策の目標がコールレートという金利であるのに対し，この新たな政策目標は日銀当座預金残高という「量」であり，それを増やしていくという緩和政策であるため，この政策は量的緩和政策とよばれるのである．

　量的緩和政策が導入された当初の目標は５兆円程度であったのが，徐々に目標が引き上げられ最終的には30兆円から35兆円程度にまで引き上げられた．この量的緩和政策は５年ほど採用されたが，2006年３月にデフレが解消されたと

して量的緩和政策は一旦終了し，金融政策の目標は再びコールレートへ変更された．量的緩和政策が終了した段階ではコールレートの誘導目標は0％のままであったが，同年7月には誘導目標は0.25％，2007年2月には0.5％と段階的に引き上げられていった．

　量的緩和政策を実施していた時期において，日本銀行は「物価の安定」を「インフレでもデフレでもない状態」と捉えていた（2000年10月『「物価の安定」についての考え方』日本銀行）．しかしながら2006年3月の量的緩和政策終了と同時に「物価の安定」についての考え方を変更し，CPIが対前年比で0～2％であれば，「中長期的な物価安定」とみなすことになった．すなわちCPIの上昇率が緩やかなプラスであることが物価の安定とされ，これ以降はこの考え方に基づいて金融政策が行われることになった．

(4) 包括的な金融緩和政策（包括緩和政策）

　2001年から始まった量的緩和政策の効果もあり，日本経済は2002年2月から2008年2月までの73か月の長期にわたって景気が拡大するなどバブル崩壊の影響から脱出したものの，2008年秋のリーマンブラザーズの経営破綻に代表されるアメリカ発のサブプライムローン問題により，世界同時不況が起こると，日本もそのあおりを受けて不況に突入し，デフレに逆戻り（図8-6参照）してしまったため，再び金融緩和政策に転じることになった．

　この時期に採用されたのが包括的な金融緩和政策である．この包括緩和政策の特徴は，①コールレートの誘導目標を0～0.1％にすることで実質的にゼロ金利政策を採用し，②中長期的な物価安定とみなすCPI上昇率1％が見通せる状況になるまで実質ゼロ金利政策を継続することに加え，③国債や社債だけでなく，指数連動型上場投資信託（ETF）や不動産投資信託（J-REIT）など多様な金融資産を買入れるための基金を創設することである．この基金創設の目的は，残存期間が1～2年の長期国債（発行されてから8～9年経過した10年満期の国債）を買入れることで短期金利よりも少し長めの金利を引き下げることと，ETFやJ-REITを買入れることでリスクプレミアムを低下させ，企業の資金調達を活発化させようということであり，基金規模は35兆円規模で開始された．しかし2011年の東北地方太平洋沖地震（東日本大震災）などによる追加

緩和などのため，最終的には100兆円を超える規模にまで拡大された．

(5) 量的・質的金融緩和政策（異次元緩和政策）

　包括的な金融緩和にもかかわらず，物価はデフレ傾向にあり，日本銀行が考える「中長期的な物価安定」はなかなか実現できなかった．そこで2013年に就任した黒田東彦日本銀行総裁は，今後２年程度で２％のインフレを達成するために，マネタリーベースを２年間で２倍とする新たな緩和策を打ち出した．この新たな緩和策は，オペレーションによる買い入れ資産を量的に増やすと同時に，より満期までの期間が長い中長期国債にまで拡大することで質的にも緩和することから**量的・質的金融緩和政策**とよばれている．これまでの金融緩和政策よりもかなり緩和色が強いことから異次元緩和政策ともよばれる．

　異次元緩和政策の実施当初は，日本銀行の目論見どおりインフレ率は上昇し，日本経済はようやくデフレを脱却したかに思われたが，原油安や新興国経済の悪化に伴う国際金融市場の不安定化などの外的要因により，異次元緩和政策実施から２年後の2015年には，２％のインフレ率を達成するどころか，再びデフレへと逆戻りしてしまった（図8‐6参照）．

(6) マイナス金利付き量的・質的金融緩和政策

　経済はいったんデフレに陥ると，人々はデフレ期待を抱くので，なかなかデフレから脱却することが難しくなる．そこで人々のデフレ期待を払拭するために，2016年１月にはこれまで以上にマネタリーベースを増加させるとともに新たに日銀当座預金残高の一部に対し**マイナス金利**をつける政策が実施された．

　この政策は民間銀行が日銀に預けるすべての当座預金にマイナス金利を適用するというのではなく，この政策導入以後新たに民間金融機関が日銀当座預金に預け入れた場合，その増加部分にマイナス0.1％の金利を付すというものである．金利がマイナスということは，日銀に預けることによって残高が減るということなので，資金供給オペレーションにより新たに市場に供給された貨幣は，日銀当座預金になることはなく，金融機関から貸し出しを通じて経済に行きわたることが期待できる．

　しかし，貸し出した資金が返済されなければ，銀行は損をするので，優良な

借り手がいなければ，無理に貸し出すよりは日銀に預けておいた方が，損失が少ないという状態であれば，貸し出しは増加しないことになる．なお，このようなマイナス金利政策は，スイスの中央銀行であるスイス国立銀行（SNB, Swiss National Bank）が日本に先駆けて導入し，当初の金利はマイナス0.25%であったが，その後すぐにマイナス0.75%へと引き下げられた．

(7) 長短金利操作付き量的・質的金融緩和政策

2016年 9 月には金融緩和色をさらに強めた新たな政策が導入され，短期金利だけでなく長期金利についても誘導目標を定め，長期金利がおおむねゼロになるように長期国債の買い入れを行うことになった．一般的に金利は満期までの期間が長くなればなるほど高くなるので，長期金利をゼロにするということは，それより短い期間の金利はマイナスになるということである．実際に政府が新たに短期国債を発行する際の金利はマイナスになっており，政府は借りた資金よりも少ない資金を返済しているということになる．

第 3 章で学習したように，債券価格と金利との間には逆向きの関係があり，オペレーションによって短期国債を購入すれば短期国債の価格が上昇するので短期金利は低下することになる．具体的には，額面が100万円，額面に対する金利が 1 %，満期まで残り 1 年の国債を102万円で購入すれば，金利は（- 1）/102 = - 0.0098，すなわちマイナス0.98%ということになる．これと同様にオペレーションで長期国債を購入することで，中央銀行は長期金利も操作することが可能になる．前章で学習したように，日本銀行は新発国債を購入することはできないので，長期金利をゼロにしたい場合，例えば額面が100万円，額面に対する金利が 1 %，満期までの残存期間が10年の国債を110万円で購入することで達成できる．

そもそも現金の収益率はゼロであるので，名目金利（名目収益率）がマイナスになることを不思議に思うかもしれない．例えば上でみたように， 1 年後に101万円（元金100万円＋利息 1 万円）で償還される債券を102万円で購入すれば名目収益率はマイナス0.98%である．それに対し102万円を現金で 1 年間保管すれば 1 年後も102万円のままであり，名目収益率はゼロとなる．つまりこの場合，債券で運用するのではなく現金で保管することが合理的であり，誰も収益

率がマイナスの債券を購入しないので，名目金利の下限はゼロであると思うかもしれない．ところが現実には短期金利はマイナスとなっており，利息を支払って余剰資金を貸している人がいるのである．ではなぜこのようなことが起こるのだろうか．名目収益率がマイナスである債券を購入する理由は，債券の値上がり益への期待と現金の保管コストの必要性である．現金の保管コストは少額だとそれほど問題とはならないが，高額になれば無視できなくなる．

　例えば宝くじで1等前後賞合わせて10億円が当選したとする．10億円を銀行に預金することもできるが，万が一銀行が経営破綻した場合，預金保険によって保護されるのは元金1000万円とその利息であるので，仮に100行に1000万円ずつ分散すれば全額保証される．しかしこれだけ分散するには，新たに口座を開く時間，通帳の管理などさまざまな手間がかかる．また現金で自宅に保管する場合，治安のいい場所に引っ越したり，新しく金庫を購入したり，ホームセキュリティーを導入したりすれば何かと費用がかかる．これらの費用が現金の保管コストである．仮に保管コストが年間100万円かかるとすると，元金10億円に対し0.1%である．もし債券の収益率がマイナス0.05%であれば，元金10億円に対し利息はマイナス50万円なので，10億円を現金で保管するよりも債券を購入したほうが得することになる．つまり，収益率がマイナスであっても，現金の保管コストよりも安ければ債券を購入することが合理的であることから，マイナス金利の下限は現金の保管コストによって決定されることになる．

　債券は満期まで保有すれば元金が返済されるが，額面より高い価格で購入した場合，満期まで保有すれば，購入価格よりも償還価格が低いので償還差損が発生する．しかし満期までの間に金利がさらに引き下げられると保有債券の価格は値上がりするので，満期まで保有せずに売却すれば譲渡差益を得ることができる．満期までの期間が長い債券の場合だとこのような譲渡差益狙いで購入する買い手がいることも，金利がマイナスになる理由として考えられる．

8-4　非伝統的金融政策の問題点

(1) 貨幣の信認低下

　前節では，これまで日本銀行が採用してきた非伝統的金融緩和政策について

説明してきたが，ここで非伝統的金融緩和政策の抱える問題点を考えたい．

　まず考えられるのは，貨幣に対する信認の低下がもたらすハイパーインフレーションである．中央銀行が発行する銀行券はもともと兌換銀行券であり，銀行券の保有者は中央銀行にいつでも金や銀などの正貨との交換を要求することができた．このような兌換銀行券は中央銀行にとっては債務であることから，中央銀行の貸借対照表（バランスシート）上では，銀行券を負債として計上し，発行の裏付けとなる正貨を資産として計上していた．兌換義務がなくなった現在でも，管理通貨制度の下では通貨価値を維持することが中央銀行に求められており，その意味では不換紙幣である銀行券も債務としての性格を持っていることから，バランスシート上では負債として計上されている．では現在では資産として何が計上されているかといえば，オペレーションによって買入れた資産である．例えば100億円規模の資金供給オペレーションを行うと，資産として買入れた国債などを計上し，オペレーションによって発行した銀行券を負債として計上するのである．

　伝統的な金融政策ではオペレーションの対象資産は短期国債であるので，バランスシート上の資産価値が下落することはほとんどない．しかし，現在買い入れを行っている上場投資信託（ETF）は企業の発行した株式をもとに組成されるので，発行元企業が倒産すれば，ETFの価値が低下することになり，バランスシートの資産が減少することになる．バランスシートに計上してある資産価値の下落がなぜインフレーションにつながるのか，簡単な例を用いて説明したい．

　例えばある国の中央銀行が金100kg（＝100,000g）を保有しており，これを裏付けとして額面が1円の銀行券を10万枚発行しているとする．このとき，銀行券100,000枚と金100,000gとが同じ価値なので，銀行券1枚と金1gが同じ価値，つまり金1gは1円ということになる．ここで中央銀行の保有する金が何らかの事情で半分の50kg（＝50,000g）に減少したとしよう．もしこの国が金本位制度を採用しているのであれば，正貨である金が半分に減少すれば，銀行券の価値を維持するために，すでに発行している銀行券も半分だけ回収しなければならない．しかし仮に銀行券を回収せずに発行量を同じにしたままだとどうなるだろうか．この場合は金50,000gと銀行券100,000枚が同じ価値とい

うことになるので，金1gの価値は銀行券2枚に相当する．つまり金1gは2円ということになる．別の言い方をすれば，銀行券1枚の価値は金0.5g相当になり，銀行券の価値が半減することになる．要するに，中央銀行の保有資産が減少すれば，負債である銀行券の価値も下落するので，その分物価が上昇するのである．管理通貨制度の下で不換紙幣を発行している場合も，メカニズムは上記と同じである．

　非伝統的金融緩和政策では日本銀行が価格変動の大きいリスク資産を購入して，日本銀行券を供給している．ここでいうリスク資産とは，価格変動がある資産という意味で考えれば，先に述べたETFだけではなく，長期国債もリスク資産となる．第3章で学習したように，金利と債券価格は逆向きに動くので，長期金利が上昇すれば長期国債の価格が下落するので，その分日本銀行のバランスシート上の資産が減少することになる．よって非伝統的金融緩和政策は，銀行券の価値の下落，別な言い方をすれば通貨に対する信認の低下を招き，結果としてハイパーインフレーションを引き起こすリスクをはらんでいる．

(2) 出口戦略

　非伝統的金融政策から伝統的な金融政策に戻す際に，マクロ経済に及ぼす影響を最小限に抑える方法を**出口戦略**とよぶが，ここでは日本銀行による異次元緩和政策の出口戦略の問題点について考える．

　伝統的な金融政策の場合，買い入れ対象資産は短期国債であり，中央銀行が保有する資産はすぐに満期が到来する．そのため，中央銀行が資金吸収オペレーションを実施しなくても，満期が到来して償還された債券の分だけ貨幣供給量は減少するので，売りオペレーションによる債券価格の下落に伴う金利の高騰を抑えることができる．しかしながら現在行われている異次元金融緩和政策の場合，日本銀行は長期国債や上場投資信託（ETF）などを購入して貨幣供給を行っている．長期国債の場合は満期が長いので償還されるまでに時間がかかるし，そもそもETFには満期がないので，現在の緩和政策を終了するには，売りオペレーションが必要になる．売りオペによって金利が上昇すれば，日本銀行が保有している国債価格も下落するため，先程述べた通貨に対する信認が低下するだけでなく，民間銀行も大量の国債を保有しているので，民間銀

行の保有資産の減少にもつながり，預金通貨に対する信認も低下するかもしれ
ない．また ETF の売却によってリスクプレミアムが上昇すれば，民間企業の
資金調達が困難になり，投資が停滞することも考えられる．

　緩和政策を終了する時期はデフレ懸念が払拭され，景気が回復した時期であ
るが，出口戦略を誤れば，せっかく回復した景気が再び悪化するという事態も
考えられるので，慎重な出口戦略を考える必要がある．

8-5　おわりに

　本章では，金融政策が実物経済にどのように影響を及ぼすのか金利チャネル
と外国為替チャネルを用いて解説を行った．金利チャネルでは，金利が低下す
ることで投資が増加して GDP の上昇につながる．それに対し外国為替チャネ
ルでは，金利の低下が自国通貨の減価を招き，それによって輸出が増えること
で GDP の増加をもたらすと期待される．

　しかし金利がすでに十分に低い場合には，経済は流動性の罠に陥り，伝統的
な金融緩和政策を行っても実物経済にあまり影響を及ぼさない．そのため，こ
れまでとは異なる新たな金融緩和政策が追求されることになる．非伝統的金融
緩和政策とよばれるこれらの政策は，日本だけでなくヨーロッパでも行われて
いるが，非伝統的金融政策をどのように終了させるかに関する出口戦略につい
ては，景気を悪化させないように慎重に行うべきである．

　前章と本章で学習したように，金融政策の目的は経済成長であるが，経済成
長に必要なのは投資であり，投資は金利以外の要因によっても影響を受ける．
経済成長に関する詳しい政策は第10章で詳しく学習する．

📖 **学習のための参考文献**（初級★・中級）

★湯本雅士（2013）『金融政策入門』岩波新書
★黒田東彦（2005）『財政金融政策の成功と失敗―激動する日本経済』日本評論社
　岩田一政・左三川郁子・日本経済研究センター編（2016）『マイナス金利政策―3次
　　元金融緩和の効果と限界』日本経済新聞出版社
　宮尾龍蔵（2016）『非伝統的金融政策―政策当事者としての視点』有斐閣

第9章　物価と失業

> 　物価や雇用量はどのように決まるのだろうか．本章では，まず，物価や失業率の動向を理解するために，物価と労働に関する統計を説明する．そして，労働市場を考慮して，生産量，雇用量，賃金，および物価の関係を理解する．インフレ率と失業率の間の負の関係であるフィリップス曲線を説明し，総需要管理政策が効果をもたない状況を考察する．

9-1　はじめに

　生産量や雇用だけでなく物価も重要なマクロ経済変数である．第7章でみたように，インフレやデフレは好ましいものではないので，物価を安定させることは政策目標の1つである．まず，物価と失業率を中心に日本経済の動向を把握することからはじめよう．

　図9-1には1980年以降の日本の貨幣供給量と消費者物価指数（CPI）の対前年変化率，および完全失業率が示されている．バブルの崩壊以後，度重なる金融緩和にもかかわらず，貨幣供給量の変化率は2～4％程度で比較的落ち着いている．

　CPIの変化率をみてみると，第2次石油危機の後は急落し，円高不況の影響で1987年にはゼロに近くなった．その後，消費税の導入やバブル経済の影響で変化率は3％台まで上昇するが，バブル崩壊後低下し，1995年にはマイナスの値を記録した．その後消費税増税で物価は上昇することになるが，再び低下し1999年から再びマイナスを示し始めた．2008年のCPIの上昇率は1.4％であるが，これには石油価格の高騰が関係している．直後，リーマンショックのため再びデフレ傾向となり，上昇率が2％を越えたのは2014年の消費税増税の時であった．

　失業率については，バブル崩壊後2002年くらいまでは上昇傾向で，それ以降，リーマンショックの影響を除けば，低下傾向がみられる．しかし，実質賃

図 9 - 1　貨幣供給量，失業率および物価の動向

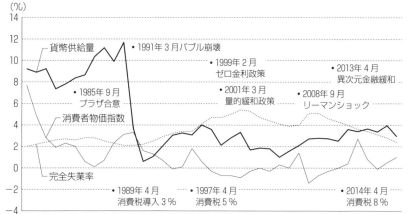

注：暦年データ，年平均，貨幣供給量と消費者物価指数は対前年増加率．
出所：貨幣供給量は日本銀行 HP，完全失業率と消費者物価指数は総務省統計局 HP のデータを利用して
　　　筆者作成．

金率指数は1990年の105.2から1997年の109.5までは概ね上昇傾向がみられた
が，それ以降は低下傾向で2014年には95.5まで低下している．また，非正規雇
用労働者の割合は，1990年の20.2％から概ね毎年上昇し2018年には37.9％に達
した（「毎月勤労統計調査」，実質賃金率指数の基準年は2010年）．

9-2　物価と労働市場の計測

　すでに前節でも登場したが，新聞やテレビの報道でよく見聞きする物価や失
業率などの定義を明確にしておこう．

⑴ 物価の計測
▶ GDP デフレーター
　第 2 章で学んだ GDP デフレーターは，名目 GDP を実質化するためのもの
で，当該年の名目 GDP を当該年の実質 GDP で除したものである．ここでは
簡単な数値例でその計算方法を学ぶ．ある経済の2010年と2020年の生産量と価

表 9 - 1　2010年と2020年の価格と生産

	機　械		パ　ン		缶コーヒー	
	量	価格	量	価格	量	価格
2010年	20個	1000円/個	100個	100円/個	100個	200円/個
2020年	10個	1500円/個	80個	200円/個	200個	150円/個

出所：筆者作成

格は表9‐1のようであるとする．この時，2020年のGDPデフレーターはいくらになるだろうか．

　まず，2020年の名目GDPは，

$$10個 \times 1500円 + 80個 \times 200円 + 200個 \times 150円 = 6万1000円 \qquad （9‐1）$$

2020年の実質GDPは，基準年（2010年）の価格で2020年の生産量を評価した額であるから，

$$10個 \times 1000円 + 80個 \times 100円 + 200個 \times 200円 = 5万8000円 \qquad （9‐2）$$

したがって，GDPデフレーターは6万1000÷5万8000≒1.05，基準年を100とすると105であるから5％上昇したことになる．

　ところで，GDPデフレーターの分子も分母も当該年の数量を用いている．このような計算方式で計算する指数を**パーシェ指数**とよぶ．

▶消費者物価指数

　次に，報道その他でよく見聞きするCPIは，基準年の財の数量を用いる．表9‐1ではパンと缶コーヒーが消費財であるので，計算にはパンと缶コーヒーだけが対象になる．まず，2010年の実際の取引金額は，

$$100個 \times 100円 + 100個 \times 200円 = 3万円 \qquad （9‐3）$$

つまり，バスケットの中にパン100個と缶コーヒー100個が入っていて，バスケット1つ購入するには3万円必要であったことを意味する．そして，このバスケットを2020年の価格で購入するといくらになるかを考える．

$$100個 \times 200円 + 100個 \times 150円 = 3万5000円 \qquad （9‐4）$$

つまり，同じバスケットを購入するのに2010年は3万円，2020年は3万5000円である．基準年の財のバスケットの価格を1とすると2020年のそれは3万5000÷3万≒1.17となり，これがCPIである．2020年は基準年と比較して消費者物価が17％上昇したといえる．

このように基準年の数量を用いて計算する指数を**ラスパイレス指数**という．基準年の数量を利用するので最新のデータは価格のみでよい点に作成上のメリットがある．

▶**その他の物価指数**

　他にも，企業間で取引される商品の価格変化を測定する企業物価指数（国内企業物価指数，輸出・輸入物価指数などから構成，従来の卸売物価指数に相当，日本銀行が毎月公表），農業における投入・産出の物価変動を測定するための農業物価指数（農林水産省が毎月公表）などがある．

(2) 労働統計

▶**完全失業率**

　就業・不就業の状態は総務省が毎月行う「労働力調査」によって報告される．図9-2は従来の基本集計と，2018年1月から追加された詳細集計における15歳以上人口の労働状態の分類を示している．まず，基本集計の分類をみてみよう．

　調査期間中（月末の1週間）に少しでも仕事をしていれば**従業者**となる．主に勤務先や自営業の仕事をしている人，通学や家事のかたわらに仕事をする人等である．そして，従業者と**休業者**を合わせたものを**就業者**という．**完全失業者**とは以下の3つの要件を満たす人をいう．①仕事がなくて調査週間中に少しも仕事をしなかった．②1週間以内に，求職活動を行っていた．③仕事があればすぐに就くことが可能．就業者と完全失業者を合わせたものを**労働力人口**とよぶ．**非労働力人口**は，15歳以上人口のうち労働力人口以外の者で，高校や大学に通う人，家事に専従する人，高齢者などから成る．

　完全失業率は，以下のように労働力人口に占める完全失業者の割合として定義されるので，労働市場に供給されている人的資源の活用度を示す尺度といえる．

$$\text{完全失業率}(\%) = \frac{\text{完全失業者数}}{\text{労働力人口}} \times 100 \qquad (9\text{-}5)$$

　また，労働力人口の15歳以上人口に占める割合を**労働力人口比率**という．労働力人口比率は進学率，女性や高齢者の労働参加率，人口構成等に依存する．

図9-2 労働力状態の分類

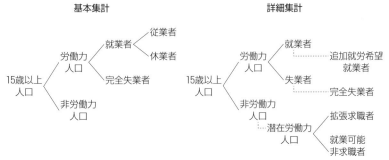

出所：総務省統計局「労働力調査　用語の解説」をもとに筆者作成

$$労働力人口比率（\%）= \frac{労働力人口}{15歳以上人口} \times 100 \qquad (9-6)$$

▶未活用労働指標

　次に，詳細集計について説明しよう．非正規雇用の拡大など就業状況は多様化し大きく変化してきた．従来の基本集計では把握できない未活用の労働を把握するために詳細な分類がなされるようになった．

　従業者，休業者，就業者の分類は基本集計と同じであるが，就業者のうち，今よりも長い時間を働きたい者を**追加就労希望就業者**として分類している．**失業者**は，完全失業者の要件②の求職活動期間を1か月に拡大して捉えるものである．2018年以降の詳細集計では就業者と失業者を合わせたものを労働力人口といい，15歳以上人口から労働力人口を除いた部分が非労働力人口である．

　非労働力人口の中にも実際には失業者に近い状態の人もいる．すぐに働くことができないことや，厳しい雇用情勢の中で求職活動を停止してしまった人である．すぐではないが，2週間以内に就業できる場合は**拡張求職者**，1か月以内に求職活動を行っていないが就業を希望している場合は**就業可能非求職者**とし，非労働力人口の中で区分する．

　追加就労希望就業者，失業者および**潜在労働力人口**（拡張求職者と就業可能非求職者）を**未活用労働**と定義し，労働力人口に占める失業者の割合や失業者と追加就労希望就業者の割合など，未活用労働に関しての6つの指標を公表している．最も広く未活用の労働力を把握する未活用労働指標（LU4）は労働力人

口と潜在労働力人口に占める失業者，追加就労希望就業者および潜在労働力人口の割合を示す指標で，2018年の年平均は5.9%と，同時期の完全失業率2.4%の倍以上の値である．

▶有効求人倍率

景気の動向とともによく聞くのが**有効求人倍率**であろう．

$$有効求人倍率 = \frac{有効求人数}{有効求職者数} \tag{9-7}$$

有効求人倍率とは，公共職業安定所（ハローワーク）を経由した求人や求職者数をもとに算出された指標である．仕事を探している人が仕事をみつける容易さを示す指標で，1を超えると比較的みつけやすく，下回るとみつけにくいと考えられる．

▶実質賃金率指数

ハンバーガーショップが自給1000円でアルバイトを募集しているとしよう．これは労働1時間（1単位）当たりの名目賃金率が1000円であることを意味する．この1000円の実質的な価値は物価によって変わってくる．例えば，1000円の実質的な価値をハンバーガーで測るとしよう．ハンバーガーが1個200円の時は5個購入でき，ハンバーガーで測った**実質賃金率**は5個/時間となる．もしハンバーガーの価格が上昇して250円になったとすると，実質賃金率は4個/時間となる．現実にはハンバーガーではなく物価で測るので，以下のようになる．

$$実質賃金率 = \frac{名目賃金率}{物価} \tag{9-8}$$

実質賃金率の統計としては，厚生労働省の毎月勤労統計調査より**実質賃金率指数**が公表されている．

$$実質賃金率指数 = \frac{名目賃金率指数}{消費者物価指数} \tag{9-9}$$

9-3　失業の原因と対策

(1) 失業の原因

最初に，失業の原因について，古典派の考え方とケインズの考え方を簡単に

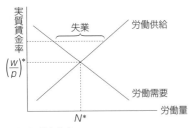

図9-3 古典派の失業

実質賃金率

失業

労働供給

$\left(\dfrac{w}{p}\right)^*$

労働需要

労働量

N^*

出所：筆者作成

説明しよう．

▶古典派的な考え方

　古典派は，雇用量や実質賃金率は図9-3のように労働市場の需要と供給によって決まると考える．実質賃金率が上昇すると企業は雇用を減らすと考えられるから，需要曲線は右下がりである．その理由は以下のようである．

　企業が追加的にもう1単位雇用を増やすことを考えよう．追加的な1単位の雇用によって得られる生産の増加は**労働の限界生産物**とよばれ，それに価格 p をかけたものが収入の増分となる．他方，労働1単位を増やすと名目賃金 w の費用が発生する．したがって，雇用を増加するかどうかは $p \times$ 労働の限界生産物と w の大小関係によって決まることになる．もし，$p \times$ 労働の限界生産物 $> w$ であるならば追加的1単位の雇用によって利潤が増えるので，雇用を拡大するだろう．逆の場合は追加的1単位の雇用によって利潤が減るので，雇用を縮小するだろう．

　労働の限界生産物は，雇用が増加するに従い減少すると考えられる．というのは，今，機械・設備などの資本量は一定と仮定する．雇用量が拡大するにつれて労働1単位当たりの資本量が減少し生産性が低下すると考える．これを**労働の限界生産力の逓減**とよぶ．つまり，雇用を拡大するにつれ，$p \times$ 労働の限界生産物は低下している．どこまで雇用を拡大するかというと，結局，$p \times$ 労働の限界生産物 $= w$ となるまで雇用するだろう．この式の両辺を p で割ると，

$$\frac{w}{p} = 労働の限界生産物 \tag{9-10}$$

となり，実質賃金率と労働の限界生産物が等しくなるように雇用が決定されると考える．高い実質賃金率には高い労働の限界生産物が対応し，低い実質賃金率には低い労働の限界生産物が対応する．労働の限界生産物は雇用量が増えると減少するので，実質賃金率が高くなると労働需要量は減少することになる．

　一方，家計は労働によるネットの効用が最大になるよう労働を供給すると考える．ネットの効用とは賃金で購入できる財・サービスから得られる効用から

労働供給の不効用を差し引いたものであり，実質賃金率が上昇すると家計は労働供給を増やすと考えられる．したがって，供給曲線は右上がりである．

この時，均衡の実質賃金率は $(w/p)^*$ で，均衡の雇用量は N^* である．$(w/p)^*$ の水準の下では雇われたいと思っている人はすべて雇われているので完全雇用である．また，生産されたものは価格調整によりすべて需要される．

価格が伸縮的であれば実質賃金率は $(w/p)^*$ の水準に調整され，失業は生じない．もし失業があるとすれば，原因は実質賃金率の高止まりや調整過程で発生する摩擦的な失業であるとする．そこからでてくる政策的含意は，労働組合や失業保険といった競争を阻害する制度を取り除くこと，職業安定所や職業訓練所の拡充ということになる．

▶ケインズ的な考え方

ケインズは失業の原因を有効需要の不足とし，対策として財政・金融政策による総需要管理政策を提言したことはすでに第3章で説明した．ここでは労働市場との関係を IS-LM 分析の図を利用して説明しよう．

図9‐4の上の図では IS 曲線と LM 曲線が描かれおり，下の図は名目賃金率 w と雇用量 N の関係が描かれている．名目賃金率は硬直的で雇用量が増加しても変化せず，完全雇用 N^f に達するまで w_0 の水準で一定である．これは，家計は完全雇用までは，その時の名目賃金率でいくらでも労働力を提供することを意味する．そして，完全雇用に達すると，それ以上の労働需要はすべて名目賃金率の上昇に吸収されるので，雇用量に対する名目賃金率の動きは図9‐4の W 曲線のようになる．

今，経済が点 E_0 にあり生産量が Y_0 であるとする．Y_0 に対応する雇用量は N_0 で完全雇用ではなく，失業が存在する状況である．この時，

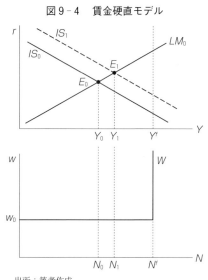

図9‐4　賃金硬直モデル

出所：筆者作成

外国人労働と実質賃金率

2019年4月，改正出入国管理法が施行され，人材不足が深刻な農業・外食・介護などの14業種での就労を認める新たな在留資格が導入された．これにより外国人単純労働の受け入れが可能となった．これまでもすでに，本来は非就労資格である技能実習生や留学生によって単純労働は支えられてきたのであるが，深刻化する人手不足に対応せざるを得なくなった結果であろう．

厚生労働省「外国人雇用状況の届出状況」によると，届出が義務化された2008年10月の外国人労働者数は約49万人であったが，2016年には100万人を越え，2018年には約146万人（前年比14.2%増）と急増した．在留資格別には技能実習21.1%，留学20.4%が大きなシェアを占める（2018年）．

外国人単純労働の拡大は実質賃金率にどのような影響を与えるだろうか．直接的には，単純労働供給の増加は単純労働の実質賃金率の低下をもたらし，技能労働との賃金格差をもたらすと考えられる．あるいは賃金率が下方硬直的であれば失業の発生につながるかもしれない．一方，外国人労働の導入で生産性が上昇すれば，実質賃金率の上昇が期待できる．また，外国人労働者自体の消費などで景気にプラスの影響を与えるかもしれない．

例えば拡張的財政政策により IS 曲線が IS_1 まで右方シフトしたとする．新しい均衡点は点 E_1 で生産量は Y_1 に増加し，雇用量も N_1 に拡大するが，名目賃金率は変化しない．

(2) 失業の分類と雇用対策

▶失業の分類

古典派やケインズの考え方からも推測できるように，失業にはその発生原因によっていくつかのタイプがある．代表的なものとして以下の3つがある．

① **需要不足失業**：景気後退期に需要が減少することによって生じる失業

② **構造的失業**：労働市場における需要と供給のバランスはとれているにもかかわらず，企業が求める人材と求職者の持っている特性（職業能力や年齢，性別，勤務地など）との違いがあるため生じる失業

③ **摩擦的失業**：転職や新たに就職する際に企業と労働者の持つ情報が不完全であること，書類審査や面接などに時間がかかること，労働者が地域間を移動する際に時間がかかることなどにより生じる失業

▶雇用対策

失業の原因が需要不足の場合，財政・金融政策を用いて，雇用を拡大する対策が考えられる．これらの実際については第5章および第8章に説明がある．

構造的失業に関しては，産業構造の大きな変化があるような場合，労働力の産業間の移動を円滑にすることが重要である．例として，石炭から石油へのエネルギー転換の際の「炭鉱離職者臨時措置法」(1959年) がある．これは，炭鉱離職者のための職業紹介・職業訓練のみならず，緊急就労対策事業や援護会の設置，移住資金や職業訓練手当などの給付を含むものであった．

当時は高度経済成長期で，産業構造や生産技術変化が著しい時代であった．そのため，1966年には「雇用対策法」が制定され，構造的失業対策が全産業に拡大された．この法律により職業転換給付金制度が導入され，労働の産業間移動を促進するようになった．雇用対策法は2018年に「労働施策の総合的な推進並びに労働者の雇用の安定及び職業生活の充実等に関する法律」という名称に変わっている．

また，技術の習得のために，職業能力の開発，技術講習などを行う公的な職業訓練施設が全国に設置されているほか，能力開発の取組や中長期的なキャリア形成のための教育訓練給付金制度などがある．

摩擦的失業に対しては，ハローワークの活用の促進や機能の拡張，民間の人材派遣業等の支援などに効果が期待されるだろう．

⑶ UV 分析

実際の労働市場では，失業と欠員 (埋まっていない求人) が共存している．これは労働需要と労働供給がうまく噛み合っていないことを意味しており摩擦的・構造的失業が存在することを示している．

縦軸に失業率，横軸に欠員率をとると，右下がりの関係が得られることが知られている．この関係を *UV* 曲線 (Unemployment-Vacancy Curve) あるいはベヴァリッジ曲線 (Beveridge Curve) とよぶ．*UV* 曲線が右下がりの理由は以下のとおりである．欠員率が高いということは求人が多いことを意味し，そのような時には失業者が仕事をみつけることが容易になり，失業率が低下する．

今，失業率と欠損率の関係が図9‐5の UV_0 で表されるとし，経済が45度線

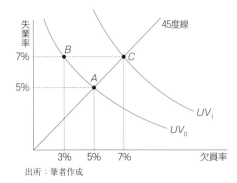

図9-5　*UV* 曲線

失業率

45度線

7% ……B…………C

5% ……… A

*UV*₁

*UV*₀

　3%　5%　7%　　欠員率

出所：筆者作成

上の点 A にあるとしよう．この時，欠員率も失業率も５％で，総量としては労働の需要量と供給量は一致しているから，この５％は構造的・摩擦的失業であると解釈できる．今，求人数が減少して欠員数が３％にまで減ったとする．この時失業率は２％上昇し７％となる．この２％については，求人数が減ったことにより失業率が上昇したものであるから，景気変動による失業率の上昇（需要不足失業の増加）と解釈できる．つまり，この時の失業率７％のうち５％は構造的・摩擦的失業，２％は需要不足失業と解釈できる．

　産業構造の変化により，ある産業では求人が増加し，別の産業では失業者が増加したとする．このような場合，欠員率と失業率が同時に高まる．図9-5ではそれを *UV*₀ から *UV*₁ へのシフトによって表している．つまり，構造的・摩擦的失業の増加は *UV* 曲線の上方シフトとして解釈できる．

　日本経済についての *UV* 曲線を応用した分析が労働経済白書（2002年）ほかいくつかある．それらによると，2001年の完全失業率５％のうち概ね３〜４％程度が構造的・摩擦的失業とされる．ただし，*UV* 曲線と45度線の交点によって構造的・摩擦的失業を捉える方法は間接的な方法であり，直接的に計測する手段ではないことには注意が必要である．

9-4　物価変動の原因と対策

(1) 物価の決定

　第3章の IS-LM モデルでは物価は一定と仮定したが，現実には物価は変動している．ここでは物価がどのように決まるかについて考えよう．長期の物価については第7章で貨幣数量説を説明したので，ここでは名目賃金率と労働生産性から短期の物価の決定を考えよう．

▶限界原理

（9‐10）式から，物価＝名目賃金率／労働の限界生産物であるから，物価は名目賃金率と労働の限界生産物に依存するといえる．また，労働の限界生産物は雇用量に依存し，雇用量はどれだけ生産するかによって決まってくるので，結局，物価は名目賃金率と生産量に依存する．何らかの理由で名目賃金率が上昇したり，生産量が増加したりすると物価が上昇する．また，技術進歩によって労働の限界生産物が増加すると物価は低下する．

このような状況は個々の企業の決定が物価や賃金に影響をもたらさない完全競争企業に該当する．

▶マークアップ原理

少数の大企業が市場を支配するような状況では，大企業は価格支配力をもっており，平均費用に一定の利潤（マージン）を加えて価格を設定すると考えられる．このような価格設定を**マークアップ原理**という．簡単化のために費用は労働費用だけとし，マークアップ率を α とすると物価は以下のようになる．

$$物価 = (1+\alpha)\left(\frac{wN}{Y}\right) \qquad\qquad (9\text{‐}11)$$

つまり，物価はマークアップ率 α，名目賃金率 w，平均労働生産性（Y/N）の逆数に依存する．労働の限界生産力の逓減を前提とすると，平均労働生産性は生産量の増加とともに低下する（これは，あるプロ野球選手の昨日までの平均打率が3割だとして，今日の試合の打率が3割未満であると，今日の試合までの平均打率は低下するのと同じである）．つまり，生産量が増加すると平均労働生産性は低下し，その逆数は上昇する．したがって，マークアップ率，名目賃金率，生産量が増加すると物価は上昇する．また，技術進歩によって平均労働生産性が上昇すると物価は低下する．

▶財市場の需給

限界原理にせよ，マークアップ原理にせよ，いずれも生産量が決まらなければ物価水準は決まらない．供給側で物価を決定しても売れなければ成立しないからである．生産量については有効需要原理から決まるとすれば，物価と名目賃金率を所与として生産量と利子率を決定する IS-LM モデルと，上述の供給側の態度を組み合わせることで，生産量，利子率，物価を決定できる．

例えば，マークアップ率が上昇したとすると物価は上昇する．物価が上昇すると実質貨幣残高が減少するので LM 曲線は左方シフトし，生産の減少と利子率の上昇をもたらすだろう．

(2) インフレーションの分類と対策

前項でみたように，物価はさまざまな要因によって影響を受ける．したがって，インフレーションやデフレーションの原因も複雑である．ここではインフレーションを取り上げてその原因を整理する．

▶デマンド・プル・インフレーション

拡張的財政政策など IS 曲線を右側にシフトさせるようなショックや，貨幣供給量の拡大など LM 曲線を右側にシフトさせるようなショックがあると，生産量が増加する．生産量の増加は，限界原理あるいはマークアップ原理にしたがって物価を上昇させる．生産量が増加するようなショックが続けばインフレーションにつながるであろう．

完全雇用に対応する生産水準を需要が超過するならば，生産量は増加することなくインフレーションが生じる．このような場合は，財政・金融政策によって総需要を抑制すればよいであろう．

▶コスト・プッシュ・インフレーション

（9-11）式から，名目賃金率の上昇やマークアップの上昇が労働生産性の上昇以上であると物価の上昇につながる．名目賃金率以外の生産要素や中間投入物の価格上昇なども同様に物価上昇の引き金となる．

コスト・プッシュ・インフレーションの場合，総需要抑制政策がとられると，生産が縮小し失業が増大してしまい，インフレは収まるかもしれないが犠牲が大きい．コスト・プッシュの場合は，生産性の上昇に向けての政策が重要である．

インフレ対策として名目賃金率の上昇率を生産性の上昇の範囲内に抑える**所得政策**がある．実際，アメリカでは1960年代前半や1970年代の石油危機の際，インフレ対策として名目賃金率の上昇率を生産性の上昇の範囲内に抑える所得政策がとられた．日本でも石油危機の際，労使の話し合いで賃上げ抑制が合意された．

インフレは年金を目減りさせ，年金受給者の生活を脅かす．そこで**物価指数スライド制**を導入し，インフレの悪影響を緩和することが考えられる．さらにインフレーションの原因として，インフレ期待があるが，それについては次節で扱う．

9-5 フィリップス曲線

(1) 物価と失業のトレード・オフ

アルバン・ウィリアム・フィリップス（Alban William Phillips）は，イギリスの1861〜1957年の名目賃金率の上昇率と失業率の観察から両者にトレード・オフの関係があることを発見した．縦軸に名目賃金率上昇率，横軸に失業率をとって観察値をプロットすると，右下がりの曲線となる．この曲線は発見者の名前から**フィリップス曲線**とよばれる．

曲線が右下がりになる理由は以下のとおりである．失業率が低い時，労働市場は売り手市場であるので名目賃金率は上昇する傾向にある．逆に，失業率が高い時，労働市場は買い手市場であるので名目賃金率の上昇率は低く，場合によっては負になりうる．

また，賃金率の上昇は物価の上昇につながるので，インフレ率 π を縦軸に，失業率 u を横軸にとって両者の関係を描けば，やはり**図9-6**のような右下がりの関係があることが知られるようになった．これを**物価版フィリップス曲線**，

図9-6　短期と長期のフィリップス曲線

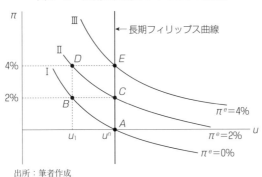

出所：筆者作成

あるいは単にフィリップス曲線とよぶ．式で表せば次のようになる．

$$\pi = f(u) \qquad\qquad\qquad (9-12)$$

図9-4の賃金硬直モデルでは，名目賃金の動きは失業がある局面と完全雇用を達成した後の局面の2つに分かれていた．しかし，現実は，雇用の増加，すなわち失業率の低下とともに，名目賃金率が上昇していくというものであり，それを実証的に示したフィリップス曲線は，図9-4の下の図に置き換わってマクロ・モデルに導入されるようになった．

1950年代，60年代はフィリップス曲線を前提として，インフレと失業の各々のコストを勘案しながら曲線上のインフレ率と失業率の組み合わせを選択することが政策運営の課題となった．緩やかなインフレ率（マイルド・インフレーション）を容認して失業率を低めることがコンセンサスとなっていた．

(2) フィリップス曲線の不安定性

ところが，1970年代に起こった2度の石油危機は，フィリップス曲線が安定していないことを顕在化させることになった．インフレーションと不況が同時に発生する**スタグフレーション**の状況を呈した．

石油危機の際は，中間投入物の石油価格の上昇がコストを高め，インフレ率の上昇につながった．また，インフレ期待がさらにインフレ率を高めることになった．インフレ期待がある時，労働組合の交渉にそれが組み込まれ，賃金の上昇につながり，ひいてはインフレにつながる．これらを考慮するとフィリップス曲線は以下のように修正される．

$$\pi = f(u) + \alpha\pi^e + \varepsilon \qquad\qquad\qquad (9-13)$$

ここで π^e は期待インフレ率，ε は石油価格などのコスト上昇を意味する．α は期待インフレ率がインフレ率にどれくらい影響を与えるかの係数である．何らかの理由で π^e や ε が正の値をとると，フィリップス曲線は上方シフトすることになる．

(3) 自然失業率仮説

最後に，エドムンド・フェルプス（Edmund Phelps）とミルトン・フリードマン（Milton Friedman）によってほぼ同時期に提唱された**自然失業率仮説**を説

明する．(9-13) 式の α を 1 とおいて，フィリップス曲線が $\pi = f(u) + \pi^e$ で表されるとする．つまり，期待インフレ率が完全にインフレ率に反映されると仮定する．今，期待インフレ率がゼロでフィリップス曲線が図9-6のⅠで表されるとする．そして，今，経済が点 A にあり，失業率が u^n の状態であるとしよう．この u^n はインフレ率の期待値と現実値が一致する時の失業率で，**自然失業率**とよばれている．

さて，政府は u^n が高いと判断し，総需要拡大政策を行い失業率を u_1 の水準まで下げたとしよう．この時経済は点 B にある．そこではインフレ率は2％であり，それを認識すると期待インフレ率が2％に修正され，フィリップス曲線がⅡの位置までシフトする．実質賃金率はもとの水準のままであるから労働供給が減少し，結局経済は点 C に移り，そこでは，失業率はもとの u^n のままであるが，インフレ率は上昇している．

さらに，政府が失業率を低めようと総需要拡大政策を行ったとすると，経済は点 C から点 D へと移動する．そこではインフレ率は4％で，先と同様の調整が起こり，結局経済は点 E に移動する．そこでは失業率はもとの自然失業率のままで，インフレ率だけが上昇している．つまり，人々が物価の上昇に気がつかず**貨幣錯覚**が生じている間は失業率が低下するが，物価の上昇を認識すると，労働供給は減少し，失業率は元の水準にもどってしまう．このように，現実のインフレ率と期待インフレ率が一致する長期においてはどのようなインフレ率に対しても失業率は u^n にならざるを得ない．それを図にしたのが長期のフィリップス曲線で u^n の水準で垂直に立っている．つまり，自然失業率仮説によると，総需要拡大政策は短期では有効だが，長期では無効である．

さらに，ロバート・ルーカス (Robert Lucas) やトーマス・サージェント (Thomas Sargent) らの**合理的期待形成仮説**によると，人々は予想と現実を合理的に考えるため，経済は点 A → B → C ではなく点 A → C のように動く．したがって，総需要管理政策は短期にも効果はない．

9-6 おわりに

本章では，物価の決定と労働市場を取り入れ，生産，雇用，実質賃金率の関

係を理論的に考察した．物価の変動は需要要因，供給要因，そしてインフレ（デフレ）・マインドなどによって引き起こされることがわかった．デフレ対策を考える時，デフレの原因が何であるかを見極めることが重要であると同時に，正規雇用の拡大と実質賃金率の上昇の両立を考える必要があるだろう．

📖 **学習のための参考文献**（初級★・中級）

★グレゴリー マンキュー／足立英之・地主敏樹・中谷武・柳川隆訳（2017）『マンキュー マクロ経済学Ⅰ　入門篇〔第4版〕』東洋経済新報社

★福田慎一・照山博司（2016）『マクロ経済学・入門〔第5版〕』（有斐閣アルマ）有斐閣

グレゴリー マンキュー／足立英之・地主敏樹・中谷武・柳川隆訳（2018）『マンキュー マクロ経済学Ⅱ　応用篇〔第4版〕』東洋経済新報社

齊藤誠・岩本康志・太田聰一・柴田章久（2016）『マクロ経済学〔新版〕』有斐閣

第**10**章　経済成長政策

> 　経済成長はわれわれの生活水準の向上とさまざまな政策を実施するための税収の確保という2つの側面から重要である．本章では簡単なモデルを用いて経済成長について説明し，過去の日本経済の成長について振り返ったうえで，今後さらに成長するにはどのような政策が必要かについて考える．

10-1　はじめに

　経済成長とは，より多くの生産を達成することであり，言い換えればGDPを増加させることである．第2章で学習したようにGDPは三面等価の法則により生産量を測定すると同時に，所得水準も測定する．つまりより高いGDPはより高い所得，すなわちより高い生活水準を意味する．これまでみてきたように，現実経済は所得格差，失業などさまざまな問題を抱えており，それらの問題の解決には第13章で学習する社会保障政策が求められるが，政策の実行には政府の財政の裏付けが必要であり，税収を増加させるためにも経済成長は必要となる．つまり経済成長は国民の物質的な豊かさを向上させると同時に，社会保障政策をはじめとしたさまざまな政策を実行するための財政基盤の安定のためにも重要なのである．

　以下では，まず初めに日本の実質GDPがどのように変化してきたのかについてデータを使って学習する．次いで10-3では何が日本の実質GDP成長に寄与したのかを成長会計方程式を用いた寄与度分解によって詳しくみていき，経済成長を説明するための簡単な理論モデルを紹介する．10-4で経済成長を促進させるための有効な政策について考えていき，最後に経済成長の問題点について議論する．

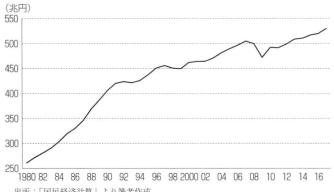

図10-1　実質 GDP の推移（2011年基準）

（兆円）

出所：「国民経済計算」より筆者作成

10-2　実質 GDP の推移

　ある国の豊かさを測定する指標として GDP（国内総生産）がよく用いられる．GDP には名目 GDP と実質 GDP があるが，豊かさを測る場合は実質 GDP を使うのが望ましい．名目 GDP は財・サービスの価格の変化と生産量の変化の両方によって影響を受けるので，生産量が減少しても，それ以上に価格が上昇すれば名目 GDP は上昇することになる．生産量が減少したということは消費可能量が減少したということなので，この場合むしろ貧しくなっていることになる．それに対し実質 GDP は価格を基準年で固定し生産量の変化のみを測定しているので，実質 GDP が増加したということは生産量が増加したということに他ならない．そのため一般に経済成長といえば実質 GDP の増加を指すことが多い．

　ここで日本の実質 GDP がどのように推移してきたのかをデータを使ってみていきたい．図10-1からわかるように1980年代には実質 GDP は比較的速いスピードで成長したが，1990年以降は成長の速度がゆっくりとなり，数回の景気後退も観察されている．図10-2は実質 GDP の成長率であるが，1980年代は平均して4.5％程度の成長率だったのに対し，平成景気終了（いわゆるバブル崩壊）後は平均成長率が2％にも満たない水準まで低下していることがわかる．つまり1990年代以降の日本経済は，それまでの安定成長時代から低成長時

図10‐2　実質 GDP 成長率

出所：「国民経済計算」より筆者作成

代に入ったといえるのではないだろうか．経済成長政策は経済の成長段階に応じて取るべき対策が異なるが，具体的な成長政策について説明する前に，そもそも成長は何によって達成されるのかについて考えていきたい．

10‐3　成長会計方程式と生産関数

(1) 成長会計方程式

前節で日本の実質 GDP が過去どのように推移してきたのかについてみたが，本節では実質 GDP の変化が何によってもたらされたのかということを考えてみたい．一般に生産量（Y）は資本（K），労働（L），技術水準（A）によって決定される．つまり資本ストックが増加したり，労働人口が増加したり，あるいは技術水準が進歩することが，生産を増加させることにつながるのである．数学的には変化分を $\varDelta$（デルタ）で表すと，GDP の成長率（$\varDelta Y/Y$）は以下のように書ける．

$$\frac{\varDelta Y}{Y} = \frac{\varDelta A}{A} + \alpha\frac{\varDelta K}{K} + \beta\frac{\varDelta L}{L} \tag{10‐1}$$

ただし α と β は定数である．この式は**成長会計方程式**とよばれ，GDP の成長率は，技術進歩率，資本ストック増加率，労働増加率の和として表すことができることを意味している．資本ストック増加率と労働増加率はデータから容易に観察可能だが，技術進歩率についてはデータから直接観察することはできな

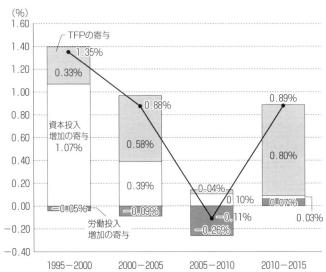

図10‐3　日本の成長会計

出所：JIP データベース2018（経済産業研究所）より筆者作成

い．そのため GDP 成長率から資本ストック増加率と労働増加率を差し引いた残りを**全要素生産性**（TFP: Total Factor Productivity）として導出し，これを技術進歩率とみなすのが一般的である．

　ではこの成長会計の考え方を用いて，日本の GDP 成長率に対して各生産要素がどれだけ寄与したのかをみていきたい．**図10‐3** は 5 年ごとの平均経済成長率と各生産要素の寄与度を示している．このグラフから1990年代後半の成長に一番貢献したのは資本の増加であるが，2000年代前半と2010年代前半の成長には，全要素生産性の成長が最も寄与しており，特に2010年代前半の場合には全要素生産性の成長が，経済成長のほとんどすべての源泉であることがみて取れる．また労働に関しては，2010年代前半をのぞいてマイナスに寄与している．2005年から2010年の 5 年間の平均成長率はアメリカ発のサブプライムローン問題などの影響もありマイナス0.11％となっているが，この景気後退の一番の原因は，労働投入の減少であることがわかる．このように成長会計分析を行うことで，それぞれの生産要素がどれだけ経済成長に貢献したのかを理解することができるのである．

(2) 生産関数

　すでに学習したように，生産水準は資本と労働と技術水準によって決定される．この関係を数式の形で表したものが以下のような生産関数とよばれるものである．

$$Y = AF(K, L) \tag{10-2}$$

ここでこの生産関数は**規模に関する収穫一定**の性質を持つと仮定する．規模に関する収穫一定とは資本ストックと労働をともに２倍にすると，生産量も２倍になるという性質である．生産関数がこの仮定を満たすとき，１人当たりの生産量は次のようになる．

$$y = Af(k) \tag{10-3}$$

ただし，y（$\equiv Y/L$）は１人当たりの生産量を，k（$\equiv K/L$）は１人当たりの資本ストックの量をそれぞれ表している．つまり，１人当たりの生産量は，技術水準と労働者１人当たりの資本の量に依存して決定されることになる．

　一般的に，労働者１人当たりの資本ストックが増加すれば労働者１人当たりの生産量も増加するが，資本ストックの量が増加するにつれて生産量の増加幅は小さくなる．このような性質は資本の**限界生産力逓減の法則**とよばれる．

　限界生産力逓減の法則が意味しているのは，資本ストックが少ない貧しい国は資本ストックを増やすことで生産量が大幅に増加するので経済成長率は高いが，すでに資本ストックが豊富に存在する国の場合，資本ストックを増やしてもあまり生産量は増加せず，結果として経済成長率も低くなるということである．これは現在の世界経済において，新興国の成長率は高く，先進国の成長率は低いという事実と整合的である．また戦後の日本経済を考えても，第二次世界大戦で多くの資本ストックが破壊され，資本ストックが非常に少ない状態から出発した日本経済は，1950年代後半から60年代にかけての高度経済成長期，70年代から80年代にかけての安定成長期，90年代以降の低成長期と，時代を追うごとに成長率が低下してきたという事実とも整合的である．つまり限界生産力逓減の法則を仮定することは非現実的ではない．

　限界生産力逓減の法則が働く場合，資本そのものを増加させたとしても，生産量の増加は次第に小さくなり，いずれは生産の増加によって得られる収入よりも資本を増加させるコストの方が上回ることになる．企業はこのような点を

図10-4　生産関数　　　　　　　　　　図10-5　技術進歩の影響

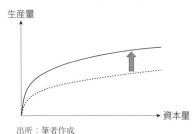

出所：筆者作成　　　　　　　　　　　出所：筆者作成

超えて資本ストックを増加させれば利益が減少することになるので，企業に
とっての望ましい生産量，すなわち利益が最大になる生産量は，生産を増加さ
せることによる収入と資本ストックを増加させることによる費用とが等しいと
ころということになる．つまりそのような状態になってしまえば，企業はそれ
以上生産量を増やそうとはしないので，経済はそれ以上成長することはなくな
る．

　図10-4は，1人当たり資本ストックと1人当たり生産量との関係をグラフ
に描いたものである．グラフでは，限界生産力の逓減は，生産関数のグラフの
傾きが次第に緩やかになっていくことで表現されている．

　生産関数を使った説明では，資本を追加的に増やしたとしても，次第に成長
率が低下し，最終的に成長が停止することがわかる．それでは経済がこのよう
な状態に到達すればそれ以降は成長できないかといえばそのようなことはな
い．そのために必要なのは**技術進歩**である．技術進歩は生産関数ではAの上
昇としてとらえられる．

　技術が進歩すれば資本ストックの性能が上がるので，同じ1単位の資本ス
トックでもより多くの生産が可能になるのである．別の言い方をすれば，新技
術を使えば，これまでよりも少ない資本ストックで同量の生産が可能になると
いうこともできる．つまり図10-5のように生産関数は技術進歩の分だけ上に
シフトすることになる．技術に関しては限界生産力逓減の法則は働かないの
で，技術が進歩すればその分だけ経済は成長することになる．

10-4　経済成長政策

　アベノミクス第3の矢は「民間投資を喚起する成長戦略」であることからも
わかるように，第2次安倍晋三内閣はその政策の目玉として経済成長の実現を
掲げている．なお日常生活では株式や債券など金融資産を購入することを投資
とよぶことがあるが，経済学的には金融資産の購入は貯蓄であり，投資という
のは将来の生産を増やすために行う行動を指すことに留意すべきである．

　これまで学習してきたように，どれだけの財・サービスが生産されるかは，
経済で利用できる資本ストックと労働そして技術水準によって決定される．つ
まりこれら各生産要素を増やすことが経済成長のための政策ということにな
る．日本経済は1960年代に高度成長期とよばれる景気の拡大を経験したが，
その高度成長の要因として一般的に考えられていることは，外国からの技術移
転，労働力人口の急激な増加と高学歴化，それに貯蓄率の上昇であることから
も，経済成長にとって重要なのは，資本，労働，技術であることがわかる．以
下ではこれら各生産要素について，経済成長を促進させるためにはどうすれば
いいかをみていきたい．

(1) 貯蓄および投資の促進

　初めに資本ストックを増加させる政策について考える．上で説明したように
資本の限界生産力が逓減するとしても，資本ストックが十分蓄積されていない
途上国や新興国では資本蓄積は成長の源泉となりうるし，先進国においても古
くなった設備を新しくすることでより生産性を高めることができるため，成長
政策として資本ストックの増加は必要である．資本ストックとは機械や工場な
どの設備のことであり，これらを増やすには**設備投資**を促進することが求めら
れる．すなわち設備投資に対する補助金であるとか設備投資減税などが政策と
して考えられる．それに加え，高度成長期の日本のように最新の能力を備えた
機械などを外国から輸入することも資本ストックを直接増やすことにつなが
る．

　また投資は経済全体では貯蓄と等しくなるので，貯蓄からの利子や配当に対
する課税の軽減など，貯蓄を奨励することも投資を増やすことに結びつく．こ

こで経済全体では貯蓄と投資が等しくなることを確認したい。第3章で学習したように、海外との取引を考えないとすると、総需要は消費（C）、投資（I）、政府支出（G）の3つから成る。総供給を Y とすると、

$$Y = C + I + G \tag{10-4}$$

と書ける。一方で稼いだ所得（GDPの三面等価により、総供給と総所得は等しいので、同じ Y という記号を用いて書くことができる）から税金を支払った残りである可処分所得（$Y-T$）を、今期の消費（C）と来期以降に使うための貯蓄（S）に配分すると考えると、

$$Y - T = C + S \tag{10-5}$$

という関係が成り立つ。これら2つの式から次の関係が得られる。

$$I = S + (T - G) \tag{10-6}$$

つまり投資（I）は民間貯蓄（S）と政府貯蓄（$T-G$）の合計として表される。このため、政府の財政が赤字、すなわち政府貯蓄がマイナスの場合、民間貯蓄は投資ではなく政府の発行する国債の購入に回るので、その分だけ民間投資が少なくなる。第4章で学習したように、現在の日本の財政は大幅な赤字であるが、上式からわかるように、財政赤字を減らすことが民間投資を増やすことにつながるので、財政再建を行うことが民間投資の増加につながると考えられる。

　このほか経済活動を支える基盤（社会インフラ）の整備によって生産環境が改善されれば、企業進出が進み、民間投資が増加することから、道路・港湾・通信などの社会インフラを整備することも大切な経済成長政策であるが、それらは建設国債の発行によって賄われているものもあり、財政再建のために単純に政府支出を減らせばいいというわけではない。

　政府貯蓄がマイナスであることに加えて、民間貯蓄自体が減少していることも、投資を増やすという観点からは克服する必要がある問題である。図10-6は日本の貯蓄率の推移をグラフにしたものである。グラフから1980年代には10％代後半だった貯蓄率が、2000年代に入ると10％を割り込み、2014年にはついにマイナスになるなど、一貫して低下傾向にあることがみて取れる。ここ数年は若干回復してプラスになっていることがわかるが、それでも貯蓄率はわずかに数％である。

図10‐6　貯蓄率の推移

出所：「国民経済計算」より筆者作成

　貯蓄率の低下の原因は，高齢化の進行により貯蓄の取り崩しが行われている
ためであると考えられる．現役世代の家計は老後のためにある程度の貯蓄を行
うが，定年後は年金だけでは暮らせないので現役時代に蓄えた貯蓄を取り崩し
て消費を行うのが通常である．少子高齢化によってプラスの貯蓄を行う現役世
代の数が減少し，マイナスの貯蓄（貯蓄の取り崩し）を行う老年世代の数が増え
れば，経済全体として貯蓄率は減少することになる．

　しかしながら，現在の日本において貯蓄を増やすことはそれほど容易ではな
い．第4章で学習したように，政府貯蓄がマイナスであるのは，年金などの社
会保障費が増大したことが一番の理由であるし，民間の貯蓄が増えないのは貯
蓄の取り崩しが増加しているためである．これらはいずれも少子高齢化からく
る問題であり，少子高齢化は以下で考察する労働力人口の減少の原因にもなる
など，可及的速やかに対策を行うことが望まれる．

(2) 労働力人口の増加

　次に労働力を増やす政策についてみていきたい．労働投入を増やすには労働
力人口を増やすか1人当たりの労働時間を増やすことが必要だが，1人当たり
の労働時間を増やすには限界がある．そのため労働力人口を増やすことが労働
投入を増やすためには必要ということになる．しかしながら，現在の日本は少
子高齢化であり，定年退職する人数が増える一方で，新たに労働力として労働
市場に入ってくる人数が減っている．新しく生まれた子供が成長し労働力とし

貯蓄のパラドックス

　第3章で学習したモデルでは，金利は一定と仮定されているため，所得にかかわらず投資も一定であると仮定したうえで分析が行われていた．このモデルで人々が貯蓄率を上昇させると所得はどうなるだろうか．

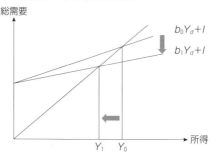

出所：筆者作成

　人々が貯蓄を増やそうとした結果，限界消費性向が b_0 から b_1 に下落する．この行動は総需要曲線の傾きを低下させるので，新たな均衡所得は Y_0 から Y_1 に減少することになる．この結果，貯蓄率の増加の影響は所得の減少の影響によって相殺され，人々が貯蓄を増やそうとして行動したにもかかわらず貯蓄が増えないという結果となる．これが貯蓄のパラドックスである．人々が貯蓄を増やすために消費を減らすので，財市場で超過供給が発生し，企業が生産を減少させるのである．

　本章では経済成長には貯蓄が重要であると説明したため，その説明と矛盾するのではないかと思うかもしれない．実は経済学では分析目的に応じて使用するモデルが異なり，第3章のモデルは金利を一定とした短期のモデルであり，経済成長は長期的な現象なので第3章のモデルは使えないのである．長期では金利は貸付資金市場において決定されると考える．人々が貯蓄を増やすと貸付資金市場における供給が増えるので，価格に相当する金利が低下し，その結果として投資が増えて，所得が増加すると考えるのである．

て生産に貢献するには20年近い年月を要するため，定年退職による労働力の減少を補うには時間がかかりすぎ，少子化対策とは異なる別の政策が必要となると考えるかもしれないが，実は少子化対策として行う政策は長期的な労働力不足だけでなく短期的な労働力不足を補うことにもつながるのである．

　そもそも少子化の原因はどのようなものだろうか．『平成30年度版　少子化社会対策白書』によると，夫婦が理想とする子供の数よりも，実際に生むつもりの子供の数が下回っており，理想の子供の数を持たないのは「子育てや教育

にお金がかかりすぎるから」と回答した夫婦が半数を超えていることがわかる．つまり金銭的な理由で子供を生まない夫婦が多いということである．金銭的な負担を軽減するために子供の数に応じて児童手当などを支給することも現実の政策として行われているが，このような政策は少子化を根本的に解決することにはつながらない．子育てに伴う一番高い費用は離職による遺失賃金である．現在の日本では，制度として育児休業制度が存在するものの，子供を保育園に預けることができない待機児童の問題であるとか，事業主の理解不足などにより，企業によっては育児休業が取得しづらく，育児とキャリアとの両立が非常に難しい．育児休業が取れなければ，出産・育児のために離職しなければならず，高学歴になればなるほど賃金水準が高いことから，育児の機会費用は高くなる．そのため仕事と育児が両立できるワークライフバランスを確立できる社会を築いていくことが大切である．育児と仕事の両立が可能な社会であれば，短期的には離職をしなくて済むので労働力の減少を食い止めることができるし，長期的には出生率の上昇を通じて労働力人口の増加をもたらすと考えられる．

　もう1つの政策として移民の受け入れが考えられる．移民の受け入れに関しては，オーストラリアやカナダ，アメリカ合衆国などが非常に積極的に受け入れているが，日本においてはこれまでは日本人では賄えないような高度な資質・能力を備えた外国人に限って受け入れており，あまり積極的には受け入れてこなかった．しかし2019年4月に「出入国管理及び難民認定法」が改正され，高度な専門的技能を持った外国人でなくても，簡単な日本語試験や技能試験に合格すれば最長5年の在留資格が与えられるようになったため，今後はより多くの外国人が日本に働きに来ることが予想される．この制度は労働力不足の切り札として期待されているが，始まったばかりの制度であり，どのような問題点があるのかも含め今後さまざまな検証を踏まえたうえで，より有用な制度に代えていく必要がある．

(3) 技術進歩の促進

　最後に技術進歩を促進させる政策について考えたい．技術進歩に必要なのは研究開発（R&D: Research and Development）投資である．研究開発を促進させる

ための政策としては主に2つ考えることができる．1つ目は**特許制度**の確立である．特許というのはある一定期間，技術を独占的に使用することができる権利である．もし特許制度が確立されていなければ，新しい技術を開発したとしても，ライバル企業にすぐに模倣されるため，研究開発投資に費やした費用を回収することはできない．そのため誰も多額の費用をかけて研究開発を行おうとは思わないだろう．特許制度が確立していることで，研究開発に成功し新技術に関する特許を取得することができれば，一定期間は独占的に製品供給できるので，研究開発投資を回収できるだけの十分な利潤を獲得できる．この利潤の獲得を目的として企業は研究開発を行うのであり，それが経済成長につながるのである．

　2つ目が**人的資本**の蓄積である．人的資本とは，労働者に備わっている技能や能力のことである．人的資本の低い労働者が研究者として研究開発に従事するよりも，より多くの人的資本を持った労働者が研究者として働く方が，研究開発に成功する確率は高いと考えられる．人的資本は，教育や訓練によって蓄積されるので，教育環境を整備したり，多くの人が教育を受けられるように奨学金を支給したりすることが大切である．1961年に発表された池田勇人内閣による「国民所得倍増計画」では，数値目標として10年間で所得を2倍にすることが掲げられていたが，その目標を達成するために工業高校や大学の工学部を増設して多くの技術者を養成するなど，人的資本に多額の投資をしたことで目標を達成したことが知られている．アベノミクスでも子供の教育費を削減する目的で高等教育無償化が実施されるが，この政策は将来の労働力人口を増やすだけでなく，人的資本を高める政策でもあり，将来的には日本経済の成長に貢献する政策であるといっていいだろう．

⑷ **健全な競争環境の確保**

　資本，労働，技術といった各生産要素を増大させることが経済成長を促進させるが，そのための前提条件となるのが企業間の競争である．例えば東西冷戦時代には，アメリカ合衆国を中心とする西側の**資本主義経済**とソビエト社会主義共和国連邦（ソ連）および中華人民共和国（中国）を代表とする東側の**社会主義経済**との間で，政治面，軍事面そして経済面などさまざまな面からの対立が

観察された．社会主義経済というのは国家が中心となって生産計画を策定し，それを国家の管理のもとに実行するという中央計画経済であるが，予め策定された計画どおりに生産が行われるため，労働者はいくら頑張っても給料は増えないので努力しようというインセンティブは働かないし，企業間の競争がないので，より品質の良いものをより安く供給しようというインセンティブも働かない．このため労働者の勤労意欲も企業の研究開発も停滞して，経済は成長するどころか経済が疲弊してしまうことになる．事実ソ連は1991年に崩壊し，その後継国家であるロシア連邦は経済体制を資本主義化したし，中国は計画経済を放棄して市場経済を取り入れるなど，競争のない経済が成長しないことは歴史的に証明されている．つまり経済成長には適切な競争が必要なのである．

　資本主義経済は企業の所有者である資本家（株主）がどのような財をどれだけ生産するか，そして必要な労働者をどれだけ雇用するかを自由に決めることができる経済体制である．企業の目的は利潤を最大にすることであるが，そのために優秀な労働者にはより高い賃金を支払うし，ライバル企業との勝負に勝つために積極的に技術に投資する．労働者としては怠けていて成果が出なければ解雇されるのでより勤勉に働くことになるし，企業としては技術へ投資を行わなければ，ライバルとの競争に敗れて倒産してしまうので，より良い製品をより安く大量に生産できるように研究開発を行う．このように企業間の競争があることによって経済は成長することになる．

　資本主義経済において企業間の健全な競争を確保するために必要なのがいわゆる**競争法**である．日本では1947年に「私的独占の禁止及び公正取引の確保に関する法律（独占禁止法）」として制定され，特定の市場における占有率が高くなりすぎる場合には企業の合併を認めなかったり，企業同士が価格競争を行わないために価格カルテルを結んだりすることなど公正な競争を制限するさまざまな行為が禁止されている．なお独占禁止法に基づいてきちんと企業活動が行われているのかを監視するために**公正取引委員会**が設置されている．

10-5　経済成長の問題点

　経済が成長すればより多くの生産が達成されるので，人々の暮らしは成長に

伴ってよりよいものになるが，経済成長がまったく問題を生じさせないのかというと必ずしもそうではない．以下ではこのことについて考えてみたい．

　1950年代後半から1960年代にかけての日本経済は，平均して9％近い成長率を達成するなど高度経済成長時代といわれ，いわゆる**三種の神器**（白黒テレビ・洗濯機・冷蔵庫）や**3C**（自動車・クーラー・カラーテレビ）などの耐久消費財が家計に普及し，生活水準は飛躍的に上昇した．しかしながらこれと時期を同じくして**四大公害病**（水俣病・新潟水俣病・イタイイタイ病・四日市ぜんそく）に代表されるように，人々の健康に深刻な影響を与える公害問題が全国で深刻化していった．また現在でも化石燃料の使用による大気汚染や地球温暖化などは，国内だけの問題ではなく全世界的な問題として議論されており，各国が共同で取り組むべき課題である．このように経済成長は人々の生活を向上させるというプラスの側面と，環境を悪化させるというマイナスの側面を併せ持っており，プラスの側面だけを追求するのは困難であるため，経済成長自体を諦めるべきであると一部の人々は主張するが，その考え方は必ずしも正しくない．

　一般的に先進国の平均寿命は長く，貧しい国の平均寿命は短いなど，平均寿命と1人当たりGDPの間には相関がある．つまり貧しい国は人々が食べるだけで精いっぱいであるが，経済成長によって物質的に豊かになれば，その分だけ栄養のあるものを食べることもできるし，上下水道の整備などによって衛生状態も改善するし，医薬品の開発にも投資することができ，人々はより健康になるので寿命が延びると考えられる．

　また昔と比べて自動車や飛行機の燃費は大幅に改善しており，これまでと同じ距離をより少ない燃料で移動できるようになっているし，最近では走行時に水しか排出しない水素自動車の開発も進んでおり，より環境に優しい技術が開発されているが，このような環境に優しい技術への投資もある程度経済に余裕がなければ難しい．なお詳しい環境政策については第14章を参照のこと．

　さらに美術館や博物館などの文化的な施設を充実させたり，犯罪の少ない社会を実現するために警察署や消防署を設置したりするには多額の資金が必要になるが，これらは物質的な豊かさが充足されて初めて達成されるものである．教養や文化への投資は人的資本の蓄積にプラスに働くし，治安のいい社会は安心して経済活動を営むために必要なものである．

このように考えると，経済成長に伴う諸問題は経済成長の実現によって解決可能であり，また経済成長は物質的な豊かさだけではなく文化的あるいは精神的な満足度を満たすことにもつながることから，経済成長は重要であるといえる．

10-6　おわりに

本章では，主に日本の経済成長の歴史とその要因について分析し，さらなる成長にはどのような政策を行うべきかについて述べた．一般的には，資本ストックの増加，労働力の増加，技術の進歩が経済成長にとっては重要である．近年の日本経済は成長率が低下傾向にあるが，少子高齢化が進む現状では，貯蓄はあまり伸びないし，労働力も増えない．そのため，企業が公正で健全な競争を行える環境を整備し，各企業がライバルに負けないように研究開発を行い，技術を進歩させることこそが日本経済の成長には必要不可欠である．

経済はさまざまな問題を抱えているが，それらの問題を解決するには財政的な裏付けが必要であり，そのためには経済成長によって必要な税収を確保しなければならない．また経済成長によって物質的に豊かになるだけでなく，人間の健康が改善し寿命も延び，人々は娯楽や余暇を楽しむ余裕も出てくるなど，精神的にも豊かに過ごすことができる．このことからも経済成長は重要なのである．

📖 学習のための参考文献（初級★・中級）

★金森久雄・大守隆編（2013）『日本経済読本〔第19版〕』東洋経済新報社
★吉川洋（2017）『人口と日本経済─長寿，イノベーション，経済成長』中公新書
　チャールズ ジョーンズ／香西泰監訳（1999）『経済成長理論入門─新古典派から内生的成長理論へ』日本経済新聞社
　ロバート ソロー／福岡正夫訳（2000）『成長理論〔第2版〕』岩波書店

第11章　貿易政策

本章では，代表的な貿易政策手段を紹介し，その効果を理論的に説明する．そこでは貿易制限的政策が経済厚生を自由貿易の時と比べると悪化させることが示される．にもかかわらず，現実には関税などの貿易政策が一般的に行われている理由も考察する．さらに，それらを踏まえて，戦後の貿易自由化の国際的・地域的な取り組みを概観する．

11-1　はじめに：貿易政策とは

貿易政策とは，関税やその他さまざまな手段によって国際貿易の取引量や価格に影響を及ぼす措置である．特徴として，貿易政策によって利益を得る経済主体と不利益を被る経済主体が生産者と消費者，産業間，国際間などで分かれており，対立が表面化しやすいことが挙げられる．

貿易政策を巡っては，古くから保護貿易主義と自由貿易主義の対立が繰り返されてきた．前者は「国家が貿易に一定の干渉を加え，自国産業や市場の保護育成を図る」という考え方で，後者は「国家の干渉をなくして自由に貿易を行う」という考え方である．そしてその対立は世界の歴史と深く関わってきた．

例えば，1815年，イギリスでは穀物法が制定された．これは地主保護のために安い輸入小麦を規制する法律であった．しかし，産業革命が進行する中で工場経営者が力をもち，穀物法は廃止され自由貿易の方向に向かった．鎖国政策をとっていた日本が開国を迫られたのは，そのような時代の流れの中であった．

しかし，その後単純に自由貿易が浸透していったというわけではなかった．特筆すべきは，1929年に始まった世界恐慌の際に，輸入品価格を高くするために関税引き上げ・通貨切り下げ競争が起こったことである．それにより世界貿易の縮小や世界経済のブロック化（域内では経済協力・交流を促進する一方，域外諸国に対しては閉鎖的な経済圏を形成）が生じ，第二次世界大戦の一因になったと

いわれている.

　モノ・ヒト・カネが国境を越えて移動するグローバル化が進展している現代
であるが，近年，保護貿易主義的動向が世界経済に大きな影響を与えかねない
状況である．本章では，貿易政策を巡る問題点を理解するために，代表的な貿
易政策手段とその効果，貿易自由化に向けての制度や取組について説明する.

11-2　貿易政策の手段

　現実にはさまざまな手段によって国際貿易の取引に影響を与える貿易政策が
なされているが，大きくは**関税**と数量制限や補助金などの**非関税障壁**に分ける
ことができる.

(1) 関　　税

　関税は国境を超える際に課せられる税で，輸入品に賦課される**輸入関税**と輸
出品に賦課される**輸出税**がある（以下，単に関税といった場合は輸入関税を指す）.
賦課方式としては，価格に対して一定の税を課す**従価税**や，数量に対して一定
の税を課す**従量税**がある．また，一定の輸入数量までは無税あるいは低関税率
を適用し，それを超える輸入部分には高い関税率を適用する**関税割当**がある.
例えば，日本では，農産物や皮革製品の一部が関税割り当ての対象品目になっ
ている.

　輸出税は稀少資源物質や食料品に対して賦課されることがある．前者は稀少
資源物質を国内産業へ優先的に供給し国内産業を保護するために，後者は国内
の食糧不足に対して国内供給を確保するためである．輸出税は先進国ではほと
んどみられない.

　関税は政府の財源となるが，日本をはじめ先進諸国では政府収入としての役
割は大きくない．輸入関税の主要な目的は国内産業保護である.

(2) 非関税障壁

　非関税障壁の範囲は広く，数量制限，輸出補助金，基準・認証制度，通関手
続き，ローカルコンテント要求，政府調達などさまざまな形態がある.

▶数量制限

　輸入数量制限には，国あるいは国から特別の権利を与えられた事業者が直接貿易を行う**輸入国家貿易**と，民間の輸入業者に輸入ライセンスを交付して輸入量を制限する**輸入割当**がある．日本では，米，小麦，大麦，指定乳製品等，および生糸が輸入国家貿易の対象品目である．また，近海魚やその加工品および食用海藻などの水産物，国際条約や法律に定められた動植物および特定物質が輸入割当の対象品である．

　輸出数量制限は，食料品など，輸出国にとって不可欠の産品が危機的に不足した場合などに課されることがある．2007〜08年にかけて，途上国の経済発展・人口増加やバイオ燃料向けの穀物需要の増大を背景として，穀物の国際価格は高騰した．『2011年版不公正貿易報告書』によると，この時，インド，中国，ブラジル，ロシアなどの穀物輸出国が輸出税を含む輸出規制を実施した．

▶輸出補助金

　輸出補助金は，輸出を促進するために輸出企業に対して補助金を支払う政策である．国内価格が国際価格を上回っていても，輸出補助金により輸出が可能になる．

　EC（ヨーロッパ共同体）では，共通農業政策（CAP: Common Agricultural Policy）により政府が農産品を高価格で買い取ったため，1980年代に大量に農産品の在庫を貯蔵するようになった．それを国際市場で売るために輸出補助金を用いた．これによりアメリカの農産物輸出は打撃を受け，アメリカは輸出補助金で対抗し，輸出補助金競争へと発展した経緯がある．

▶基準・認証制度

　基準・認証制度とは，健康保護，消費者保護，環境保護などのために，産品の品質等に関して基準を設け，特定の産品が基準に適合しているかどうか判断する制度である．それ自体，正当な目的のために実施されるものであるが，過剰な制限や輸入品に対する差別的な取り扱いは，貿易制限的になることがある．

▶その他

　通関手続きも煩雑であったり，手数料がかかったりすると実質的に貿易を制限する場合がある．

ローカルコンテント要求とは，進出企業に対して，国内原産の産品または国内供給源からの産品の購入または使用を要求することである．それにより輸入品が不利になる場合がある．

政府調達とは政府が行う財・サービスの購入であるが，その際，国内品を優先する政策をとれば，非関税障壁となりうる．

11-3　貿易政策の効果

ここでは，第1章で学んだ余剰分析を用いて貿易政策の効果を説明する．最初に，政府が貿易に何ら介入しない自由貿易の下での経済厚生から始める．

(1) 自由貿易下の経済厚生

図11-1にはある国の小麦の需要曲線（D）と供給曲線（S）が描かれている．貿易がない場合の小麦の均衡価格は p_c，均衡取引量は Q_c である．この時の消費者余剰は △abc，生産者余剰は △cbd，社会的余剰は △abd である．

この国の経済主体の行動は小麦の世界市場に影響を及ぼさないとする（小国の仮定）．今，小麦の世界価格 p_w が p_c より低い水準であるとしよう．国際輸送費はないと仮定し，世界価格 p_w でいくらでも購入できる場合，当該国の小麦需要量は D_w となる．価格が p_w での国内の生産量は S_w であるから，$D_w - S_w$ が輸入量となる．この場合の消費者余剰は △age，生産者余剰は △efd である．貿易前と比べると，消費量の増加と価格の低下により，消費者余剰は □$cbge$ だけ増加する．一方，国内生産量の減少と価格の低下により生産者余剰は □$cbfe$ だけ減少する．消費者余剰の増加が生産者余剰の減少を上回り，貿易により社会的余剰は △bgf だけ増加する．これが，**貿易の利益**である．

輸出国の場合，小麦の世界価格 p_w は自国の閉鎖経済での均衡価格 p_c より高くなる．つまり，輸出国の余剰分析の図では，p_w の価格線は p_c の水準より上に位置する．この時，自由貿易によって消費者余剰は縮小するが生産者余剰が拡大し，後者の拡大が前者の縮小を上回るので社会的余剰を増やすことは簡単に確認できるだろう．つまり，輸入国であれ輸出国であれ，貿易によって利益を受ける．

図11‐1　輸入国の貿易の利益

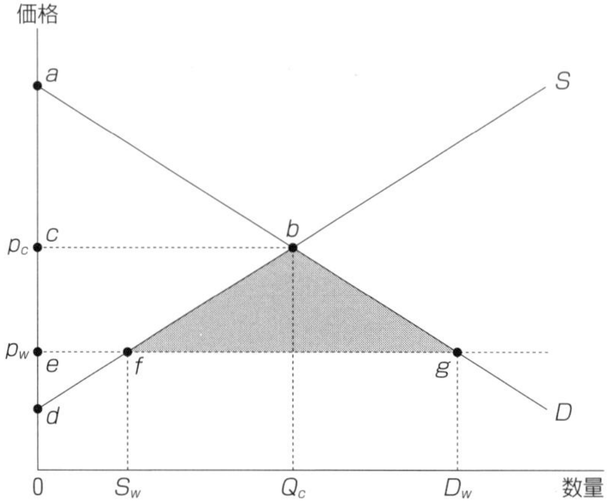

出所：筆者作成

(2) 輸入関税の効果

　ある小国が輸入品に対して関税をかける場合の経済効果を，図11‐2を用いて説明する．ここでは小麦1単位に対して t だけ関税をかけ（従量税），国内価格が $p_t = p_w + t$ となる場合について考える．

　関税をかけた場合，国内価格は p_t で，その時の需要量は D_t，生産量は S_t である．したがって，$D_t - S_t$ だけ輸入する．この時の消費者余剰は $\triangle ajh$，生産者余剰は $\triangle hid$ である．さらに，関税収入が $\Box ijlk$ であるから，社会的余剰は $\triangle ajh + \triangle hid + \Box ijlk$ となる．したがって，関税をかけた場合は自由貿易に比べて，社会的余剰は $\triangle ikf + \triangle jgl$ の部分だけ小さくなる．それらは，関税が生産者や消費者の行動を歪めることによって生じる効率性損失を表している．つまり，$\triangle ikf$ は国内生産者がつくりすぎることによる**生産の歪み**による損失，$\triangle jgl$ は消費者が消費を減らすことによる**消費の歪み**による損失を表している．

(3) 輸入数量制限の効果

　輸入数量制限の効果も図11‐2を用いて説明できる．輸入量が $D_t - S_t$ に制限されると，国内価格は p_t となる．p_t の時の国内生産量は S_t で，輸入量を加えると供給量は D_t となり，p_t の時の需要量と一致するからである．

図11‐2　関税の効果

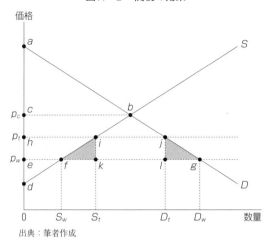

出典：筆者作成

　世界価格は p_w，国内価格は p_t であるから，1単位当たり p_t-p_w，輸入総量に対して □$ijlk$ の利益が生じる（**輸入割当レント**）．国家貿易の場合，レントは政府の収入になる．公開競争入札やオークションによって輸入ライセンスを輸入業者に与えるなら □$ijlk$ の部分は政府の収入になるが，無償で輸入ライセンスが与えられるなら輸入業者の利益となる．

　社会的余剰は，輸入数量制限の場合も関税の場合と同じで，△ajh＋△hid＋□$ijlk$ となる．このことから輸入関税と輸入数量制限の経済厚生への効果は同等とみなすことができる．しかし，入札によって1単位当たりのライセンス料が必ずしも p_t-p_w にはならず，□$ijlk$ の一部が輸入業者のレントとなる場合は所得分配上の問題がある．また，輸入ライセンスを得るためのロビー活動により資源が浪費される可能性があることなど，輸入関税とは異なる．

⑷ 生産補助金の効果

　直接的な貿易政策ではないが，比較のために生産補助金の効果についても図11‐2を利用して説明しておく．小麦の世界価格が p_w とすると，今，関税はかけないので p_w が国内価格になり，需要量は D_w である．国内生産者に小麦1単位当たり t だけの生産補助金が与えられるとすると，国内生産者は小麦1

単位当たり p_t $(=p_w+t)$ だけ受け取るから，国内生産量は S_t となる．このとき，消費者余剰は $\triangle age$，生産者余剰は $\triangle hid$，補助金は $\Box hike$ である．社会的余剰は $\triangle age + \triangle hid - \Box hike$ であるから，$\triangle ikf$ の分だけ自由貿易の時より小さくなる．先の関税や輸入割当に比べると生産補助金の損失は小さくなっている．生産補助金の場合，国内価格と消費量は自由貿易の時と同じで，消費の歪みによる損失は生じないからである．つまり，国内の小麦生産を保護するためなら，関税や輸入割当より生産補助金の方が損失は小さい．

11-4　保護貿易を巡る議論

　前節の小国モデルでの分析でみたように，貿易を制限する政策は社会的余剰を減少させる．にもかかわらず，現実には関税など貿易制限的な政策が行われているのは，どのような理由であろうか．

(1) 最適関税論

　前節の分析は小国モデルを想定していたが，自国経済主体の行動が世界価格に影響をもたらす**大国モデル**では，関税をかけることで自国の交易条件を改善し，社会的余剰を増やすことができる場合がある．**交易条件**は以下のように定義され，自国の輸出品1単位で何単位の輸入品を購入できるかを示す．

$$交易条件 = \frac{輸出品価格}{輸入品価格}$$

交易条件の値が大きくなると，輸出品1単位でより多くの輸入品を購入できるようになるので，交易条件の改善という．逆の場合は交易条件の悪化という．

　大国である自国が小麦を輸入するケースで説明する．自国が小麦に関税をかけると輸入需要が減少し，世界市場において小麦の世界価格が低下する．自国にとっては輸入品価格が低下することになるので，自国の交易条件は改善する．交易条件の改善による利益が，先にみたような関税による生産や消費の歪みによる損失（効率性の損失）を上回る場合は，自国は関税をかけることで社会的余剰を増加させることができる．大国の場合，経済厚生を最大にできる一

定水準の関税率が存在し，これを**最適関税率**とよぶ．

　しかし，自国の最適関税が自国の経済厚生を高めるのは，外国が報復的に関税率を高めることはないことが前提である．もし外国が報復的に関税率を高め，それに対し自国もさらに関税率を高めるということがあれば，世界貿易は縮小し，各国の経済厚生は悪化する．また，大国の最適関税は自国の社会的余剰は増加させるが外国の社会的余剰を減少させ，世界全体では社会的余剰を減少させることが知られている．このような点から，最適関税論は保護貿易を正当化する理論としては問題があるといえる．

(2) 市場の失敗

　何らかの市場の失敗が存在する場合，貿易政策によって厚生が改善する可能性がある．ここでは，外部経済と寡占市場を取り上げる．

▶外部経済

　外部経済が働くとき，貿易政策によって国内生産を保護する方が厚生を高める場合がある．例えば，農業・農村の外部経済として，**環境保全機能，国土保全機能，食料安全機能**などが挙げられる．貿易自由化によって海外からの安い食料品輸入が増加することで社会的余剰は増加するが，農業・農村が衰退することでさまざまな機能が失われることのマイナス面は11-3の余剰分析では考慮していない．外部経済効果を加味すれば，保護貿易が自由貿易の時より厚生を大きくするかもしれない．しかし，農業生産の保護が目的であるならば，11-3の(4)でみたように，生産補助金を与えて保護する方が損失は少ない．

▶寡占市場

　寡占市場では，少数の企業がお互いの行動を考慮しながら自らの意思決定を行うので，そこには戦略的相互依存関係が生じる．そのような状況で発動される貿易政策は**戦略的貿易政策**とよばれ，政府の介入によって厚生を高める場合がある．巨額な開発費用がかかるが，規模の経済が働き将来性のある先端産業などで，戦略的貿易政策発動の誘因は大きい．

　ブランダー＝スペンサー分析を用いてこのことを説明しよう．日本の企業Ａとアメリカの企業Ｂが複占の競争状態にあり，生産物はすべて第三国に輸出されると仮定する．今，企業Ａと企業Ｂが同質の新製品の開発・生産を計画

表11‒1 複占的競争下の利得表：自由貿易のケース

(単位：億円)

		企業 B（アメリカ）			
		生産する		生産しない	
企業 A（日本）	生産する	−50	−50	1,000	0
	生産しない	0	1,000	0	0

出所：クルーグマン・オブストフェルド・メリッツ（2017），330頁の表をもとに筆者作成

表11‒2 複占的競争下の利得表：輸出補助金のケース

(単位：億円)

		企業 B（アメリカ）			
		生産する		生産しない	
企業 A（日本）	生産する	−50	200	1,000	0
	生産しない	0	1,250	0	0

出所：クルーグマン・オブストフェルド・メリッツ（2017），330頁の表をもとに筆者作成

しているとして，自由貿易の時の意思決定の結果が表11‒1で与えられている．各欄の最初の数字が企業 A の利潤，2番目の数字が企業 B の利潤を示している．企業 A と企業 B がともに生産すると販売競争のため価格が低下し，両企業とも50億円の赤字になってしまう．一方の企業だけが生産すると市場を独占することができ，1000億円の利潤を得る．この時，各企業はどのような意思決定を行うだろうか．ライバル企業が生産するならば，生産しないことを選択し，ライバル企業が生産しないならば生産することを選択する．つまり，早い者勝ちの状況となるだろう．

　ここで，アメリカ政府が，生産を行うなら企業 B に輸出補助金250億円を供与するとしよう．その場合の結果の利得表は表11‒2である．この場合，企業 B は企業 A の生産の有無にかかわらず利潤を得ることができるので，生産する意思決定を行う．企業 A は企業 B のこの行動を織り込み，生産は行わない選択をする．最終的には企業 A は生産せず，企業 B は生産し利潤1250億円を得るという結果になるだろう．アメリカでは補助金250億円をさしひいた1000億円分の厚生が高まることになる．

　しかし，外国企業の利潤を奪うことによって自国の厚生を高めることから，

戦略的貿易政策は**近隣窮乏化政策**ともよばれる．また，外国政府も対抗して輸出補助金を供与し両企業が生産すれば，販売競争により利潤が縮小し，両国ともに厚生が低下することもありうる．さらに，グローバル化が進展するなか，自国企業の株主も多国籍化している．したがって，自国の戦略的貿易政策の恩恵のすべてが自国にもたらされるわけではないことにも注意が必要であろう．

(3) 幼稚産業保護論

現時点では外国との競争に負けるが，一定期間保護することにより，生産規模の拡大，技術進歩，熟練などを通して，将来保護がなくても自立し競争力をもつようになる産業を**幼稚産業**とよぶ．長期的に厚生の増加が実現するのであれば，幼稚産業を貿易政策によって保護すべきであるという主張は成立する．

しかし，この説にも問題がある．どの産業が保護すべき幼稚産業であるかを見極めることの困難さがある．また，保護が産業の研究開発や費用削減努力のインセンティヴを奪ってしまい，産業の自立を遅らせるかもしれない．さらに，産業の保護は貿易政策ではなく，他の手段による方が効率的であるかもしれない．

(4) 労働問題

貿易自由化によって生産が縮小する産業で雇用されていた労働は，競争力のある他の産業で雇用されることにより，一国の経済厚生を高める．しかし，現実には，労働の産業間移動には時間やコストがかかり失業が生じる可能性がある．また，賃金の低い途上国から安価な労働集約的な製品が輸入されると，国内賃金を低める可能性がある．国内の労働を保護するために，低価格の輸入品を安易に入れるべきではないとの議論がある．ただし，衰退産業に対する長期間の保護が有効かどうかの問題は残る．

(5) 貿易政策の政治経済的側面

11-3でみたように，国内産業保護のためならば関税よりも補助金の方がより効率的かもしれない．しかし，関税などの貿易政策の方が一般的である．その理由として，特定産業への補助は他の産業から支持が得られなかったり，反

対されたりする可能性があることや，財源についてコンセンサスが得られない
ことなどが挙げられる．また，関税撤廃で恩恵を被る消費者は1人当たりの恩
恵は小さい．一方，生産が縮小する産業の損失は大きく，集団として自由化に
反対し，政治的働きかけを行う可能性があることも理由として挙げられる．

11-5　貿易協定

　貿易政策は自国のみならず外国の経済にも影響をもたらすものであるから，
国際間で取り結んださまざまな協定や交渉を背景になされる．この節では，貿
易自由化に向けての多国間交渉の取組と地域ごとの取組を概観する．

(1) GATT から WTO へ
▶ GATT の誕生

　ニューヨーク市場の株価大暴落（1929年10月24日）を契機に，世界的規模で過
剰生産が出現し，景気が一挙に後退した（世界恐慌）．需要を国内製品に向ける
ため，アメリカでは**スムート＝ホーレー法**が制定され，関税率が引き上げられ
た．それに対抗し，諸外国も関税率の引き上げや自国通貨の切り下げを行っ
た．第12章でみるように，通貨の切り下げは自国製品の価格を輸入品に比べて
安くするからである．最初にも述べたように，関税競争や通貨切り下げ競争の
ため，世界貿易は縮小し，世界経済のブロック化につながり，第二次世界大戦
の一因となったとされる．

　戦前の保護主義的な対応やブロック経済化が戦争につながったとの反省か
ら，戦後は貿易の自由化と拡大を目指すこととなった．1947年11月から翌年3
月にかけてキューバのハバナで開催された国連貿易雇用会議において，国際貿
易機構（ITO: International Trade Organization）設立のための国際貿易機構憲章
（通称ハバナ憲章）が採択されたが，実現されなかった．一方，その憲章の草稿
と平行して行った「**関税及び貿易に関する一般協定**」（GATT: General Agreement
on Tariffs and Trade）の交渉がジュネーブで合意に達し（1947年10月），**世界貿
易機関**（WTO: World Trade Organization）が設立されるまで，GATT は国際貿
易を統括する役割を暫定的に担うようになった．

▶ラウンド

　GATTでは，ラウンドとよばれる締約国による大規模貿易交渉によって貿易自由化がすすめられた．当初は国別・品目別交渉方式をとっていたが，回を進めるにつれ，交渉が困難になった．そこで，1964〜67年にかけてのケネディ・ラウンドでは，アメリカ大統領ケネディの提唱により関税率の一括引き下げ方式が採用され，農産品以外の品目について平均35％の関税削減に成功した．また，ダンピング（輸出向け販売が国内向け販売より低い価格で行われること）に対する措置に関しての交渉も行われた．続く東京ラウンド（1973〜79年）では，農産品以外の関税削減に加え，非関税障壁や農産品貿易についての交渉も行われた．

　1986年に始まったウルグアイ・ラウンド（〜1994年）では，農産品の自由化に向けての交渉が進んだ．農産品の輸入数量制限等の非関税障壁は原則禁止され，関税に置き換えられる，いわゆる包括的関税化が合意された．具体的には，基準年（1986〜88年）における輸入が消費量の5％を超える場合はその輸入量，5％以下の場合は国内消費量の5％について低関税率を設定し，それを超える輸入に関しては内外価格差を関税として設定する関税割当の形をとる．この低関税率が適用される5％相当をミニマム・アクセス（最低輸入機会）という．初年度のミニマム・アクセスは3％で，以後毎年0.4％ずつ上げて6年後（2000年）に5％を達成する．

　ただし，食料安全保障や環境保全等の理由から，一定条件を満たす品目については，ミニマム・アクセスの追加の拡大を条件に，6年間関税化しない特例措置が認められた（ただし，2001年以降について関税化しないことを継続するには代償が必要）．コメの場合，輸入量が国内消費量の3％以下であることなど対象要件を満たしており，日本は特例措置を選択した．その代償として，初年度のミニマム・アクセスは4％，毎年0.8％ずつ上乗せし，最終年には8％を実現することになった．しかし，1999年に関税化に移行し，ミニマム・アクセスは7.2％となった．義務付けられているのは輸入機会を提供することであるが，実際には日本は国家貿易によりミニマム・アクセス米として毎年約77万玄米トンを無税枠で輸入している．

　また，ウルグアイ・ラウンドではサービス貿易や知的所有権分野等も取り上

げられた．さらに，GATT を改組し国際機関として WTO を設立することに合意し，「世界貿易機関を設立するマラケシュ協定」（WTO 設立協定）とその附属書に含まれている協定から成る WTO 協定が策定され，1995年1月1日に WTO は設立された．

▶ WTO

WTO 設立当初の加盟国は77か国・地域であったが，その後2001年に中国，2012年にロシアなども加盟し，現在では164か国・地域が加盟している（2019年11月現在）．WTO 下での初めてのドーハ・ラウンド（2001年～）では，農業，非農産品市場アクセス，サービス，貿易円滑化，ルール，知的所有権，紛争解決，開発，環境など多岐にわたる分野について交渉することになった．しかし，ドーハ・ラウンドにおいても一括受託方式（すべての分野で合意を得られなければ成立しない）を採用しており，先進国と途上国，輸出国と輸入国，あるいは先進国間などの複雑な対立軸が表面化し，交渉は難航・長期化している．

⑵ GATT・WTO の原則

GATT・WTO の重要な原則として，最恵国待遇の原則，内国民待遇の原則，数量制限禁止の原則などがある．

最恵国待遇の原則とは，ある外国に対して与えている最も有利な待遇を他のすべての加盟国に対して与えなければならないことである．例えば，A 国が B 国製のデジタルカメラには3％の関税率を適用し，C 国製には10％の関税率を適用することは禁止されている．C 国からの輸入に対しても3％を適用しなければならない．

ただし，最恵国待遇の原則にはいくつか例外がある．代表的なものとして，一定条件の下での**地域貿易協定**（RTA: Regional Trade Agreement），英連邦等の旧植民地国に対する関税上の優遇制度，先進国が発展途上国の経済発展を支援するために行う関税上の特別措置（一般特恵関税制度）などである．また，最恵国待遇固有の例外ではないが，アンチ・ダンピング関税（ダンピング輸入された産品に対しての関税）や相殺関税（補助金から国内産業を保護するために特殊関税）などが，特定の条件の下でのみ認められている．

内国民待遇の原則は，輸入品の販売が，関税を除き，国内品の販売と比べて

貿易と環境

貿易と環境というと，あまりピンとこないかもしれない．しかし，いろいろな点で大変密接な関係がある．

ピンとこなかった人でもワシントン条約は聞いたことがあるのではないだろうか．絶滅のおそれのある野生動植物の種の国際取引に関する条約で，1975年に発効した国際条約である．このように環境を保護するために貿易を制限するものとして，オゾン層の保護のためのウィーン条約（1988年発効）や有害物質の規制に関するバーゼル条約（1992年発効）などがある．

気候変動問題とも貿易は大変関係が深い．気候変動対策として行ったことがWTOの協定に反してしまったというケースある．カナダ・オンタリオ州では，2009年に再生可能エネルギーの固定価格買取制度が導入されたが，その参入条件としてローカルコンテント要求を課していた．オンタリオ州向けに輸出する太陽光パネル等の製品が不利な扱いを受けているとして，日本とEUは共同でWTOに提訴し，最終的にオンタリオ州政府は該当する規定を撤廃した．

不利になるようなことがあってはならないということである．国内生産者のみに補助金が与えられることは認められるが，実質的に輸出補助金に当たる場合は認められない．

輸出や輸入の数量を直接規制する数量制限は原則として認められない．ただし，食糧その他，輸出国にとって不可欠な物資が危機的に不足する場合の輸出数量制限や輸入急増による国内産業への重大な損害がある場合の輸入数量制限（セーフガード）等は例外として認められている．

(3) 地域貿易協定

▶地域貿易協定の動向

GATTやWTOなどの多国間貿易交渉では参加国の増加，交渉分野の拡大につれ，交渉妥結が困難となってきた．その一方で，1990年代になると**自由貿易協定**（FTA: Free Trade Agreement）や**関税同盟**（CU: Customs Union）といった地域貿易協定が急増してきた．FTAとは締約国間において関税その他の貿易障壁を撤廃する協定であり，関税同盟は域内の自由貿易協定に加えて，域外からの輸入に対して共通の関税を課す協定である．

地域貿易協定は域内のみ貿易を自由化するので，GATT・WTOの無差別の

図11 - 3　地域貿易協定の発効数の推移

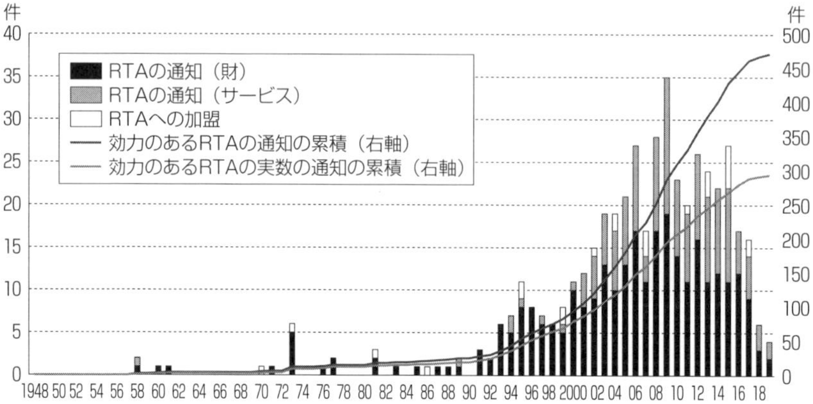

出所：WTO HP（https://rtais.wto.org/UI/PublicMaintainRTAHome.aspx）をもとに筆者作成

原則に反している．しかし，先にも述べたように，制限的貿易措置をすべて廃止するなどの一定の条件の下で，地域貿易協定は例外として認められている．

　図11 - 3はWTOに報告された発効済み地域貿易協定の数の推移である．その代表的なものとしては，欧州連合（EU: European Union），北米自由貿易協定（NAFTA: North American Free Trade Agreement），南米南部共同市場（メルコスール，MERCOSUR: Mercado Común del Sur），アセアン自由貿易地域（AFTA: ASEAN Free Trade Area），環太平洋パートナーシップ（TPP: Trans-Pacific Partnership）協定等がよく知られている．東アジア地域包括的経済連携（アールセップ，RCEP: Regional Comprehensive Economic Partnership），日中韓FTAなどの交渉も開始され，アジア太平洋自由貿易圏（エフタープ，FTAAP: Free Trade Area of the Asia-Pacific）などの構想もある．

▶日本の取組

　次に，日本の地域貿易協定の動向についてである．日本は，当初，貿易自由化に関してはWTO中心に世界全体で推進するという姿勢であった．しかし，WTO交渉の行き詰まりや他国の協定締結による不利益回避のため，2000年代に入ると積極的に協定の締結を目指した．シンガポールとの経済連携協定（EPA: Economic Partnership Agreement）以降，表11 - 3に示すようにASEAN諸国，環太平洋諸国，EU等との地域貿易協定を発効させている．EPAとは

表11-3　日本のEPA・FTA（2019年2月現在）

発効年月日	国　名	発効年月日	国　名
2002年11月30日	シンガポール	2009年9月1日	スイス
2005年4月1日	メキシコ	2009年10月1日	ベトナム
2006年7月13日	マレーシア	2011年8月1日	インド
2007年9月3日	チリ	2012年3月1日	ペルー
2007年11月1日	タイ	2015年1月15日	オーストラリア
2008年7月1日	インドネシア	2016年6月7日	モンゴル
2008年7月31日	ブルネイ	2018年12月30日	TPP11
2008年12月より順次	ASEAN全体	2019年2月1日	日EU
2008年12月11日	フィリピン		

出所：外務省HP（https://www.mofa.go.jp/mofaj/gaiko/fta/index.html）より筆者作成

「貿易の自由化に加え，投資，人の移動，知的財産の保護や競争政策における
ルール作り，さまざまな分野での協力の要素等を含む，幅広い経済関係の強化
を目的とする協定」（外務省HP）であり，FTAよりも範囲が広い．さらに，日
本は，コロンビアやトルコとのEPAや，日中韓FTA，RCEPなども交渉中で
ある．

▶地域貿易協定の効果

　地域貿易協定の効果として，関税撤廃による域内貿易拡大の利益（**貿易創出
効果**），より効率的であった域外国との取引をより非効率的な域内国との取引
に転換する不利益（**貿易転換効果**），交易条件の変化による効果（**交易条件効果**）
などがある．交易条件効果の経済厚生への影響は不定である．地域貿易協定に
より域外からの輸入品価格が低下すれば地域貿易協定地域の対域外の交易条件
は改善するが，域内国間の交易条件の変化が有利に働く国もあれば不利に働く
国もある．

11-6　おわりに

　戦後，おおむね貿易障壁削減の方向で進んできたが，WTO交渉も行き詰ま
りをみせ，イギリスのEU離脱，アメリカのTPP離脱，および米中貿易摩擦
など，保護貿易化の大きなうねりもある．貿易の拡大が世界経済に貢献してき
たことは事実であるが，貿易自由化が国際間や地域間，生産要素間での格差拡

大や貧困，環境破壊や資源収奪をもたらしたとの批判もある．モノだけでなくカネ・ヒトも国境を越えて自由に移動し，市場が統合されていくグローバル時代において，保護貿易か自由貿易かといった単純な対立軸だけで片付けることのできない側面がある．貿易政策を考えるとき，貿易の恩恵と同時に，不利益を被る経済主体，環境および資源への対策，公平性など複合的な視点から考える必要がある．

📖 **学習のための参考文献** (初級★・中級)

★石川城太・椋寛・菊地徹（2013）『国際経済学をつかむ〔第2版〕』有斐閣

★ポール クルーグマン・モーリス オブストフェルド・マーク メリッツ／山形浩生・守岡桜訳（2017）『クルーグマン 国際経済学 理論と政策・上 貿易編〔原著第10版〕』丸善出版

　中西訓嗣（2013）『国際経済学 国際貿易編』ミネルヴァ書房

　若杉隆平（2009）『国際経済学〔第3版〕』岩波書店

第**12**章　国際通貨システムとマクロ経済政策

私たちの経済は，貿易や国際資本移動などを通じて外国とつながっている．本章では，まず，国際経済取引の記録である国際収支統計を理解する．そして，国際経済取引や為替レートを考慮したマンデル＝フレミング・モデルを説明し，開放経済の財政金融政策効果を検討する．また，それらを踏まえて現実の国際通貨システムや世界経済について考察する．

12-1　はじめに：国際通貨システムとは

国際経済取引には，自動車や石油といった財や，輸送や旅行などのサービスの取引もある．さらに，自国の経済主体が海外の証券や不動産を購入したり，逆に，海外の経済主体が自国のそれらを購入したりする**国際資本移動**もある．

国により通貨が異なるので，国際経済取引の決済には自国通貨と外国通貨を交換する必要がある．そして，その時の交換比率が為替レートである．

円滑な国際経済取引のためには，何らかの取り決めが必要である．貿易に関していえば，第11章でみたように，WTO や地域貿易協定，および各国の関税制度などがそれにあたる．為替レートのあり方や国際資本移動などについても取り決めが必要で，それらの公式・非公式な取り決めを**国際通貨システム**とよぶ．

主要な為替相場制度として，外国通貨の需給に応じて為替レートが自由に変動する**変動相場制**と，一定の為替レートを維持するために中央銀行が積極的に外国通貨の売買を行う**固定相場制**がある．国際資本移動については，何らかの規制がなされるか，あるいは，自由な取引が認められるかなどである．

本章では，まず，国際経済取引を把握するために国際収支統計を理解する．そして，国際通貨システムがマクロ経済政策にどのように関係するか，理論的に検討するとともに現実の動向について考察する．

12-2　国際収支

　居住者（自国で経済活動を行う企業や個人）と非居住者との間で一定期間内に行われるすべての国際経済取引を体系的に記録したものが**国際収支統計**である．主要な収支項目として**経常収支**と**金融収支**がある．

(1)経常収支

　経常収支は，財の輸出入を計上する**貿易収支**，輸送や旅行，その他のサービスの取引を計上する**サービス収支**，外国との所得の受け払いを計上する**第一次所得収支**，および対外援助や贈与等の経常的な移転を計上する**第二次所得収支**から構成される．ここで，第一次所得収支における所得の受取とは，居住者が非居住者から受け取る雇用者報酬や居住者が保有する外国の債券・株式等から発生する利子・配当金等の投資収益の受取であり，所得の支払とはその逆である．

表12-1　日本の国際収支表（2018年）

(単位：億円)

経常収支　(a)+(b)+(c)			192,222
	(a)貿易・サービス収支		3,919
		貿易収支	11,981
		輸出	812,387
		輸入	800,405
		サービス収支	-8,062
	(b)第一次所得収支		208,533
	(c)第二次所得収支		-20,231
資本移転等収支			-2,125
金融収支			200,049
	直接投資		147,198
	証券投資		99,765
	金融派生商品		1,178
	その他投資		-74,720
	外貨準備		26,628
誤差脱漏			9,953

注：合計は四捨五入のため合わないことがある．
出所：財務省 HP「国際収支統括表（暦年）」をもとに筆者作成

　経常収支では，財・サービスの輸出，外国からの所得の受取，および外国からの援助・贈与の受取はプラスで計上され，財・サービスの輸入，外国への所得の支払，及び外国への援助・贈与の支払はマイナスで計上される．**表12-1**より，2018年度の日本の経常収支は約19兆円の黒字であることがわかる．

(2) 金融収支

　金融収支は対外資産・負債に係る取引を計上する．ここで，**対外資産**とは，居住者が保有する外国通貨，外国の債券や株式，外国銀行預金，外国の不動産等であり，**対外負債**とは，非居住者が保有する自国通貨，自国の債券や株式，自国銀行預金，自国の不動産等である．

　金融収支項目として，直接投資，証券投資，金融派生商品，その他投資，外貨準備がある．**直接投資**は，直接投資関係を設立する当初の取引および直接投資関係にある者の間で行われるその後のすべての取引を計上する．証券投資は債券・株式等の取引を，**金融派生商品**は他の金融商品や指数，商品に連動する金融商品の取引を，**その他投資**は現・預金，貸付・借入等を扱う．**外貨準備**は通貨当局（政府と日本銀行）が管理する対外純資産（＝対外資産−対外負債）の増減を計上する．

　金融収支は対外純資産の増減を示す．金融収支黒字は対外純資産の増加を，赤字は対外純資産の減少を意味する．

　また，金融収支を資本の流出入から考えると，以下のように表すことができる．

　　　金融収支＝対外資産の純増−対外負債の純増

　　　　　　　＝(国内居住者の対外資産購入−対外資産売却)

　　　　　　　−(非居住者の当該国資産の購入−当該国資産の売却)　(12-1)

(12-1) 式右辺の第1項は（資本流出−資本流入）を，第2項は（資本流入−資本流出）を意味する．したがって，金融収支は（資本流出−資本流入）であるから，金融収支黒字は資本流出が流入より大きい状態（**資本流出超**）であり，金融収支赤字は資本流入が流出より大きい状態（**資本流入超**）である．

(3) 国際収支に関する恒等式

　国際収支統計は**複式簿記**の原理に従って，1つの取引を2つの側面から記録

する．そのことから以下のような恒等式が成立する

　　　経常収支－金融収支＝0　　　　　　　　　　　　　　　（12‐2）

　例えば，日本の輸出企業が1億ドルの輸出を行い，その代金をドル預金で受
け取ったとする．経常収支において1億ドルの輸出がプラスで記録され，金融
収支において1億ドルの対外資産の増加としてプラスで記録されるから，相殺
されてゼロになる．すべての取引が複式簿記に従って記録されるので，（12‐
2）が必ず成立する．

　（12‐1）と（12‐2）より，経常収支黒字（赤字）は金融収支黒字（赤字）
に等しく，金融収支黒字（赤字）は資本流出超（流入超）で対外純資産の増加
（減少）となる．

　ただし，国際収支表には，所有権の移転や非金融非生産資産の所得処分を計
上する**資本移転等収支**と統計的不突合を調整するための**誤差脱漏**があるので，
正確には以下のようになる．

　　　経常収支＋資本移転等収支－金融収支＋誤差脱漏＝0

　国際収支は全体としてはゼロになるから，国際収支の赤字・黒字が問題にな
る時はこの意味の国際収支ではない．本章で国際収支の赤字・黒字を言及する
時は，外貨準備増減のような調整的な取引を除いた部分を意味する．

12‐3　為替レートと国際経済取引

　国際経済取引は為替レートにどのような影響を受けるか考えよう．

(1) 為替レートとは

　為替レートとは自国通貨と外国通貨の交換比率である．例えば，1ドル100
円の場合，ドルという外貨1単位を手に入れるためには円という自国通貨を
100単位払う必要があるということである．つまり，為替レートとは外貨1単
位の価格である．

　このように考えると，為替レートの値が大きくなることはドルが高くなるこ
とを意味し，円からみると円が安くなることを意味する．したがって，例え
ば，1ドル100円が1ドル101円になる現象はドル高・円安といい，1ドル100

Jカーブ効果と為替レートのパススルー率

円安になると日本の輸出量は増加し輸入量は減少するから，円安は日本の貿易収支を改善すると予想できる．しかし，円で評価した自国の貿易収支は以下のように書け，輸出量の増加や輸入量の減少が十分でなく，円安による輸入価格上昇の影響が強い場合，貿易収支はむしろ悪化するかもしれない．

貿易収支＝自国品価格×輸出量－為替レート×外国品価格×輸入量

図は円安になった直後は貿易収支が悪化し，その後改善していく様子が描かれている．その動向がJの文字に似ているので，このような効果をJカーブ効果とよぶ．

2012年末のアベノミクスの登場で急激な円安となったが，期待されたようなJカーブ効果は出現せず，円安の輸出に与える影響が限定的になったとの見方がある．その理由の1つとして，輸出企業の価格設定行動が指摘されている．

企業が為替レートの変化を現地通貨建て価格に転嫁する程度を為替レートのパススルー率という．輸出企業は現地通貨建て価格を安定化する行動をとる可能性があり，2012年末の急激な円安に対して企業はパススルー率を下げて現地通貨建て価格の低下を抑制した可能性がある．この場合，輸出企業は円安による為替差益を享受する．

円安とJカーブ効果

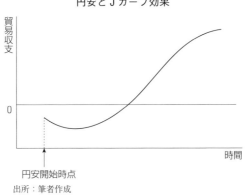

出所：筆者作成

円が1ドル99円になる現象はドル安・円高という．

(2) 為替レートと貿易

貿易は価格に影響される．例えば，日本製とアメリカ製の同質の自動車がそれぞれ1台200万円，2万ドルで売られているとする．両者を比較するために

は為替レートを用いて単位をそろえる必要がある。したがって、自動車の価格は一定であっても為替レートが変化すると自国通貨で評価した価格は変化する。

為替レートを e、自国財価格を p、外国財価格を p^* で表すと、外国財の自国財で測った相対価格は以下のように定義され、**実質為替レート**という。実質為替レートが上昇すると、自国の輸出は増加し、輸入は減少する。

$$\text{実質為替レート} = \frac{\text{自国通貨で測った外国財の価格}}{\text{自国通貨で測った自国財の価格}} = \frac{ep^*}{p}$$

先の例で、1ドルが100円の場合、アメリカ製自動車は円で評価すると200万円となり、実質為替レートは1である。1ドルが100円から90円になると、アメリカ製自動車は円で評価すると180万円、実質為替レートは0.9となる。つまり、円高になるとアメリカ製自動車は相対的に安くなり、日本の輸入は増加し、輸出は減少する。逆に、1ドルが100円から110円になると、アメリカ製自動車は円で評価すると220万円、実質為替レートは1.1となる。つまり、円安になるとアメリカ製自動車は相対的に高くなり、日本の輸入は減少し、輸出は増加する。

(3) 為替レートと国際資本移動

先にみたように、国際経済取引には金融取引もある。国際資本移動はどのような要因に影響されるだろうか。

1円を円建て債券とドル建て債券のどちらで運用するかを考えよう。それぞれの利子率を r、r^*、現行の為替レートを1ドル e 円、1年後の予想為替レートを π 円とする。2つの債券はリスクや流動性にまったく差異がないとする（完全代替的）。

円建て債券で運用した場合の1年後の元利合計は $(1+r)$ 円で、収益率は r である。ドル建て債券で運用する時は、まず1円をドルに変換すると $1/e$ ドル、それをドル建て債券で運用すると $(1/e)(1+r^*)$ ドルとなり、その時点で円に交換して $(\pi/e)(1+r^*)$ 円となる。ドル建て債券の円で評価した予想収益率は、近似的に $r^* + (\pi-e)/e$ となる（数学注参照）。つまり、ドル建て債券の円で評価した予想収益率はドル建て債券の利子率にドルの予想変化率を加えた

ものになる.

　このように考えると，国際資本移動は，r と $r^w + (\pi - e)/e$ の大小関係によって決まる．$r > r^* + (\pi - e)/e$ ならば円建て債券で運用する方が得なので自国は資本流入超となる．逆に，$r < r^* + (\pi - e)/e$ ならば外国で運用する方が得なので自国は資本流出超となる.

12-4　開放経済下の経済政策効果

　国際経済取引や為替レートを考慮すると，第3章で学んだ IS-LM モデルはどうなるだろうか.

(1) 財市場均衡

　12-3で輸出入には実質為替レートが影響することを説明したが，所得も影響する．自国の所得 Y が増加すると，2つの理由で自国の輸入は増える．所得が増加すると消費 C は増えるが，消費は自国財だけでなく，輸入財にも向うからである．また，所得の増加は生産の増加を意味し，生産に必要な中間財輸入が増加するからである．自国の輸出は外国の輸入であるので，外国の所得 Y^* が増加すると自国の輸出が増加することになる.

　所得や為替レートの影響を考慮すると，財市場均衡条件は以下のようになる．ただし，I は投資，G は政府支出，T は税，EX は輸出，EM は輸入である.

$$Y = C(\overset{+}{Y} - T) + I(\overset{-}{r}) + G + EX(e\overset{+}{p^*}/p, \overset{+}{Y^*}) - EM(e\overset{-}{p^*}/p, \overset{+}{Y}) \quad (12-3)$$

　価格は一定で $p = p^* = 1$ と仮定する．そして，純輸出（$= EX - EM$）を NX で表すと，（12-3）は以下のようになる.

$$Y = C(\overset{+}{Y} - T) + I(\overset{-}{r}) + G + NX(\overset{+}{e}, \overset{-}{Y}, \overset{+}{Y^*}) \quad (12-4)$$

今，T, G, e, Y^* は所与として，（12-4）を満たす Y と r の組み合わせを描くと右下がりの曲線となる．T の減少，G の増加，e の上昇は自国財に対する需要を増やすので IS 曲線を右方にシフトさせる（傾きやシフトについては第3章を参照）.

(2) 貨幣市場均衡

自国経済主体のみが自国通貨を需要すると仮定すると，貨幣市場の均衡式は第3章と同様で以下のようになる．

$$M = L(\overset{+}{Y}, \overset{-}{r}) \tag{12-5}$$

貨幣供給量の増加は LM 曲線を右方にシフトさせる．

固定相場制においては，為替レート維持のために中央銀行が**為替介入**を行う必要がある．自国通貨を売って外貨を買う必要がある時，自国貨幣供給は増加するので LM 曲線は右方にシフトする．逆に，外貨を売って自国通貨を買う必要がある時，自国貨幣供給量は減少するので LM 曲線は左方にシフトする．

(3) 為替レートの決定

▶フロー・アプローチ

異なる通貨が交換される場を**外国為替市場**という．外国通貨の価格である為替レートは，そこに現れる外貨需給に影響される．外貨の需要量が供給量より多い場合は外貨の価格は上昇し，逆の場合は低下する．

財・サービスの輸出や資本流入は外貨の受取を伴い，それを自国通貨に交換するので，外貨供給が発生する．また，財・サービスの輸入や資本流出は外貨の支払を伴うので，外貨需要が発生する．貿易や国際金融取引に伴って発生する外貨の需給によって為替レートが決まるとする考え方を為替レートの**フロー・アプローチ**という．

▶アセット・アプローチ

現実の外国為替市場の取引の圧倒的な部分は国際金融取引のためである．前節の(3)でみたように，国際資本移動は r と $r^* + (\pi - e)/e$ の大小関係によって決まるのであるが，今，債券は完全代替的で資本移動は瞬時に起こると仮定すると（**完全資本移動**），以下の式が満たされるように為替レートが調整される．

$$r = r^* + \frac{\pi - e}{e} \tag{12-6}$$

(12-6) 式は**金利裁定式**とよばれる．金利裁定が成立する時，どちらの債券で運用しても予想収益率は同じで，国際資本移動はこの状態で止まる．

このような考え方を**アセット・アプローチ**といい，短期の為替レート決定モ

デルとしてよく用いられる．以下ではアセット・アプローチを採用し，また，為替レートが一定であると予想しているとする（**静学的期待**）．この時，金利裁定式は次のようになる．

$$r = r^* \qquad\qquad (12\text{-}7)$$

(4) マンデル＝フレミング・モデル

（12-4），（12-5），および（12-7）式から成るモデルは**マンデル＝フレミング・モデル**とよばれている．このモデルにおいて財市場均衡，貨幣市場均衡，金利裁定がどのように実現されるかを為替相場制度別に説明する．ただし，自国は小国で，自国経済は外国に影響を及ぼさない（Y^*, r^*は一定），完全資本移動，為替レートの静学的期待を仮定する．

▶変動相場制

図12-1の点E_0は変動相場制での均衡を示している．IS曲線がIS_1の位置にあり，経済が点Aにあるとしよう．この時，自国利子率rはr^*より高く，自国債券で運用する方が有利であるから自国債券購入や外国債券売却が起こる（資本流入超）．それに伴い外国為替市場で自国通貨需要および外貨供給が増加するのでeは低下し，自国の純輸出の減少によりIS曲線は左方にシフトする．$r > r^*$である限り資本流入超であるので，IS曲線はIS_0の位置まで左方シフトし，経済は点E_0に到る．

IS曲線がIS_2の位置にあり，経済が点Bにあるとしよう．この時rはr^*より低く，先と反対のことが生じる．すなわち，資本流出超，eの上昇，自国の純輸出の増加によるIS曲線の右方シフトである．IS_0の位置まで右方シフトするので，経済は点E_0に到る．

変動相場制下では，為替レートの変動によるIS曲線のシフトを通して，財市場均衡，貨幣市場均衡，金

図12-1　変動相場制下での均衡

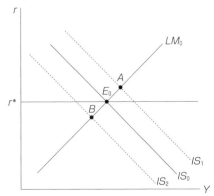

出所：筆者作成

図12‑2　固定相場制下での均衡

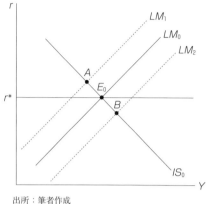

出所：筆者作成

利裁定が実現される.

▶固定相場制

　図12‑2の点 E_0 は固定相場制での均衡を示している. LM曲線が LM_1 の位置にあり, 経済が点 A にあるとしよう. この時自国利子率 r は r^* より高く, 資本流入超となる. それに伴う外貨供給により e は低下しようとする. 固定相場制の下, 為替レートを維持するために, 中央銀行は自国通貨を売って外貨を買うので, 自国通貨の供給量は増加する. これにより LM曲線が右方シフトする. $r > r^*$ である限り資本流入超であるので, LM曲線は LM_0 の位置まで右方シフトし, 経済は点 E_0 に到る.

　LM曲線が LM_2 の位置にあり, 経済が点 B にあるとしよう. この時 r は r^* より低く, 先と逆のことが起こる. すなわち, 資本流出超, e の上昇圧力, 中央銀行による外貨売り, 貨幣供給減少による LM曲線の左方シフトである. LM_0 の位置まで左方シフトするので, 経済は点 E_0 に到る.

　固定相場制下では, 中央銀行の為替介入による LM曲線のシフトによって同時均衡が達成される.

(5) 財政金融政策効果

　マンデル＝フレミング・モデルを利用して財政金融政策効果を説明しよう. 当初 IS曲線は IS_0, LM曲線は LM_0 の位置にあるとする.

▶変動相場制下の政策効果

　変動相場制下の拡張的財政政策は, 図12‑1において IS曲線を IS_1 にシフトさせる. それにより経済は点 E_0 から点 A へ移るが, 先にみたように, 結局経済はもとの点 E_0 に戻ってしまう. 政府支出や減税による需要の増加は, 自国通貨高による純輸出の減少によって完全に相殺されてしまうからである.

　変動相場制下の拡張的金融政策は, 図12‑3において LM曲線を LM_1 の位置

へ右方シフトさせる．それにより経
済は点 E_0 から点 B に移るが，資本
流出超，e の上昇，IS 曲線の IS_1 の
位置までの右方シフトが起こり，経
済は点 E_1 に到る．利子率は元の水
準のままなので投資水準は変化しな
いが，自国通貨安による自国の純輸
出の増加により所得が増加する．

**図12-3　マンデル＝フレミング・モデル
における政策効果**

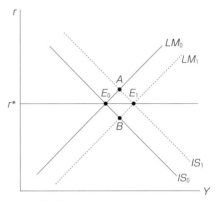

出所：筆者作成

▶**固定相場制下の経済政策**

　固定相場制下の拡張的財政政策
は，**図12-3**において IS 曲線を IS_1
の位置へ右方シフトさせる．それに
より経済は点 E_0 から点 A に移るが，資本流入超，e の低下圧力が生じる．為
替レート維持のため中央銀行は自国通貨売り・外貨買いの介入を行うので，
LM 曲線が右方シフトし LM_1 の位置に到る．それにより経済は点 E_1 に移り，
所得は増加する．利子率は一定であるからクラウディング・アウトは生じな
い．

　固定相場制下の拡張的金融政策は，**図12-2**において LM 曲線を LM_2 の位置
まで右方シフトさせる．それにより経済は点 E_0 から点 B へ移るが，先にみた
ように，結局経済はもとの点 E_0 に戻ってしまう．これは，金融緩和による貨
幣供給量の増加が，為替レート維持のための為替介入による貨幣供給量の減少
によって相殺されるからである．

▶**マンデル＝フレミング・モデルの含意と限界**

　閉鎖経済の IS-LM モデルでは捨象した貿易，国際資本移動および為替レー
トの役割をマクロ・モデルに組み込んだのがマンデル＝フレミング・モデルで
ある．その結論は明快で，**表12-2**にまとめてある．

　この結果から，「為替レートの固定性」，「自由な国際資本移動」，「独立した
金融政策」の3つを同時に達成することはできないという，**国際金融のトリレ
ンマ**を説明することができる．ここで「独立した金融政策」とは，中央銀行が
独立して通貨を発行し，独自の政策目標のために金融政策を実行できることで

表12-2　マンデル＝フレミング・
　　　　モデルの政策効果

	変動相場制	固定相場制
財政政策	無効	有効
金融政策	有効	無効

出所：筆者作成

ある.

　例えば，マンデル＝フレミング・モデル
の結果からもわかるように，固定相場制で
自由な国際資本移動を許せば，為替レート
を維持するために貨幣供給量が変動するの
で，国内問題のために金融政策を遂行する
ことは不可能である. 独立した金融政策を可能にするためには，固定相場制を
採用する場合は国際資本移動を制限する必要があり，国際資本移動を自由にす
る場合は変動相場制を採用する必要がある.

　ただし，表12-2で示された極端な結果は小国の仮定，為替レートの静学的
期待，完全資本移動などに依存していることに注意が必要である. 例えば，自
国経済の外国経済への波及効果を考慮すると，変動相場制下の財政政策は外国
の所得や利子率に影響を及ぼし，自国所得に効果をもたらす余地が生じる. ま
た，変動相場制の金融政策は自国通貨安を引起こすから，外国は輸出需要を奪
われ，生産が減少するかもしれない. いわゆる，近隣窮乏化政策となってしま
う.

12-5　国際通貨システムと世界経済

　本節では戦後の国際通貨システムと世界経済をマクロ経済政策の視点から考
察する.

(1) ブレトンウッズ体制から変動相場制へ
▶ブレトンウッズ体制の誕生

　世界恐慌の際の報復的な為替切り下げ競争が貿易の縮小を招き第二次世界大
戦の遠因にもなったとの反省から，戦後は為替レートの安定と円滑な決済ルー
ルの運営を目指すこととなった.

　1944年，ニューハンプシャー州のブレトンウッズで開かれた連合国通貨金融
会議において国際通貨基金（IMF: International Monetary Fund）協定と国際復興
開発銀行（IBRD: International Bank for Reconstruction and Development）協定が

採択された．それらはまとめて**ブレトンウッズ協定**と称され，その国際通貨システムは**ブレトンウッズ体制**とよばれる．また，この協定に基づいて IMF と IBRD が設けられた．

IMF 協定の下，加盟国は金または金１オンス＝35ドルの価値をもったドルに対して平価を定めるとされた．ここで平価とは金や一定の金の価値を有する外貨等との交換比率をいう．実際にはアメリカだけが金に対して平価を定め，他の国はドルに対して平価を定めた．円の場合，１ドル360円であった．固定相場制といっても，平価には上下に１％の変動幅が許され，また，国際収支の基礎的不均衡がある場合には平価の変更も認められていた．

IBRD は各国の戦後復興や経済開発のための長期的融資を行う役割を担った．1960年には，発展途上国の要請に応え，**国際開発協会**（IDA: Internationl Development Assosiation）が設立され，最貧国の政府に無利子の融資や贈与を提供している．現在では IBRD と IDA の２つの機関を**世界銀行**（World Bank）とよんでいる．

▶流動性のジレンマとブレトンウッズ体制の崩壊

ブレトンウッズ体制では**国際流動性**（国際間の決済に利用できる金融資産）の供給をアメリカの対外的なネットのドル支払い，すなわち，国際収支赤字に依存していたが，そこに矛盾があった．アメリカが国際収支黒字を継続すれば，国際流動性は不足する（ドル不足）．一方，アメリカが国際収支赤字を継続すれば国際流動性不足は解消されるが，アメリカの公的対外債務残高の金保有残高に対する比率を上昇させドルの信認を低下させる（ドル不安）．ロバート・トリフィン（Robert Triffin）によって指摘されたこのような矛盾を**流動性のジレンマ**とよぶ．

1950年代中ごろまではドル不足の状況であった．60年代になるとアメリカの国際収支赤字が継続するようになりドル不足は解消されたが，ドルと金の交換への信認は低下した．60年代後半には，ドルへの信認が一層弱まり，ドルを金に換える動きが顕著化した．イギリスの巨額の金兌換の要求をきっかけに，1971年８月15日，アメリカはドルと金との**交換停止**を発表し（ニクソン・ショック），これをもってブレトンウッズ体制は崩壊した．

1971年12月にスミソニアン博物館で開かれた10か国蔵相会議で**スミソニアン**

合意が成された．米ドルの金に対する7.89％の切り下げを含む多国間通貨調整，変動幅の平価上下2.25％の暫定的拡大などが取り決められた．しかし，その後もドル不安は続き，1973年3月には，主要国通貨は変動相場制へと移行していった．

(2) 国際金融を巡る問題とマクロ経済政策

　変動相場制に移行した後の国際金融を巡る問題とマクロ経済政策を中心にみていこう．

▶石油危機とサミット

　1970年代は2度の石油危機，それに伴うインフレーションと景気後退によって特徴づけることができよう．石油危機の際，主要国は既に変動相場制に移行していたので，インフレ加速抑制のため，金融引き締め政策を実施することは可能であった．日本は，貨幣供給量の増加率を1973年の16.8％から1974年の11.5％へと引き下げた．

　石油危機とそれに続く景気後退は，国際的な経済問題に対して各国が集まって政策協調を討議する首脳会議（サミット）の場をもたらした．1975年に第1回サミットが開催され，それ以降毎年1回開催されるようになった．1977年のロンドン・サミットや1978年のボン・サミットでは，日本とドイツはアメリカと共に世界経済を引っ張る「機関車」役を果たすべきであるとの議論がなされた．

▶ドル高とプラザ合意

　アメリカでは1970年代末から厳しい金融引き締め政策が行われていた．1980年代前半の**レーガン政権**下では金融引き締めと財政赤字拡大が**高金利**をもたらし，異常な**ドル高**となった．貿易収支も赤字であったことから**双子の赤字**とよばれた．

　1980年代半ばになると，アメリカではドル高の維持可能性についての疑念と輸出産業の保護主義が表面化した．そこで，1985年9月，先進5か国（G5：米，英，旧西独，仏，日）の財務大臣・中央銀行総裁会議が開催され，ドル高の是正とそのための協調介入を内容とする**プラザ合意**を発表した．その結果，合意前260円を超えたこともあったドルは，1985年末には200円程度まで下がり，

翌年夏には150円前後となった．この急激な円高は日本経済に不況をもたらし，また，製造業の生産拠点が海外移転する等，いわゆる産業空洞化が加速化した．

1987年2月には，G7（G5，イタリア，カナダ）の枠組みで為替レートを「現在の水準の周辺」に安定させることに協力することに合意した（ルーブル合意）．

▶アジア通貨危機

1990年代は欧州，アジア，中南米，ロシアなどで通貨危機が相次いだ．**アジア通貨危機**についていえば，1980年代からの国際資本移動の自由化の中で，大量の短期資本が利潤を求めて海外からアジアの新興国に流入していた背景がある．1997年5月中旬，通貨危機の発端となったタイでは，経済成長が鈍化すると短期資本が引き上げられ，ドルに固定されていたバーツが売られた．しかし，タイの中央銀行は買い支えることができず，同年7月には変動相場制へ移行せざるを得なくなり暴落を招いた．それをきっかけにマレーシア，フィリピン，インドネシアや韓国などの通貨も相次いで暴落し，当該国だけでなく，それらの国に進出している日本企業にも大きな影響を及ぼした．タイ，インドネシア，韓国はIMFの支援を受けたが，その条件としての緊縮財政や高金利政策の結果，これらの国ではマイナス成長に陥った．

アジア通貨危機等を背景に，国際通貨システムの議論には，主要新興国の参加が必要不可欠との認識が広まり，1999年のG7財務大臣会合において**G20財務大臣・中央銀行総裁会議**の設立が合意された．メンバーはG7，中国，インドなどの新興国，及び欧州連合・欧州中央銀行に加えてIMFや世界銀行等から構成される．また，2000年にASEAN＋3（ASEAN10か国＋日中韓）は通貨危機の際の流動性供給の枠組みの創設に合意し，**チェンマイ・イニシアティブ**とよばれる仕組みを形成した．

▶世界金融危機

アメリカでは2000年代前半の住宅ブームを背景に，**サブプライムローン**（低所得者向けの住宅ローン）という高リスクの貸出が増加していた．ところが，住宅価格の上昇が鈍化し，ローンの焦げ付きが増加し始め，2007年夏頃，サブプライムローン問題が顕在化した．サブプライムローンは証券化され，世界中の投資家に売却されていたため，この問題はアメリカ国内の問題にとどまらな

かった.

2008年9月，アメリカの大手投資銀行リーマン・ブラザーズの破綻をきっか
けに，金融不安が世界的な金融危機へと発展した（リーマンショック）. しかも，
それは生産や雇用など実体経済へも悪影響を及ぼし，世界同時不況ともいうべ
き事態を招いた. 日本も例外ではなく，実質輸出が急激に減少し（前年同期比，
2009年第Ⅰ四半期，−36.9%），実質 GDP はマイナス成長（−9.4%）となった.

世界金融危機の深刻化を受け，2008年11月，G20 と国連，IMF，世界銀行等
の国際機関が参加し，経済成長の強化のための努力，金融危機の取り扱い，同
様の危機防止のための改革を議論するための第1回目の金融・世界経済に関す
る首脳会合（G20サミット）がワシントン D. C. で開催された. 翌年4月には第
2回の会合（ロンドン・サミット）が開催され，首脳声明では「世界的な危機に
は世界的な解決策が必要」との見解が示され，金融監督および規制の強化，世
界的な金融機関の強化，世界的な貿易・投資の促進，公平で持続可能な回復の
確保等がもりこまれた. 以降，年に1度ないし2度開催されている.

▶欧州債務危機

EU の場合，域内では単一通貨ユーロの採用と自由な国際資本移動を選択
し，金融政策は欧州中央銀行が担っているから各国が独立した金融政策を行う
ことはできない. 国際金融のトリレンマが表面化したのが**欧州債務危機**であ
る.

2009年10月，ギリシャの財政赤字統計の不正が発覚したことにより，ギリ
シャ国債の格付け引き下げと国債金利の上昇が生じ，市場からの資金調達が困
難となった. 影響は欧州の他の重債務国（アイルランド，イタリア，ポルトガル，
スペイン）へと波及し，欧州債務危機へと発展した. 欧州重債務国が独自に金
融緩和政策をとることはできず，一方で，欧州中央銀行がすべての加盟国の利
益になるような政策を行うこともできず，欧州債務危機はその混迷を深めた.

12-6　おわりに

1970年代の石油危機，80年代のドル高とその対応，90年代の通貨危機，2000
年代の世界金融危機や欧州債務問題など，変動相場制に移行した後もさまざま

な世界的な経済問題が発生した．近年はアメリカの経常収支赤字と新興国，特に中国の経常収支黒字が顕著となり，世界的な経常収支不均衡（グローバル・インバランス）が存在する．そのようななか，国際資本移動の活発化は為替レートの安定性を脅かしている．また，中国のプレゼンスが高まるにつれ，中国の経済成長鈍化や為替政策も各国の通貨価値動向の不安定要因となる恐れがある．経済のグローバル化が進展する中，各国の協調と賢明な対応策がますます重要になってくるだろう．

＊数学注：ドル建て債券の予想収益率

1円をドル建て債券で運用する時の予想収益率は，以下のように書ける．

予想有益率 $= (\pi/e)(1+r^*) - 1$

$$= r^* + \frac{\Delta e}{e} + \frac{\Delta e}{e} r^* \qquad (12\text{-}8)$$

ただし，Δe は予想為替レート変化額で，$\pi = e + \Delta e$ である．（12-8）式の右辺第3項の $(\Delta e/e) r^*$ は小さい値どうしを掛け合わせた値であるから，これを無視すると，予想収益は $r^* + \Delta e/e$ となる．

📖 学習のための参考文献 (初級★・中級)

★奥田宏司・代田純・櫻井公人編（2016）『現代国際金融　構図と解明〔第3版〕』法律文化社

★ポール クルーグマン・モーリス オブストフェルド・マーク メリッツ／山形浩生・守岡桜訳（2017）『クルーグマン　国際経済学　理論と政策・下　金融編〔原著第10版〕』丸善出版

岩本武和（2012）『国際経済学　国際金融編』ミネルヴァ書房

勝悦子（2011）『新しい国際金融論—理論・歴史・現実』有斐閣

第**13**章　社会保障政策

　　日本社会は急速に高齢化しており，国民の多くは社会保障制度の持続可能性に多かれ少なかれ不安をもっている．2019年6月の金融庁の報告書「高齢社会における資産形成・管理」は，（老後資金の）「不足額の総額は単純計算で1300万円〜2000万円になる」と述べたため，その不安が増幅された．この章では日本の社会保障制度を概説しその長所と課題を説明する．

13-1　はじめに：社会保障とは

　　1942年に英国で出された「ベバリッジ報告」は，政府が社会保障により国民に最低限の生活水準（ナショナル・ミニマム）を提供することを提案し，世界各国の社会保障の普及に影響を与えた．**日本国憲法**（1946年公布）の第25条に社会保障の基本理念が謳われている．以下が憲法25条の条文である．

　1．すべての国民は，健康で文化的な最低限度の生活を営む権利を有する．
　2．国は，すべての生活部面について，社会福祉，社会保障及び公衆衛生の
　　　向上及び増進に努めなければならない．

　　具体的な**社会保障**の定義が示されたのは，社会保障制度審議会の「社会保障制度に関する勧告」(1950年)である．この勧告は，社会保障制度とは「疾病，負傷，分娩，廃疾，死亡，老齢，失業，多子その他困窮の原因に対し，保険的方法又は直接公の負担において経済保障の途を講じ，生活困窮に陥った者に対しては，国家扶助によって最低限度の生活を保障するとともに，公衆衛生及び社会福祉の向上を図り，もって全ての国民が文化的社会の成員たるに値する生活を営むことができるようにすること」と定義した上で，このような社会保障の責任は国家にあることを規定している（『平成29年版厚生労働白書』4頁）．
　　社会保障の基本的役割として，①ナショナル・ミニマムの保障，②生活の安

図13－1　2018年の政府一般会計予算

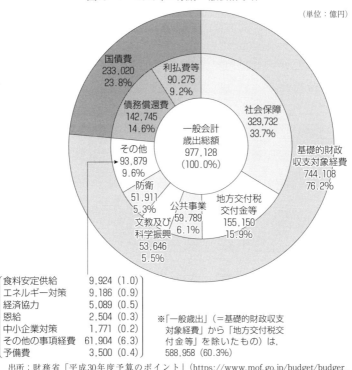

（単位：億円）

食料安定供給　　9,924（1.0）
エネルギー対策　9,186（0.9）
経済協力　　　　5,089（0.5）
恩給　　　　　　2,504（0.3）
中小企業対策　　1,771（0.2）
その他の事項経費　61,904（6.3）
予備費　　　　　3,500（0.4）

※「一般歳出」（＝基礎的財政収支
対象経費」から「地方交付税交
付金等」を除いたもの）は，
588,958（60.3%）

出所：財務省「平成30年度予算のポイント」（https://www.mof.go.jp/budget/budger_
workflow/budget/fy2018/seifuan30/01.pdf）

定，③社会的公平の３つをあげることが多い．1950年勧告当時は貧困が大きな
社会問題であったため，ナショナル・ミニマムの保障が大きな柱であった．し
かし，1961年には国民皆保険・国民皆年金が実現し，高齢者福祉，障害者福祉，
児童福祉等の制度が整備されるにしたがって，生活の安定や社会的公平に軸足
が移っていった．

　図13－1に2018（平成30）年度の中央政府の予算の内訳を示した．社会保障関
係費は，政府の総歳出予算約100兆円の約３分の１を占める最大の費目である．
総歳出予算から国債費（利払費と償還費）を除いた一般歳出のなかで，社会保障
費の比率は44.3%にも達する．ちなみに，いわゆる政府投資に対応する公共事
業費は歳出総額の6.1%，一般歳出の8.0%に過ぎない．

表13‐1　狭義と広義の社会保障

広義の社会保障	狭義の社会保障	社会保険	健康保険，年金保険，雇用保険，労働者災害補償保険，介護保険
		公的扶助	生活保護
		社会福祉	身体障害者福祉，老人福祉，児童手当，学校給食，災害救助
		公衆衛生と医療	結核対策，伝染病予防，保健所，一般廃棄物処理施設，下水道施設整備，公害対策，国公立医療機関整備
	恩　給		文官恩給，地方公務員恩給，旧軍人遺族恩給
	戦争犠牲者援護		戦没者遺族年金等，戦傷病者医療等，原爆医療，その他の戦争犠牲者援護

出所：総務省統計局 Web（http://www.stat.go.jp/data/chouki/23exp.html）をもとに筆者作成

　総務省の統計では，社会保障を表13‐1のように分類している．社会保険とそれ以外の公的扶助および社会福祉の違いを理解しておくことは重要であろう．**社会保険**は，1961年に国民皆保険・皆年金体制が実現して以降，日本の社会保障の基軸である．社会保険とは，その名のとおり，各種の生活上のリスクに備えた保険であるので，その加入者は保険料を支払うことでリスクが発生した場合に保険金を受け取る．「社会」の文字があるのは，一部の例外を除いてすべての国民が強制的に加入しなければならないからである．

　公的扶助は，1946年に導入された歴史ある制度である．公的扶助制度には，貧困者対策と低所得者対策の２つがある．貧困者対策とは生活保護制度であり，生活困窮者に対する「最後のセーフティネット」を提供するものである．低所得者対策には，社会手当制度，生活福祉資金貸付制度，公営住宅制度等がある．

　社会福祉は，1947年に児童福祉法，1949年に身体障害者福祉法が制定されて以来，必要度の高い人たちに対する制度が逐次つくられた．児童手当も日本では社会福祉のなかに含まれる．こうした制度は，政府が責任をもって運営するものとされており，保険の形式ではなく税金から支出される．

　図13‐2に2018（平成30）年度の社会保障関係費の内訳を示した．**年金保険，医療保険**がそれぞれ３分の１強であり，**介護保険**が約10%を占める．この３つの社会保険で社会保障関係費の約８割を占めることになる．社会保障の中で，社会保険が重要な位置を占めていることがわかる．社会保険における保険料負

担は，自己責任を重んじる近代社会
の理念とも矛盾しない．社会主義的
な考え方である社会保障の概念を資
本主義国に導入する場合，社会保険
の考え方がうまく適合したというこ
とであろう．

13-2　社会保険

(1) 年金保険

▶公的年金の加入条件と掛け金

　日本の公的年金制度は，満20歳以
上60歳未満の人々は全員が**国民年金**
の被保険者となり，退職後には基礎
年金の給付を受ける仕組みを採用し

図13-2　社会保障関係費の内訳

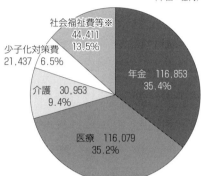

（単位：億円）

※生活扶助等社会福祉費，保健衛生対策費及び雇
用労災対策費を含む
出所：財務省「平成30年度社会保障関係予算のポ
イント」をもとに筆者作成（https://www.
mof.go.jp/budget/budger_workflow/
budget/fy2018/seifuan30/13.pdf）

ている．これに加えて，民間企業に勤めるサラリーマンと公務員は**厚生年金**に
加入することで，基礎年金の上乗の年金給付を受けることができる．この制度
を通称「二階建て年金制度」とよんでいる．

　年金保険の被保険者は，第1号，第2号，第3号の3つのどれかに分類され
る．第2号被保険者は，民間企業のサラリーマンや公務員であり，厚生年金保
険（あるいは共済組合）にも加入している人々である．ただし，パートやアルバ
イトの就業時間が短い人々は厚生年金保険に加入する義務はなく，第2号被保
険者にはならない．第3号被保険者は，第2号被保険者の配偶者で被扶養者が
該当する．第1号被保険者とは，第2号でも第3号でもない人々で，自営業
者，学生，フリーターが第1号被保険者に該当する．

　第1号被保険者が納付すべき国民年金の保険料は，毎月1万6490円の定額で
ある．低所得者には保険料免除の制度がある．第2号被保険者の保険料は，国
民年金の保険料と厚生年金の保険料とを合算して納付することになっている．
保険料は，被保険者の給与（標準報酬月額）の18.3％である．ただこれは被保
険者本人と事業主は半分ずつ（9.15％ずつ）負担することになっている．第2

号被保険者は，国民年金の保険料を直接に納付する必要はなく，厚生年金の保険料から基礎年金勘定に振り替えられている．第3号被保険者は保険料を納付せず，第2号被保険者が肩代わりしている．国家公務員，地方公務員，私立大学教職員には，共済組合という年金制度があって保険料に違いがあったが，現在では，国家公務員共済と地方公務員共済は厚生年金と同率であり，私立大学教職員共済も2027年に同率の18.3％に引上げられる予定である．

▶公的年金の給付

　公的年金には，老齢年金，遺族年金，障害年金の3種類があるが，ウエイトの大きいのは老齢年金である．**図13-3**にサラリーマンの**二階建て年金制度**のイメージを示した．図の横軸は現役時代の所得を示しており，縦軸は年金給付の金額を示している．

　年金給付の一階部分である基礎年金は，国民年金の保険料を納めた期間が10年以上であれば65歳以降に受け取ることができ，年給付額は1625円×国民年金の保険料を納めた月数（ただし満額は480か月分78万円）である．厚生年金は，老齢基礎年金の受給資格者が65歳以降に受け取ることができる．給付額は厚生年金保険に加入していた期間の給与と加入期間に応じて計算される．厚生年金に満額という概念はないが，上限は計算できる．平均標準報酬は，月給部分は62万円，ボーナス部分は1回につき150万円が上限である．また加入期間は15歳から70歳までの55年間が上限である．仮に，この期間ずっと上限額の給与と賞与をもらい続けると想定すれば，年間の厚生年金支給額は次のように計算される．

$$(62+150\times 2/12)万円\times(5.481/1000)\times 55年\times 12月=314.7万円$$

図13-3　サラリーマンの二階建て年金受給のイメージ図

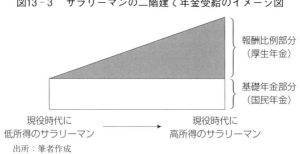

現役時代に
低所得のサラリーマン　　　　→　　　　現役時代に
　　　　　　　　　　　　　　　　　　高所得のサラリーマン

報酬比例部分
（厚生年金）

基礎年金部分
（国民年金）

出所：筆者作成

これはありえない想定ではあるが，厚生年金支給年額は314.7万円が上限の目安である．**所得代替率**とは，65歳の年金額が現役世代の手取り収入額（ボーナス込み）と比較してどのくらいの割合かを示すものだが，2019年の財政再検証では，モデルケースとして現役時代の平均所得月額35.7万円，年金受給額月額が22万円で所得代替率が61.7万円としている．ただし，年金受給額には配偶者の基礎年金が含まれており，個人の所得代替率ではない点に注意されたい．

さて，2004年の年金制度改正から給付の水準の**マクロ経済スライド**制が導入された．「社会全体の公的年金制度を支える力（現役世代の人数）の変化」と「平均余命の伸びに伴う給付費の増加」というマクロでみた給付と負担の変動に応じて，給付水準を自動的に調整する仕組みである．マクロ経済スライドでは人口の変動に加えて，物価上昇に伴う年金額の調整を物価上昇以下にすることも盛り込まれた．このころから，**100年安心の年金制度**という表現が使われ始めた．ただ，その意味があいまいなまま今日も使われている．

▶公的年金制度の課題とその解決

公的年金の問題の1つにパート職員の非適用がある．社会保障と税の一体改革の一環として，2012年成立の年金機能強化法により，パート職員の社会保険適用が拡大され，次の条件のすべてを満たす場合に社会保険の対象となることになった（2016年10月より適用）．①週20時間以上の勤務，②給与月額8.8万円以上（年額106万円以上），③1年以上の勤務予定であること，④学生ではないこと，⑤企業の従業員が501人以上であること．社会保険の適用拡大は一定の前進ではあるが，いわゆる「106万円の壁」は残ることになり，女性の雇用拡大への効果は限定的との意見もある．今後も議論が必要であろう．

年金の持続可能性は大問題である．年金制度の存続のために，現役世代の負担を増やし，受給者の受給額を減らすことでしのいでいる．例えば2015年に始まった**年金一元化**では，共済加入者の掛け金を増額し，受給金額を減額した．この傾向が続けば，国民が年金保険に加入するインセンティブが失われてしまう．

現在の日本の年金制度は**賦課方式**といわれる．この賦課方式とは，現在年金を受給している高齢者の年金を，現役世代が拠出している保険料で支払う制度である．賦課方式にはいくつかの欠陥があるとされている．その1つが世帯間

金融庁報告書「老後資産2000万円不足」

　金融庁は2019年6月3日付の個人の資産形成を促す報告書で，老後資産が1300〜2000万円程度不足するとの試算を示した．この報告書は，人生100年社会を見据えて国民に資産運用を呼びかけたものだが，一方で年金だけでは老後の生活は立ちゆかないことを国が認めたとも取られ，大きな話題となった．

　政府がこれまで「厚生年金は必要な生活費をまかなうもの」と説明してきたが，この金融庁の報告書はそれを否定することになった．そのため麻生太郎財務相兼金融担当相は6月11日に「世間に著しい不安や誤解を与えており，これまでの政府の政策スタンスとも異なる」と述べ，正式な報告書として受け取らないことを明らかにした．7月の参議院選挙が近かったこともあり，政府はこの件の火消しに躍起になった．

　ただ年金の専門家は，今回の報告書の「年金受給だけでは生活費が不足する」という指摘は驚くことではないとみている．政府が「100年安心の年金」といっているのは，給付額を削減していけば年金制度は100年後も存続しうるといっているにすぎず，年金のおかげで国民の暮らしが今後100年間安心だというわけではない．国民が政府を選んでいる以上，政府の責任を問うのは筋違いの面もあろう．国民としては，公的年金は「長生きリスク」に備えた保険であり，長生きして預貯金が尽きるリスクをヘッジするものとみた方がよい．自助努力が原則だと考えるべきなのであろう．

の不公平である．賦課方式を維持し続けるためには，現役世代の人口が増え，経済も安定して成長する必要がある．しかし現状の日本のように少子高齢化が進むと，世代間の不公平が顕在化する．また，年金資産の運用を政府に委ねてしまうと非効率になりやすいということがある．かつて「年金福祉事業団」という特殊法人が存在し，保養施設を建設したり，企業の健康保険組合の厚生施設に融資をしたりしていた．しかしこうした事業の多くが失敗に終わったという苦い経験がある．現在は年金積立金管理運用独立行政法人に改組され，株式や債券での資金運用に特化している．

　年金の運営方法には，自分が将来受け取る年金を自分で積み立てるという**積立方式**がある．この方式では，少子高齢化などの人口バランスなどの問題も解決できる．自分の貯蓄を自分で管理するのであるから，世代間の不公平は起こらないし，政府による不効率な資金運用の被害にあうこともない．

表13‐2　被保険者の働き方と加入先の保険者

働き方	被保険者	保険者
サラリーマン	大企業の雇用者とその家族	各企業の健康保険組合
	中小企業の雇用者とその家族	全国健康保険協会
	公務員とその家族	各共済組合
その他の人	自営業，農業，家族従業者，無職	国民健康保険
	75歳以上の高齢者	後期高齢者医療制度

出所：筆者作成

(2) 医療保険

▶公的医療保険の加入条件と保険料

　医療保険とは，病気やけがで医療機関に受診した際の医療費の一部を保険者が給付する保険のことであり，高額な医療費が本人の負担となる事を避ける為に設けられている．

　現役世代の公的医療保険は，**被用者保険**と**国民健康保険**に分かれている．被用者保険は民間企業のサラリーマンおよび公務員が対象である．国民健康保険は，被用者保険に加入していない人々が対象で，個人事業主および個人事業主の従業員が対象となる．被保険者本人に扶養家族がいる場合は，扶養家族にも医療保険が提供される．

　保険料の額は，各保険制度によって算出方法が異なる．被用者保険では，保険料は給与やボーナスに一定の保険料率を掛けて算出され，原則として労使折半で負担する．扶養する家族が何人いても保険料は同額である．保険料率算定には，年金と同様に標準報酬月額を用い，それに保険料率を掛けて算定される．2015（平成27）年度における健康保険組合の保険料率の平均は9.0％である．健康保険協会の料率も都道府県ごとに異なるが，2016年度における平均保険料率は10.0％である．国民健康保険の保険料は市町村によって異なるが，2015年度平均で１人当たり保険料は年額8.4万円である．**後期高齢者医療制度**の保険料は，75歳以上の高齢者などの医療給付費（自己負担を除く）のうち，約５割を公費，４割を現役世代からの支援金（他の健康保険の組織からの移転），１割を75歳以上の高齢者などの保険料でまかなうというルールに基づいて算定され

ている.

▶公的医療保険の給付

　病気やケガをしたときには，健康医療保険を扱っている病院や診療所に被保険者証を提出すれば，療養給付，入院時食事療養費，傷病手当金，出産育児一時金などを医療保険から受け取ることができる．ただし，被保険者が支払う自己負担分がある．自己負担率は，組合健保，健康保険協会，共済組合，国民健康保険の場合は原則として30％であるが，義務教育就学前児童と70〜74歳の高齢者は20％である．また，75歳以上の後期高齢者医療制度の自己負担率は所得によって異なり，「現役並み所得者」（単独世帯の場合，年収383万円）は30％であるが，それ以外は10％である．

　ただし病院に長期入院したり治療が長引く場合には，自己負担額が30％であっても，医療費が高額となる．そのため1か月間の自己負担額が一定の金額を超えた場合には医療費が還付される．一定の金額とは標準報酬月額によって異なり，住民税非課税者の場合は3万5400円が上限，標準報酬月額26万円以下の人の場合は5万7600円が上限である．

▶公的医療保険の課題

　保険適用診療と保険外診療を混ぜて行うことを**混合診療**という．日本の医療制度では，混合診療の場合は，保険が適用される診療も含めて医療費の全額が自己負担となる．一般に高度医療は保険外診療なのであるが，保険診療を保険外診療と混ぜて使えることになると，所得の高い人のみが高度な医療を受けられるということになり，不公平であるというのがその理由である．しかし，一方で全体を自由診療で行う（医療保険を使わなく医療を受ける）ことは認められている．すべてを医療保険の対象医療を行うかまったく使わないかのどちらかで，その中間は認めないというのは，理解に苦しむ点である．

(3) 介護保険

▶介護保険導入の経緯

　介護保険は2000年に導入された比較的新しい社会保険である．1963年に老人福祉法が制定され，特別養護老人ホーム創設等の老人福祉政策が始まった．1973年に老人医療が無料化されたが，老人医療費は拡大を続け無料が困難に

なった．そこで1982年に老人保健法が制定され，医療費の一部自己負担が導入された．そして1989年には「高齢者保健福祉推進10か年戦略」（ゴールドプラン）が策定された．ゴールドプランでは，特別養護老人ホームを整備するとともに，ホームヘルパーやデイサービス・ショートステイ等の整備による在宅福祉も進められた．老人の在宅福祉の問題は費用負担である．また高所得者層にとっては老人福祉施設よりも一般病院の方が便利だということもあって，高齢者が一般病院での長期間入院（社会的入院）が増加し，医療費を圧迫するようになった．そこで1997年の消費税の３％から５％への引き上げと同時に，**介護保険の導入が決まった**．

▶介護保険の被保険者と保険料

　介護保険の被保険者は65歳以上の１号被保険者と40～64歳の２号被保険者に分かれる．１号被保険者は原因を問わず（後述の）要介護・要支援状態になったときに介護サービスを受けることができるが，第２号被保険者は末期がんや関節リウマチ等の特定の原因による場合に限り介護サービスが受けられる．

　保険料の決め方は複雑である．介護保険の給付額のうち半分は公費で賄うことが決められており，国が25％，都道府県と市町村がそれぞれ12.5％ずつである．残りの半分を１号被保険者と２号被保険者で案分する．その案分比率は人口比を用いることになっているが，2018年度予算では前者が23％で後者が27％であった．各個人への保険料は，市町村民税の課税状況から６段階に分けられている．

▶介護サービスと給付

　介護保険では，被保険者の介護の必要量を全国一律の基準で客観的に判断する．判定は，介護の必要性の高い順に，要介護５～要介護１，要支援２と要支援１，である．要介護認定者が受ける給付を介護給付サービスとよび，要支援認定者がうける給付は予防給付サービスとよぶ．それぞれのサービスには**表13-3**にかかげるものが含まれている．

　介護保険を使って受けられる介護給付および予防給付の額は介護認定の程度によって決められている．居宅サービスの場合は**表13-4**に示すとおりである．自己負担率は原則10％であるが，高所得者は20％，30％になる場合もある．この利用限度額を超えると全額自己負担になる．

表13‑3　介護サービスの種類

区　分	都道府県・政令市が指定監督するサービス	市町村が指定監督するサービス
介護給付サービス	○居宅介護サービス ・訪問サービス（ホームヘルプサービス・訪問入浴・訪問看護・訪問リハビリ） ・通所サービス（デイサービス，通所リハビリ） ・短期入所サービス（ショートステイ） ・特定施設入居者生活介護 ○施設サービス ・介護老人福祉施設・保健施設 ・介護療養型医療施設	○地域密着型介護サービス ・定期巡回 ・認知症対応型通所介護 ・認知症対応型共同生活介護（グループホーム） ○居宅介護支援 ・ケアマネージャによるケアプランの作成と事業者との連絡調整
予防給付サービス	○介護予防サービス ・訪問サービス（介護予防訪問入浴，介護予防訪問看護，介護予防訪問リハビリ） ・通所サービス（予防通所リハビリ） ・短期入所サービス	○地域密着型介護予防サービス ・介護予防認知症対応型通所介護 ・介護予防認知症対応型共同生活介護（グループホーム） ○介護予防支援 ・ケアマネージャによるケアプランの作成と事業者との連絡調整

出所：「公的介護保険制度の現状と今後の役割（平成30年度）」(https://www.mhlw.go.jp/content/0000213177.pdf)

表13‑4　居宅サービスの1月当たりの利用限度額
（2018年現在）

認定区分	利用限度額
要支援1	50,030円
要支援2	104,730円
要介護1	166,920円
要介護2	196,160円
要介護3	269,310円
要介護4	308,060円
要介護5	360,650円

出所：厚生労働省 Web (https://www.kaigokensaku.mhlw.go.jp/commentary/fee.html)

　施設利用の場合，1か月当たりの介護サービス費は，介護付有料老人ホームの場合は「特定施設入居者生活介護」として，特別養護老人ホームは「施設サービス」として，グループホームは「地域密着型サービス」として，それぞれ要介護度別に定額料金が決められていて，利用者はそのうちの原則として1割を自己負担分として支払う方式となる．住居費，食費，日常生活費は介護と直接関係ないので全額自己負担である．

　ただし低所得者の場合，自己負担分が払えない場合がある．そのために，負担限度額認定制度がある．認定を受けた場合は，負担限

度額を超えた居住費と食費の負担額が介護保険から支給される.

▶介護保険の課題

　急速に拡大する介護需要に対して，現在の資金調達方法では介護保険が持続可能でない可能性がある. 負担のみで給付が伴わない人を被保険者にするのは問題だという議論があるが，２号被保険者を30歳以上にするのは１つの案であろう. また，税制優遇がある個人年金制度のように，介護についても民間の介護保険利用を進めようという議論もある. さらに，所得額に応じて自己負担額を今以上に引き上げることも考えられるし，高額の資産所有者の場合はその相続資産を自己負担に加味する案もある.

　介護需要は増加し多様化しているが一方で，介護の供給増加が追い付いていない点も課題である. 供給者側である介護産業就業者の賃金は介護報酬と連動しているため，人手不足であっても賃金を上げることができない. そのため特に大都市では供給が不足している. 運営主体を市町村から都道府県に拡大し，広域での需給バランスを調整すべきだとする考え方もある. また介護労働者にさらなる外国人労働の活用も議論すべきことがらである. もちろんその場合は「安価な労働力としてではなく，生活者として外国人材を受け入れることが不可欠」である（2018年７月24日の「外国人材の受入れ・共生に関する関係閣僚会議（第１回）」での河野太郎外務大臣の談話）.

13-3　公的扶助

(1)生活保護制度

　国民に最低限度の生活を保障するだけでなく，これらの人々の社会的自立を支援する制度である. 本人の各市町村にある福祉事務所への申請によって手続きが開始される. 福祉事務所は地区を担当しているソーシャルワーカー（社会福祉主事）が家庭訪問などを実施し，「ミーンズ・テスト」とよばれる資力の調査保護の要否を調査する. この調査結果および家族による私的扶養の可能性や（後述の）社会手当を活用してもなお生活に困窮する場合に保護を適用する.

　生活保護法で定める**生活保護**の種類は，８種類（生活扶助，住宅扶助，教育扶助，介護扶助，医療扶助，出産扶助，生業扶助，葬祭扶助）に分けられている. 原則

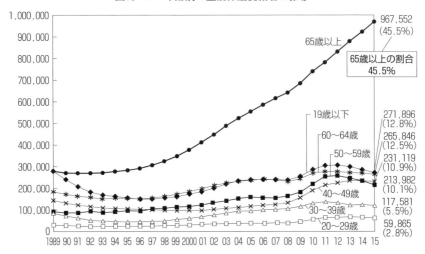

図13 - 4　年齢別の生活保護受給者の推移

出所:「生活保護制度の現状について」https://www.mhlw.go.jp/file/05-Shingikai-12601000-Seisaku toukatsukan-Sanjikanshitsu_Shakaihoshoutantou/0000164401.pdf

として，給付は金銭給付であるが，医療扶助と介護扶助は現物給付である．また生活保護は居宅保護が原則であるが，場合によっては更生施設や医療保護施設などでの保護を行う．

　被保護者は節約と自身の生活自立に努めなければならないのはいうまでもないが，経済状況等が改善し生活保護受給の必要がなくなった場合は，福祉事務所に届け出なければならない．虚偽の申請により生活保護を受けた場合や経済状況等が改善したにもかかわらず，福祉事務所に届け出なかった場合は，保護費の返還が求められる．

　生活保護受給者は1995年の88万人から2017年の214万人へと急拡大している．図13 - 4 に年齢別の受給者を示したが，高齢化が生活保護受給者拡大の主要因である．したがって，経済状況の改善が難しいのが現実である．

(2) 低所得者対策

　低所得者対策には，社会手当制度，公営住宅制度，生活福祉資金貸付制度がある．社会手当制度とは，保険形式ではない現金給付のことで，児童手当，児

童扶養手当，特別児童扶養手当，特別障害者手当，障害児福祉手当などがある．公営住宅制度とは，低所得者に住宅を提供する制度である．母子世帯，高齢者，心身障害者などが対象となる場合が多い．生活福祉資金貸付制度とは，低所得世帯，高齢者世帯，障害者世帯に低利子で必要な資金を貸し付ける制度である．生活福祉資金の種類には，生活が改善するまでの一時的な融資である「総合支援資金」，生業の経営や福祉用具等のための必要経費を融資する「福祉資金」，低所得世帯の者が高校・大学への進学経費を融資する「教育支援資金」，低所得の高齢者世帯に対し居住用不動産を担保として生活資金を融資する「不動産担保型生活資金」がある．

(3) 生活困窮者への支援制度

　2015年4月に生活困窮者支援制度が始まり，生活全般にわたる「困りごと」の相談窓口が全国の福祉事務所に設置された．これは生活保護に陥りそうな世帯を支援するという制度である．この制度の中核である自立相談支援事業では，支援員が相談を受けて，どのような支援が必要かを相談者と共に考え，他の専門機関と連携して，具体的な支援プランを作成する．就労準備支援事業では，直ちに就労が困難な人向けに，一般就労に向けた基礎能力を養いながら就労に向けた支援や就労機会の提供を行う．また，個人にあった就労機会を提供し仕事になれてもらう就労訓練事業もある．住居のない人（ネットカフェ難民等）向けには，一時的な衣食住の費用を提供する制度もある．さらに子供がいる場合には，子どもの学習支援の制度もある．こうした制度が活用されることで，自立できる人々が増加することが期待される．

(4) 生活保護の課題

　生活保護制度の大きな問題は生活保護不正受給であろう．無収入と申告したが収入がある場合や申告よりも収入が多い場合である．多くの場合は過失による申告漏れであるが，故意に虚偽の申告が行われることもある．悪質性が高い場合は詐欺罪となる場合もある．

　また類似の問題であるが，生活保護のモラル・ハザードも問題である．日本の生活保護給付額は諸外国に比べて高い．東京都区部での高齢者（68歳）の単

身者の場合，生活保護給付額は月額 8 万870円である．配偶者と子供がいる場合はこの金額に加算され，夫婦子供 1 人の 3 人世帯（33歳，29歳， 4 歳）だと16万110円になる．一方基礎年金は月額約 6 万5000円である．生活保護と年金とはその目的が違うとはいえ，掛け金を支払っている年金受給額の方が低いというのは納得がいかない部分もある．そうした生活保護の「厚遇」は，就労可能な若い世代の生活保護受給者の労働意欲を減退させているという指摘がある．

13-4　マイナンバー制度（社会保障・税番号制度）

(1) マイナンバー導入の背景と意義

　マイナンバー制度とは，個人にそれぞれ12桁の個人番号，法人には13桁の法人番号をつける，2016年に運用開始の新制度のことである．マイナンバーカードと住民基本台帳カードとどこが違うのかと思われる読者も多いと思う．住民基本台帳カードは氏名，生年月日，性別，住所が記載された住民基本台帳をネットワーク化したもので，その目的は本人確認である．海外では個人が身分証明書を持つことが通常であるが，日本ではそれがなかったため，導入された．しかし，個人情報の管理が十分ではないという議論が起こったため，参加しない自治体が出てくるなど，大きな話題となった．

　一方のマイナンバーカードは，住民基本台帳カードと用途が異なる．マイナンバーは，行政機関間での情報連携を目指したものである．行政機関の業務システムは，個人情報を異なるシステム間でやり取りすることを想定していなかったので，異なるシステム間で個人データを照合する ID が存在しなかった．しかし，実際の行政業務では，他のシステムが管理する情報を参照する場面も少なくない．例えば住民税の計算は，確定申告書，公的年金支払報告書，給与支払報告書を突き合わせる．その ID がマイナンバーである．マイナンバー導入以前は突き合わせ確認はマニュアルで行っていたので，手間がかかるうえにミスもあったと思われる．

　2018年より医療・介護の分野でマイナンバーが導入され2020年に本格的な運用が開始される予定である．マイナンバーの医療分野への導入によって，予防

接種歴，健康診断の結果，病歴，服用中の薬，介護施設で受けたリハビリテーションの履歴が個人ごとに記録され，医療・介護サービスが効率的に行えるようになる．

　また，国民の格差是正の解決策として**給付付き税額控除**の導入を説く論者は多い．課税最低限と生活保護を組み合わせて，一定の所得以下の場合，生活保護の代わりに「負の所得税」を給付する仕組みである．このためには各個人の所得の捕捉が必要で，そのインフラとしてマイナンバー制度は必要である．

⑵ **マイナンバー制度の課題**

　マイナンバーでは社会保障，税，災害対策の分野での効率的な情報連携を目的としている．したがって，マイナンバーには，こうした分野の個人情報が紐づけされている．そこでこの制度で気になるのが，個人情報流出の危険である．しかし，システムとして①個人情報の分散管理，②個人番号を直接用いずに各自治体での符号を用いた情報連係，③アクセス制御による閲覧者の制限・管理，④通信の暗号化を行うので，マイナンバーが流出することを防ぐと同時に，仮に流出しても個人情報が洩れることを防いでいる．

　もし，マイナンバーを他人に知られてしまった場合，危惧されるのが「なりすまし」であろう．アメリカではマイナンバーと類似した「社会保障番号」がある．この番号は本人確認にも使われるため，政府機関へのサイバー攻撃により盗んだ社会保障番号で，本人になりすまして税金の還付金を詐取する犯罪が起こっている．こうした事態を防ぐためには，複数の方法を用いた個人認証が必要であろう．また，プライバシー侵害やなりすまし被害を抑制するためには，マイナンバーを持っている本人が，誰がどこで何の目的で自分の番号を利用したかを確認できる制度をつくることが必要であろう．

13-5　おわりに

　2009年の民主党への政権交代の際，民主党はマニフェスト（公約）に沿って，後期高齢者医療制度の改正，税方式による最低保障年金，児童手当の増額，高校の無償化など一連の社会保障制度改革の検討にはいった．しかし財源

不足が表面化し，こうした動きも腰砕けになってしまった．2010年10月に政府は改革の方向を転換し，社会保障改革とその財源確保の税改革を同時に実施することになった．2012年11月に「社会保障制度改革国民会議」が設置され，社会保障と税の一体改革の検討が行われた．その答申に従って2014年から2015年にかけて，以下の改革が行われた．

・消費税を社会保障の拡充の財源（2014年に消費税率が5％から8％に）
・基礎年金の国庫負担2分の1の恒久化
・老齢基礎年金の支給資格期間の25年から10年へ短縮
・短時間労働者への厚生年金適用拡大
・被用者年金の一元化（共済年金の厚生年金保険へ統合）
・年金額の実質引き下げ（景気回復期に，後退期の未調整分を繰り越して調整）

　　これらの改革は一定の評価がされるものの不十分な点も多い．例えば，消費税の引き上げである．「社会保障と税の一体改革」方針では2015年に10％に引き上げる予定であったが，自公政権は10％への引き上げを2017年4月に延期，そして2019年10月に再延期しようやく実現した．欧州の先進国は消費税が20％前後であることを考えると日本の税率は低い水準といえるであろう．また，年金支給の名目額維持にこだわらずマクロ経済スライドをデフレ下においても確実に実施することが必要であろう．安倍内閣が2015年に打ち出した「新三本の矢」の1つに，「安心につながる社会保障」が盛り込まれ，**介護離職ゼロ**が目標となっている．しかしこれは介護について「施設から在宅へ」としてきた従来の政府方針と逆行するものである．方針を転換するのであれば，その理由と対策の説明が必要であろう．選挙を意識してか，社会保障政策については社会保障給付の既得権者に痛みを伴う政策は避けられ，耳に心地よい表現が繰り返されてきたようにもみえる．社会保障政策の立案と実施には長期の方針をもち，国民への丁寧な説明が必要である．

📖 **学習のための参考文献**（初級★・中級）
　★小塩隆士（2015）『18歳からの社会保障読本──不安のなかの幸せをさがして』ミネルヴァ書房
　★椋野美智子・田中耕太郎（2019）『はじめての社会保障──福祉を学ぶ人へ〔第16版〕』

（有斐閣アルマ）有斐閣

小塩隆士（2013）『社会保障の経済学〔第4版〕』日本評論社

小塩隆士・田近栄治・府川哲夫（2014）『日本の社会保障政策―課題と改革』東京大学出版会

第**14**章　地球温暖化防止政策

> 　地球温暖化問題は，21世紀の人類が直面している最大の問題の1つであろう．地球温暖化の最大の要因はわれわれの化石燃料の消費であるが，それはわれわれの生活と直結しているだけに，簡単に規制するわけにはいかない．そこで推奨されているのが，経済的なインセンティブあるいは市場の調整力を活用する環境政策である．この章では，国内／国際の地球温暖化防止政策を概説する．

14-1　はじめに

　現在，**地球温暖化**が進行している．地球に届いた太陽光はまず，地球の地表を温める．この熱は最終的には宇宙に放出されるのだが，地球には大気が存在するので，急激な気温の変化が緩和されている．大気の中で，地表面から放射される熱を吸収する機能を持っているガスがあり，そのガスのことを**温室効果ガス**（Green House Gas, GHG）という．もしこのような気体がなければ，地球の気温は－20℃程度の氷の世界になってしまう．

　図14-1にGHG排出量のシェア（2010年）を示した．GHGには**二酸化炭素**（CO_2），メタン，一酸化二窒素，フロンなどがあるが，その中でも二酸化炭素（CO_2）のシェアが圧倒的に大きい．18世紀半ばに始まった産業革命により，人類は石炭・石油・天然ガスといった化石燃料を使い始めたが，CO_2は化石燃料を使用するときに大気中に排出される．電気もその電源の多くは火力発電なので，電気を使っても間接的にCO_2が排出される．産業革命当時，大気中のCO_2濃度は280ppm（0.0028％）であったが，現在は400ppm程度にまでに上昇している．ちなみに，地球が誕生したころは今よりも暑かったが，地球上の動植物が大気中のCO_2を炭素として固定し，化石燃料になることで地球を冷やしてきた．現代の人類は，その化石燃料を掘り出し再びCO_2を大気に戻すことで地球を暖めていることになる．

　環境政策といえば，公的機関が民間組織や家計に対して直接規制を行うとい

うタイプの政策をイメージするかもしれない．確かに，直接規制が必要な場合もあるが，エネルギー消費のように日常生活が対象の場合は，直接規制では動機付けが持てない．そこで提案されたのが**経済的手法**である．地球温暖化の防止に関しては，経済的手法が広く用いられている．この章では，それらの環境政策について概説しその有効性と課題について検討する．

14-2　温暖化防止に向けた国際的な協力体制の歴史

(1) 地球サミットと UNFCCC

地球温暖化防止について国際的な協力体制の基礎ができたのは，1992年6月にブラジルのリオ・デ・ジャネイロで開催された「環境と開発のための国連会議」，別名地球サミットである．この会議には約180か国が参加し，地球環境の保全と持続可能な開発の実現のための具体的な方策が話し合われた．同会議では，持続可能な開発に向けた「環境と開発に関するリオデジャネイロ宣言（リオ宣言）」やこの宣言の諸原則を実施するためのアジェンダ21が採択された．また，別途協議が続けられていた**気候変動枠組み条約**（United Nations Framework Convention on Climate Change, UNFCCC）が署名され，同条約は1994年に発効した．

(2) 京都議定書

気候変動枠組み条約の発効を受けて，締約国会議（Conference of the Parties, COP）は，1995年に第1回がベルリン開催，1996年に第2回がジュネーブ開催と，毎年開催されることになった．産業革命以降おもに化石燃料を使ってきた

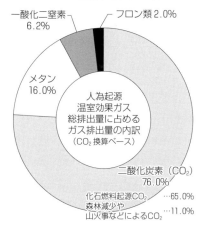

図14‐1　温室効果ガス総排出量に占めるガス別排出量（2010年）

注：IPCC 第5次評価報告書 Fig. SPM. 1 各種ガスの排出量2010年の割合
出所：全国地球温暖化防止活動推進センター（https://www.jccca.org/chart/chart01_03.html/）

表14‒1　京都議定書の内容

対象ガス	6種類（CO_2, CH_4, N_2O, HFC_s, PFC_s, SF_6）
シンク（吸収源）の取扱い	1990年以降の新規の植林，再植林及び森林減少に係る排出および吸収に限定
目標年／期間	2008〜2012年の5年間を第1約束期間とする
数量目標	附属書Ⅰ国全体で，CO_2, CH_4, N_2O については基準年を1990年とし，HFC, PFC, SF_6 については基準年を1995年として，CO_2 換算での総排出量を少なくとも5％削減．国別・地域別には，日本6％，米国7％，EU8％削減．
柔軟性措置	共同実施，排出量取引，クリーン開発メカニズムを認める

注：京都議定書では，先進国と旧社会主義国（市場経済移行国）が温室効果ガスの削減義務を
　　負うことになったが，これらの国を議定書の「付属書Ⅰ」に示したので，温室効果ガスの
　　削減義務を負う国のことを「付属書Ⅰ国」とよぶことになった．
出所：環境庁発表資料「京都議定書の主なポイント」（http://www.env.go.jp/earth/cop3/
　　kaigi/pointg.html）をもとに筆者作成

のは先進国であり，1995年時点で OECD 加盟国（当時の加盟国数は25か国）の CO_2 排出量が116億トンであるのに対して，それ以外の非 OECD 国合計で98億トンと先進国の比重が重い．そういうことから，当面の GHG 排出削減は先進国から始めるという流れになっていた．

　そして，1997年12月に日本が議長国となり京都で開催された気候変動枠組条約第3回締約国会議（COP3，京都会議）は，画期的な会議となった．先進国および旧社会主義国（市場経済移行国）の温室効果ガス排出の削減目標を定めた京都議定書が採択されたからである．京都議定書の主な内容を表14‒1に示した．これは気候変動に関して，国際社会が今後どのように取り組んでいくのかという道筋を定めた嚆矢として高く評価される．

　京都議定書の特徴は次の2点であろう．まず，先進国の GHG 排出量について，法的拘束力のある数値目標を各国毎に設定したが，途上国に対しては数値目標などの新たな義務は導入しなかったことである．このことは後々尾を引く議論になる．もう1点は，国際的に協調して目標を達成するための仕組みとして京都メカニズムとよばれる柔軟性措置（排出量取引，クリーン開発メカニズム，共同実施）を導入したことである．京都メカニズムは他力本願の GHG 削減方式ともいえるが，環境問題の解決の方法として経済的な手段を用いることがで

表14‐2　京都議定書目標達成計画の骨子（当初案）

区　分	目　標		対2010年の BAU 比
	2010年の排出目標 (100万 t-CO_2)	1990年比	
エネルギー起源CO_2	1,056	0.6%	▲4.8%
非エネルギー起源CO_2	70	▲0.3%	▲0.4%
メタン（NH_4）	20	▲0.4%	
一酸化窒素（N_2O）	34	▲0.5%	
代替フロン等３ガス	51	0.1%	▲1.3%
森林等吸収源	▲48	▲3.9%	▲3.9%
京都メカニズム	▲20	▲1.6%	▲1.6%
合　計	1,163	▲6.0%	▲12.0%

出所：環境省（2005）「京都議定書目標達成計画の骨子」(https://www.env.go.jp/council/06earth/y060-37/mat01_2.pdf)

きる点が国際的に認知されたという点でその功績は大きい．これらについては，後に節を設けて説明する．

　米国は柔軟性措置の制限を付けずに使えるということで京都議定書に署名したのであるが，EU は自国対策を優先し柔軟性措置は補助的な手段であるとの主張を繰り返したことが，後の米国の離脱の要因であるといわれている．日本政府も心情的には米国に近かったと想像されるが議長国がそうもいかないのが現実であろう．

　もっとも，表14‐2に日本の京都議定書目標達成計画の骨子（2005年当時）を示したが，削減目標の内訳は驚くべきものといわざるをえない．日本の義務である６％削減のうち，森林等吸収源が3.9%削減，京都メカニズムで1.6%削減という計画である．つまり，温室効果ガスの排出削減はわずか0.5%であり，そのなかでエネルギー起源の CO_2 は減少ではなくむしろ増加する．政府は京都議定書目標達成計画のなかで，国民に向けた情報提供と地球温暖化対策の普及啓発を目的とした国民的運動として「チーム・マイナス６％」を推進した．しかし，森林等の CO_2 吸収は実測されるものではなく京都議定書の国際交渉の中で決められた政治的な数字である．「チーム・マイナス６％」の名称は誤

解を招くものであったといわざるをえない．

(3) 東日本大震災と京都議定書からの離脱

　2011年の12月に南アフリカのダーバンで開催されたCOP17は，京都議定書の延長とそれに代わる新枠組みの開始を決定し閉幕した．しかし，「いつまで延長するのか」という肝心の議論は先送りされた．日本は，京都議定書取りまとめの議長国であるが，京都議定書の延長には参加しないことになった．

　日本では，民主党政権時代に温室効果ガスの排出量を2020年までに（1990年比で）25％削減するとした「鳩山イニシアティブ」が示されたものの，産業界では京都議定書が不公平であるという議論がくすぶり続けていた．議定書を批准していない米国や開発途上国とみなされた中国には削減義務がないということが主な理由であるが，東日本大震災によって原子力発電所が停止したことも理由として挙げられる．

　日本政府は**京都議定書から離脱**したことで，2012年1月に鳩山イニシアティブを撤回した．日本が京都議定書から離脱したことで，京都議定書の第2約束期間は事実上消滅した．国際社会は，京都議定書の次の国際的な合意を待つことになった．

(4) パリ合意

　2020年以降の気候変動問題に関する国際的な枠組みである**パリ合意**は2015年のCOP21（第21回締約国会議）で採択された．そこでは，次の2つの長期目標が合意された．

　①　世界の平均気温上昇を産業革命以前に比べて少なくとも＋2℃以下に
　　　抑える．
　②　早期に世界全体のGHG排出量が減少に転じ（ピークアウトし），21世紀
　　　後半にはGHG排出温室効果ガス排出量と吸収量のバランスをとる．

　パリ合意が画期的であるといわれるのは，温暖化防止に途上国の協力を取り付けたことである．**図14-2**に主要国のCO_2排出量の推移を示した．京都議定書が締結された2000年以前では，CO_2排出量の大きさからみても先進国が率先してCO_2排出削減に取り組むことに大きな違和感はなかった．しかし，その

図14‐2　主要国の CO_2 排出量の推移

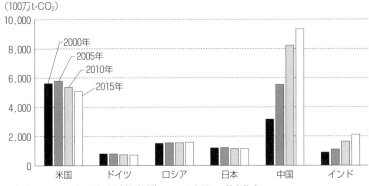

（100万t-CO_2）

出所：EDMCエネルギー経済統計要覧のデータを用いて筆者作成

後先進国の排出量は減少基調であるのに対して，中国・インド等の途上国では急速に拡大していていることがわかる．もはや途上国の排出削減への協力なしでは地球温暖化は防止できないことも明らかである．

　途上国の協力が取り付けられたことも画期的であるが，京都議定書の発効には会議から7年以上もかかったのに比べて，パリ合意は会議翌年の2016年11月に発効したのも画期的であった．この理由は世界各国の地球温暖化に対する関心が高まっていたことに加えて，パリ合意は各国がGHG削減の自主目標を持ち寄りそれを相互承認するというプレッジ（Pledge）型のゆるい合意であったことが功を奏した．

　各国がパリ会議に持ち寄ったGHG削減自主目標は「自国が決定する貢献案」（Intended Nationally Determined Contribution, INDC）とよばれたが，パリ合意締結後は「案」がとれて自国が決定する貢献（Nationally Determined Contribution, NDC）とよばれている．

　パリ合意での各国の削減目標（自国が決定する貢献）を表14‐3に示した．この目標は努力目標なので達成義務はないが，各国が「どうせ努力目標」といい加減に扱っては意味がない．そこで，進捗状況に関する情報を気候変動枠組条約事務局に提供し，専門家によるレビューを受けることが義務付けられた（プレッジ＆レビュー方式）．また各国の目標は，5年ごとに更新し提出することも求められた．ただ，米国のトランプ大統領は2017年6月にパリ合意からの離脱

表14 - 3　2020年以降の削減目標（自国が決定する貢献）

日　　本	2030年度に26％削減（2013年度比），あるいは25.4％削減（2005年度比）
米　　国	2025年に26％～28％削減（2005年比）
Ｅ　Ｕ	2030年に40％削減（1990年比）
ロシア	2030年に25％～30％削減（1990年比）
中　　国	2030年前後に CO_2 排出量のピークを達成． 2030年に GDP 当たり CO_2 排出量で60～65％削減（2005年比）
インド	2030年に GDP 当たり排出量で33～35％削減（2005年比）

出所：外務省「自国が決定する貢献（INDC）とは：2030年の温室効果ガス排出削減目標」

を表明した．もっとも，カリフォルニア州，ワシントン州，ニューヨーク州などは，連邦政府の考えとは無関係に地方レベルでパリ合意を支持し温暖化対策を取り続けると表明するなど米国内でも意見は割れている．

　日本では，2030年度の GHG 排出を2013年度比で26％削減するのが目標である．一部には目標が低いという声もあるが，京都議定書ではエネルギー起源の CO_2 をほとんど削減しなかった日本にとっては厳しい数字であろう．また中国やインドの削減目標は GHG 排出の絶対量ではなく，GDP 当たりの削減量であり，同じ土俵では比較できないことにも注意されたい．

　表14 - 4 に日本の GHG 削減目標 NDC を掲げた．エネルギー起源の CO_2 については，業務部門（オフィスビルや商業施設のこと）と家計での削減が約40％と大きくなっていることがわかる．京都議定書では排出削減の大半は森林吸収であったが，今回は2013年から2030年への総削減量の10％程度となっている．数字の上ではつじつまが合っているが，原子力発電という「切り札」を事実上失った日本にとって，この目標の実現は容易ではない．パリ協定以後の現在は，温暖化防止に途上国の協力が欠かせない．京都議定書では，先進国から途上国への資金支援が義務として求められたが，パリ協定でもそれは変わっていない．後述の**二国間クレジット**（JCM）に代表される海外からのクレジット等を活用する局面も十分に考えられる．

表14‐4　日本のNDC

	2030年度の排出量の目安	2013年度排出	削減率（%）
エネルギー起源 CO_2	927	1,235	25
産業部門	401	429	7
業務その他部門	168	279	40
家庭部門	122	201	39
運輸部門	163	225	28
エネルギー転換部門	73	101	28
非エネルギー起源 CO_2	71	76	7
メタン	32	36	12
一酸化二窒素	21	23	6
HFC等4ガス	29	39	25
吸収源	−37		
合　計	1,042	1,408	26

出所：地球温暖化対策推進本部「日本の約束草案」をもとに筆者作成

14-3　京都メカニズム

(1) 排出量取引

　排出量取引の議論をリードしたのは EU であった．EU 各国はそれぞれ GHG 排出削減義務を負うが，GHG 削減費用は国によって異なる．EU には旧社会主義の東欧諸国があり，これら諸国では省エネがあまり進んでおらず，比較的安い費用で GHG 削減が実現できそうであるが，すでに省エネがかなり進んでいる西欧先進諸国では簡単ではない．西欧先進諸国にとっては，自国で高額な費用をかけて GHG 削減するよりも，外国から安く GHG 削減枠を購入することができれば便利なわけである．これが排出量取引の仕組みである．

　図14‐3に排出量取引の仕組みを図示した．EU に例えると，A 国が西欧先進国で GHG 限界削減費用が高く，B 国が東欧諸国に相当し限界削減費用が安い．それぞれの企業は OA と OB だけ GHG を削減する義務を負っている．排出量の取引がない場合は両国企業は △OAE と △OBF の面積分の費用が掛かる．ここでもし B 国企業の排出削減が順調であり，余分に削減することがで

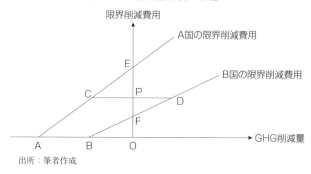

図14-3　排出量取引の仕組み

出所：筆者作成

きれば，B国企業はA国企業にPD（PC）だけ削減量を価格Pで販売すること
ができる．こうした取引が実願されれば，排出量取引がなかった時に比べて，
A国企業は△ECPだけの利益，B国企業は△PFDだけの利益を得る．

(2) クリーン開発メカニズム

　クリーン開発メカニズムと共同実施は原理としては同じであるが，前者は先
進国と開発途上国との国際協力，後者は先進国同士の国際協力という点で制度
的には異なる．クリーン開発メカニズムは英語名Clean Development Mecha-
nismの頭文字をとってCDMとよばれる．

　CDMはGHG排出量の枠が設定されている先進国（投資国）が，枠が設定さ
れていない途上国（ホスト国）と協力し，途上国内においてGHG排出削減等の
プロジェクトを実施するものである．プロジェクトを実施しなかった場合の
GHG排出量をベースラインとよぶが，プロジェクト実施によってベースライ
ン以下に削減されたGHG量に基づきクレジット（GHG排出削減の証書）を発行
する．クレジットを投資国とホスト国でどのように分配するかは当事者間で決
定する．CDMで発行されるクレジットは，CER（Certified Emission Reduction）
とよばれる．途上国はGHG排出枠が設定されていないにもかかわらず，そこ
での削減が先進国での削減としてカウントされることになり，実質的には先進
国の総排出枠の量が増大する．したがってプロジェクト内容の厳密な審査や
GHG削減量の厳密なモニタリングが要求される．

図14‐4　クリーン開発メカニズムの仕組み

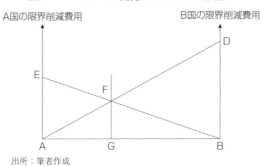

出所：筆者作成

　CDM の仕組みを図14‐4に示した．A 国は AB だけの排出削減義務があり，B 国には排出削減義務はないとする．A 国が自国だけで削減義務に見合うだけの排出削減を行うとすると，△ADB の費用がかかる．しかし，B 国と共同して排出削減をすることが可能であれば，話は違ってくる．極端な例として，B 国の国内で BG だけの排出削減を行うとすると，A 国内での費用は △AFG であり，B 国内での費用は △BFG となる．その結果，△FDB の費用が節約できたことになる．

　CDM は本来，技術力も資金力も不十分と想定される開発途上国の支援策として考案されたという経緯がある．しかし，プロジェクトの範囲（バウンダリー）を現実に決め，審査やモニタリングを厳密にするということは取引費用が高いということである．そこで，取引費用をすこしでも低くするために，本当に支援が必要な LDC ではなく，中国やブラジルなど比較的開発が進んだ途上国に CDM が集中してしまうという問題点もあった．こうした背景もあって現在の日本では CDM に類似した仕組みの二国間クレジット（Joint Credit Mechanism, JCM）を運営している．

(3) 共同実施

　共同実施は Joint Implementation の頭文字をとって JI とよばれる．JI は，GHG 排出量の枠が設定されている先進国同士が協力して，先進国内において排出削減プロジェクトを実施するものである．CDM と同様に，ベースライン

を設定し，それ以下に削減された GHG 量に基づきクレジットを発行する．クレジットを投資国とホスト国でどのように分配するかは当事者間で決定する．JI で発行されるクレジットは ERU（Emission Reduction Unit）とよばれる．

14-4　日本の温暖化防止のための経済的手法

(1) 間接税政策

　すでに第 2 章で説明したように，間接税政策とは，財に課税することで，価格を引上げ，消費を抑制する政策である．日本では，化石燃料の輸入時にかかる「石油石炭税」の他に，ガソリンに対して「揮発油税」，軽油に対して「軽油引取税」，ジェット燃料に対して「ジェット燃料税」の各種化石燃料についての税が存在している．これらの燃料税はそれぞれ，国道の建設，県道の建設，空港の建設に用いられる目的税であり，化石燃料の節約を目的としたいわゆる炭素税ではなかった．

　日本政府は，2000年に「環境政策における経済的手法活用検討会」を招集し，経済的手法を活用した環境政策の立案を始めた．炭素に課税する炭素税は，1990年のフィンランドを皮切りに欧州各国の多くで導入済みであるが，日本では2012年にようやく，石油石炭税の付加税（地球温暖化対策税）として導入された．

(2) 再生可能エネルギー普及促進策（RPS と FIT）

　RPS とは Renewables Portfolio Standard の頭文字で，小売り電気事業者に対して，販売する電力の一定割合を再生可能エネルギー（再エネ）を電源とする電力にすることを義務付ける制度である．日本では2003年に導入され，2012年に廃止された．これは政府が当面目標とした再エネの導入量を超えたからというのが 1 つの理由であるが，日本ではそもそも導入目標が低かった．

　FIT は Feed in Tarif の頭文字で，再エネ電力を一定期間にわたり固定価格で買い取ることを電気事業者に義務付ける制度である．対象となる再エネは，太陽光，風力，地熱，水力，バイオマスの 5 種類である．買取価格は，再エネの種類ごとに異なり，政府内に設けられた調達価格等算定委員会で政策的に決

定される．日本で FIT は，2012年に廃止された RPS に代わり同年に開始された．

　再エネの買取価格は毎年下げられることになっている．住宅用の太陽光発電を例にとると買取期間は10年間で制度変更はないが，買取価格は2012年には42円/kw であったが，現在（2019年）は24円/kw に下げられている．ただ，2012年に導入した家計にとっての買取価格は10年間42円/kw の「固定価格」で不変である．つまり，「早い者勝ち」であることを制度に盛り込んで，投資を刺激する政策である．産業用の太陽光発電は住宅用よりもすこし安く設定された．

　再エネは導入拡大の方向であり，FIT は一応の成功をおさめたといえるが，現行制度には問題点もある．電力事業者には買取義務があるとはいうものの，現行制度では電気事業者が太陽光や風力といった不安定な電力を買い取ることで，経済的に合理的な価格で需要家に電力を供給できなくなったと判断される場合は，再エネ電力の買い取りを拒否できることになっている．

(3) 補助金政策

　第2章で説明したように，消費者に補助金を与えることで，消費を促進する政策である．環境政策での補助金とは，環境に優しい製品に補助金を与えて，消費を促進することになる．

▶エコカー減税

　自動車にはいくつかの税金が課税されているが，環境性能の悪い車から良い車への乗り換え促進のために，自動車関連税制を減免する制度がある．**エコカー減税**が導入された2009年当時は，日本経済がリーマンショック後で冷え込んでおり，経済回復が喫緊の課題だったので，この政策は環境政策を装った経済政策ともいえる．対象となる自動車関連税は，自動車取得税（購入時），自動車重量税（車検時），自動車税・軽自動車税（保有期間の毎年）であり，エコカーはこれらの税金が減免される．例えば，CO_2 排出がない電気自動車や燃料電池車（水素自動車），またプラグイン・ハイブリッド・カーは，自動車取得税と自動車重量税が免除になる．

　ただ現実には新車のほとんどがエコカー減税の対象となっており，羊頭狗肉的なネーミングとなった．そのため2017年から適用基準が厳格化されている．

各種電源の発電コスト

　再生可能エネルギー（再エネ）の導入が進まない理由は，再エネによる電力が高いということにある．下の図は資源エネルギー庁発表の2015年時点での各種発電のコストを示している．風力，太陽光の代表的な再エネでは，燃料費はかからないものの，資本コストが高いことがわかる．その理由は，再エネは原子力や火力に比べて面積あたりの発電量が少ないために大きな敷地が必要なこと，そして風力は無風では発電できないし，太陽光は夜間や雨天の日は発電できないなど，設備稼働率が低くなることである．

　下の図では原発の発電単価が低いことに驚く．東日本大震災による原発事故では，事故対応費用は最大で81兆円（日本経済研究センター）という見積もりがある．また，新規制基準による追加安全対策費もかかりそうである．ただ資源エネルギー庁の試算によると，原発の発電単価は，仮に事故対応費用が10兆円増加しても0.1〜0.3円しか増加せず，もし新規制基準対応の安全対策費が2倍になっても0.6円しか増加しない．この理由は原発が長期にわたり膨大な発電を行うので，追加的費用が膨大であっても単位あたりのコスト増加は限定的になるためである．しかし，原発はひとたび事故が起こると，周辺の人々の暮らしを変えてしまう．「事故対策費費用」や「安全対策費」という言葉は無機質に過ぎるようにも思う．

各種電源の発電コスト

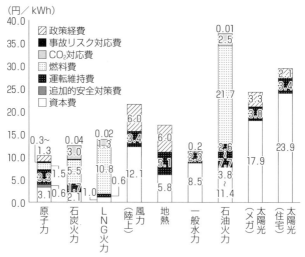

出所：資源エネルギー庁資料「原発のコストを考える」
（https://www.enecho.meti.go.jp/about/special/shared/img/qdgx-
26kjipg4.jpg）

▶エコカー補助金

　エコカー減税の類似制度として，環境性能に優れた自動車購入の際に補助金を出す**エコカー補助金**の制度もあった．2009年から2012年まで断続的に実施された．現在は，クリーンエネルギー自動車を対象に，国と都道府県からの補助金がある．

▶エコポイント

　麻生内閣が2009年度補正予算で実施した制度である．この政策も純粋な環境政策というよりも環境政策の香りがする経済政策というべきだろう．対象商品は，エアコン，冷蔵庫，地上デジタル放送対応テレビの3品目であった．**エコポイント**を得るためにはECCJ（省エネルギーセンター）提供の「統一省エネラベル」が4ポイント以上という環境性能基準を設け，いわゆる「グリーン家電」を対象にしたが，事実上は全製品が対象になった．商品の購入によって消費者はエコポイントを獲得し，消費者はエコポイントに応じて別の商品に交換できるという仕組みであった．エコポイントの発行は2009年5月から2010年3日購入分までで，エコポイントの商品交換は2012年3月で終了した．

▶太陽光発電システム補助金

　住宅に太陽光発電システムを設置する場合の補助金が国の制度としてあった．2008年度に7万円/kW で開始され，順次補助金額が引き下げられ，2013年度を最後に廃止された．ただ同時に，各都道府県・市町村も太陽光発電システム補助金を導入したため，固定価格買取制度の導入も重なって，太陽光発電の設置がブームになった．国の補助金が廃止された後も，都道府県・市町村によっては補助金の給付を続けている．

⑷ 経団連環境自主行動計画と排出量取引制度・J−クレジット制度

　経団連は京都議定書による GHG 削減の要請を受けて，1997年に自主行動計画を発表した．製造業・エネルギー産業だけでなく，流通・運輸・金融・建設・貿易など経団連に参加する36業種が行動計画を策定した．これは炭素税導入反対という産業界からのメッセージでもあった．

　経団連は大企業の組織であるが，中小企業の零細なクレジットを政府が認証する**J−クレジット**という制度がある．倉庫の照明を LED に変更したり，工場

の屋根に太陽光発電設備を設置するなど，省エネルギーにつながる活動が対象
である．J-クレジットの保有者は，クレジットを自主行動計画参加企業に売却
することができる．言い換えれば，購入企業は目標達成に使うことができる．
また仲介業者を通じて後述の東京・埼玉の取引市場にも参加できる．

(5) 途上国との協力：二国間クレジット

　二国間クレジット（Joint Credit Mechanism, JCM）とは，京都議定書に盛り込
まれたCDMを日本風にアレンジした途上国との協力の形である．JCMは途
上国と協力してGHGの削減を行い，GHG削減の成果を二国間で分け合うと
いう意味ではCDMと同様である．日本の優れた低炭素技術等を途上国にも普
及させることで，地球規模での温暖化対策に貢献するという精神もCDMと同
じである．ただ，CDMはプロジェクトベースであり，そのバウンダリーと
ベースラインの設定および炭素クレジットの発行が国連のCDM委員会で厳密
に行われた．そのためにCDMは取引費用が高く，対象国や対象プロジェクト
が限定的になってしまった．そこで，日本は諸手続きを簡素化し，CDM委員
会にあたるものとして日本と相手国の2国からなる「合同委員会」を設置し，
その委員会と第三者機関とで，プロジェクトの承認とクレジットの発行ができ
るようにした．この方が，日本のGHGガス排出削減等への貢献を適切に評価
できると考えているわけである．COP21パリ会議で安倍首相も「JCMは途上
国の負担削減に有効である」と発言しJCMを推進している．

　2018年1月時点で，JCMの対象国は以下の17か国（モンゴル，バングラデ
シュ，エチオピア，ケニア，モルディブ，ベトナム，ラオス，インドネシア，コスタリ
カ，パラオ，カンボジア，メキシコ，サウジアラビア，チリ，ミャンマー，タイ，フィ
リピン）であり，中国のようなODAを卒業した国は含まれていない．JEM対
象プロジェクトもLED電球による街灯整備，送電・変電設備の効率改善，小
規模太陽光発電装置の普及等，途上国のニーズはあるがCDMのスキームに乗
らなかったものも対象となっている．

14-5　アジアでの排出量取引市場

　EU の排出量市場に触発されて日本でも全国規模の排出量取引市場の導入が話題には上るが，まだ実現には至っていない．日本では，東京・埼玉の自治体レベルで GHG 排出量取引市場が開設されている．東京市場は2010年に開始され，エネルギー消費が一定規模以上の事業所は排出削減義務を持つ．第二期（2015～19年）は，2010年以前の排出量を基準として，オフィスビルで17%以上，工場等で15%以上の削減の必要があり，排出削減義務を達成できない企業は東京・埼玉の市場かJ-クレジット制度で炭素クレジットを調達せねばならない．

　中国は世界最大の GHG 排出国である．COP3 京都議定書では中国の排出削減義務はなかったが，2015年の COP21 パリ会議では2030年ごろに GHG 総排出量をピークアウトさせるという自主目標を提出した．中国政府は，排出量取引市場はその目標を達成するための切り札だと位置づけており，2013年より深圳市を皮切りに，北京市，上海市，広東省，湖北省，天津市，重慶市，福建省の8地域に取引市場を設立した．対象産業は地域によって異なるが，石油化学，化学，建材，鉄鋼，非鉄金属，製紙，電力，航空などが含まれる．2017年末には，電力産業のみは全国市場が開設され，CO_2 の排出規模として世界最大の市場となった．

　韓国は2030年に BAU（現状で推移したとき）比で37%削減する目標を掲げているが，その中心的政策が2015年開始の排出量取引である．対象産業は電力，鉄鋼，セメント，石油化学，航空などの部門で，排出量全体の7割が対象になっている．この市場の特徴は，CDM のクレジット（CER）も利用可能という点で，日本の二国間クレジット（JCM）との連携も視野に入れているとのことである．

　さて，JCM は，途上国での環境改善プロジェクトで発生した炭素クレジットを現地政府と日本でシェアすることで，日本の排出削減目標達成に活用するのが目的である．ただ，現地政府が炭素クレジットを販売できる市場が十分ではない．やや旧聞になるが2007年（第1次）安倍内閣が制定した**21世紀環境立国戦略**の戦略1は「気候変動問題の克服に向けた国際的リーダーシップ」で

あった．日本での炭素市場の創設および東アジアでの炭素市場の連携は，この延長線で検討すべき課題であろう．

14-6　おわりに

　日本は高度成長期に産業型や都市型の公害（大気汚染・水質汚染・騒音）を経験した．その反省から1967年に公害対策基本法が制定され，1971年には環境庁が設立されるなど，国民の環境保全への意識が高まった．一方で，1970年代には石油ショックに代表されるように資源ナショナリズムが高揚し，世界的に資源価格が高騰した．資源を持たない日本はエネルギー節約・資源節約を半ば強制されることになった．ただ，塞翁が馬というべきか，これは日本の環境技術開発を促進し，市場を通じた環境政策が有効であることを証明することになった．

　1993年に公害対策基本法の発展形として環境基本法が制定され，環境問題を局地的な問題としてではなく，よりグローバルな問題として捉えるようになった．1997年の京都議定書締結を契機に1998年には「地球温暖化対策の推進に関する法律」（地球温暖化対策推進法），2000年には「循環型社会形成推進基本法」の制定など，視野の広い環境関連の法整備が行われてきた．現在の日本は環境技術でも環境政策でも先進国であるといえる．

　「世界の防衛省」の役割を担っている国もあるが，日本がめざすとすれば「世界の環境省」であろう．日本が環境保全分野での経験を途上国とシェアすること，言い換えれば，日本の優れた環境技術とその普及に向けた環境政策運用ノウハウの共有は，現在の日本が期待されている国際貢献だろう．

📖 学習に向けた参考文献（初級★・中級）
★栗山浩一・馬奈木俊介（2016）『環境経済学をつかむ〔第3版〕』有斐閣
★三橋規宏（2013）『環境経済入門』日経文庫
　有村俊秀編（2015）『温暖化対策の新しい排出削減メカニズム』日本評論社
　山地憲治監修（2009）『新・地球温暖化対策教科書』オーム社

参考文献

第1章　ミクロ経済政策

ポール クルーグマン・ロビン ウェルス／大山道広ほか訳（2017）『クルーグマン ミクロ経済学〔第2版〕』東洋経済新報社

ジョセフ スティグリッツ・カール ウォルシュ／藪下史郎ほか訳（2013）『スティグリッツ ミクロ経済学〔第4版〕』東洋経済新報社

井堀利宏（2019）『入門ミクロ経済学〔第3版〕』新世社

小川光・家森信善（2016）『ミクロ経済学の基礎』中央経済社

神取道宏（2014）『ミクロ経済学の力』日本評論社

神戸伸輔・寳多康弘・濱田弘潤（2006）『ミクロ経済学をつかむ』有斐閣

白井正敏・山田光男・中山惠子（2012）『ミクロ経済学の考え方』八千代出版

林貴志（2013）『ミクロ経済学〔増補版〕』ミネルヴァ書房

柳川隆・町野和夫・吉野一郎（2015）『ミクロ経済学・入門―ビジネスと政策を読みとく〔新版〕』有斐閣

第2章　国民経済計算

国友直人・山本拓編（2019）『統計と日本社会―データサイエンス時代の展開』東京大学出版会

小泉進（1982）『マクロ経済学』有斐閣

小宮一慶（2015）『「名目GDPって何？」という人のための経済指標の教科書』（PHPビジネス新書）PHP研究所

作間逸雄編（2003）『SNAがわかる経済統計学』有斐閣

中村洋一（2010）『新しいSNA ―2008SNAの導入に向けて』日本統計協会

中村洋一（2017）『GDP統計を知る―大きく変わった国民経済計算』日本統計協会

藤川清史（1999）『グローバル経済の産業連関分析』創文社

宮沢健一（1984）『国民所得理論〔3訂版〕』筑摩書房

李潔（2018）『入門GDP統計と経済波及効果分析〔第2版〕』大学教育出版

▶ Web 資料

総務省「産業連関表」〈http://www.soumu.go.jp/toukei_toukatsu/data/io/index.htm〉

内閣府「基礎からわかる国民経済計算」〈https://www.esri.cao.go.jp/jp/sna/seibi/kouhou/93kiso/kiso_top.html〉

内閣府「国民経済計算（GDP計算）」〈https://www.esri.cao.go.jp/jp/sna/menu.html〉

日本銀行「資金循環」〈http://www.boj.or.jp/statistics/sj/index.htm/〉

第3章　マクロ経済政策理論

グレゴリー マンキュー／足立英之・地主敏樹・中谷武・柳川隆訳（2017）『マンキューマクロ経済学Ⅰ　入門篇〔第4版〕』東洋経済新報社

グレゴリー マンキュー／足立英之・地主敏樹・中谷武・柳川隆訳（2018）『マンキューマクロ
　　経済学Ⅱ　応用篇〔第4版〕』東洋経済新報社

小川一夫・玉岡雅之・得津一郎（1991）『マクロ経済学』有斐閣

小泉進（1982）『マクロ経済学』有斐閣

齊藤誠・岩本康志・太田聰一・柴田章久（2016）『マクロ経済学〔新版〕』有斐閣

福田慎一・照山博司（2016）『マクロ経済学・入門〔第5版〕』（有斐閣アルマ）有斐閣

二神孝一・堀敬一（2017）『マクロ経済学〔第2版〕』有斐閣

宮沢健一（1984）『国民所得理論〔3訂版〕』筑摩書房

第4章　財政政策1

ジョセフ スティグリッツ／藪下史郎訳（2003）『スティグリッツ公共経済学〔第2版〕（上）』
　　東洋経済新報社

ジョセフ スティグリッツ／藪下史郎訳（2004）『スティグリッツ公共経済学〔第2版〕（下）』
　　東洋経済新報社

赤木博文（2016）『財政学の基礎』多賀出版

赤井伸郎編（2017）『実践財政学―基礎・理論・政策を学ぶ』有斐閣

林宏昭・玉岡雅之・桑原美香（2015）『入門 財政学〔第2版〕』中央経済社

林宏昭（2019）『日本の税制と財政』中央経済社

森徹・森田雄一（2016）『租税の経済分析―望ましい税制をめざして』中央経済社

第5章　財政政策2

グレゴリー マンキュー／足立英之・地主敏樹・中谷武・柳川隆訳（2017）『マンキューマクロ
　　経済学Ⅰ　入門篇〔第4版〕』東洋経済新報社

グレゴリー マンキュー／足立英之・地主敏樹・中谷武・柳川隆訳（2018）『マンキューマクロ
　　経済学Ⅱ　応用篇〔第4版〕』東洋経済新報社

赤井伸郎編（2017）『実践財政学―基礎・理論・政策を学ぶ』有斐閣

赤木博文著（2016）『財政学の基礎』多賀出版

林宏昭・玉岡雅之・桑原美香（2015）『入門 財政学〔第2版〕』中央経済社

福田慎一・照山博司（2016）『マクロ経済学・入門〔第5版〕』有斐閣

宮澤和俊・焼田党（2019）『財政学』新世社

第6章　財政政策3

赤井伸郎編（2017）『実践財政学―基礎・理論・政策を学ぶ』有斐閣

赤木博文（2016）『財政学の基礎』多賀出版

跡田直澄・前川聡子編（2007）『社会保障――体改革への途』清文社

一圓光彌・林宏昭編（2014）『社会保障制度改革を考える』中央経済社

林宏昭・玉岡雅之・桑原美香（2015）『入門 財政学〔第2版〕』中央経済社

森徹・森田雄一（2016）『租税の経済分析―望ましい税制をめざして』中央経済社

森徹・鎌田繁則編（2013）『格差社会と公共政策』勁草書房

第7章　金融政策1

グレゴリー マンキュー／足立英之・地主敏樹・中谷武・柳川隆訳（2017）『マンキューマクロ経済学Ⅰ　入門篇〔第4版〕』東洋経済新報社

グレゴリー マンキュー／足立英之・地主敏樹・中谷武・柳川隆訳（2018）『マンキューマクロ経済学Ⅱ　応用篇〔第4版〕』東洋経済新報社

岩田規久男（2012）『インフレとデフレ』講談社学術文庫

梅田雅信（2011）『日銀の政策形成―「議事録」等にみる，政策判断の動機と整合性』東洋経済新報社

小林照義（2015）『ベーシックプラス　金融政策』中央経済社

白川方明（2008）『現代の金融政策―理論と実際』日本経済新聞出版社

家森信善（2016）『ベーシックプラス　金融論』中央経済社

▶ web 資料

日本銀行「金融政策」〈http://www.boj.or.jp/mopo/index.htm/〉

日本銀行「統計」〈http://www.boj.or.jp/statistics/index.htm/〉

第8章　金融政策2

岩田一政・左三川郁子・日本経済研究センター編（2016）『マイナス金利政策―3次元金融緩和の効果と限界』日本経済新聞出版社

黒田東彦（2005）『財政金融政策の成功と失敗』日本評論社

小林照義（2015）『ベーシックプラス　金融政策』中央経済社

白川方明（2008）『現代の金融政策―理論と実際』日本経済新聞出版社

宮尾龍蔵（2013）『非伝統的金融政策―政策当事者としての視点』有斐閣

家森信善（2016）『ベーシックプラス　金融論』中央経済社

湯本雅士（2013）『金融政策入門』岩波新書

▶ web 資料

日本銀行「金融政策」〈http://www.boj.or.jp/mopo/index.htm/〉

日本銀行「統計」〈http://www.boj.or.jp/statistics/index.htm/〉

第9章　物価と失業

グレゴリー マンキュー／足立英之・地主敏樹・中谷武・柳川隆訳（2017）『マンキューマクロ経済学Ⅰ　入門篇〔第4版〕』東洋経済新報社

グレゴリー マンキュー／足立英之・地主敏樹・中谷武・柳川隆訳（2018）『マンキューマクロ経済学Ⅱ　応用篇〔第4版〕』東洋経済新報社

岩田規久男（2019）『なぜデフレを放置してはいけないか―人手不足経済で甦るアベノミクス』（PHP新書）PHP研究所

小池和男（2005）『仕事の経済学』東洋経済新報社

齊藤誠・岩本康志・太田聰一・柴田章久（2016）『マクロ経済学〔新版〕』有斐閣

清家篤（2013）『雇用再生 持続可能な働き方を考える』（NHKブックス）NHK出版

中谷武・菊本義治・佐藤真人・佐藤良一・塩田尚樹（2009）『新版マクロ経済学』勁草書房

福田慎一・照山博司（2016）『マクロ経済学・入門〔第5版〕』（有斐閣アルマ）有斐閣
山田久（2016）『失業なき雇用流動化―成長への新たな労働市場改革』慶応義塾大学出版会
吉川洋（2013）『デフレーション―"日本の慢性病"の全貌を解明する』日本経済新聞出版社
渡辺努・岩村充（2018）『新しい物価理論―物価水準の財政理論と金融政策の役割』（岩波オンデマンドブックス）岩波書店
▶ Web 資料
総務省統計局「消費者物価指数（CPI）」〈https://www.stat.go.jp/data/cpi/index.html〉
総務省統計局「労働力調査」〈https://www.stat.go.jp/data/roudou/index.html〉
日本銀行「通貨関連統計」〈http://www.boj.or.jp/statistics/money/index.htm/〉

第10章　経済成長政策

チャールズ ジョーンズ／香西泰監訳（1999）『経済成長理論入門―新古典派から内生的成長理論へ』日本経済新聞社
グレゴリー マンキュー／足立英之・地主敏樹・中谷武・柳川隆訳（2018）『マンキューマクロ経済学Ⅱ 応用篇〔第4版〕』東洋経済新報社
ロバート ソロー／福岡正夫訳（2000）『成長理論〔第2版〕』岩波書店
金森久雄・大守隆編（2013）『日本経済読本〔第19版〕』東洋経済新報社
吉川洋（2017）『人口と日本経済―長寿，イノベーション，経済成長』中公新書
▶ web 資料
総務省統計局「消費者物価指数（CPI）」〈https://www.stat.go.jp/data/cpi/index.html〉
内閣府「国民経済計算（GDP統計）」〈https://www.esri.cao.go.jp/jp/sna/menu.html〉
公正取引委員会〈https://www.jftc.go.jp/〉

第11章　貿易政策

ポール クルーグマン・モーリス オブストフェルド・マーク メリッツ／山形浩生・守岡桜訳（2017）『クルーグマン 国際経済学　理論と政策・上：貿易編〔原著第10版〕』丸善出版
阿部顕三・遠藤正寛（2012）『国際経済学』（有斐閣アルマ）有斐閣
石川城太・椋寛・菊地徹（2013）『国際経済学をつかむ〔第2版〕』有斐閣
大川昌幸（2015）『コア・テキスト国際経済学』新世社
大川良文（2019）『入門　国際経済学』中央経済社
中西訓嗣（2013）『国際経済学　国際貿易編』ミネルヴァ書房
若杉隆平（2009）『国際経済学〔第3版〕』岩波書店
▶ Web 資料
外務省「経済連携協定（EPA）／自由貿易協定（FTA）」〈https://www.mofa.go.jp/mofaj/gaiko/fta/index.html〉
WTO "Regional Trade Agreements" 〈https://rtais.wto.org/UI/PublicMaintainRTAHome.aspx〉

第12章　国際通貨システムとマクロ経済政策

ポール クルーグマン・モーリス オブストフェルド・マーク メリッツ／山形浩生・守岡桜訳
　（2017）『クルーグマン 国際経済学　理論と政策・下：金融編〔原書第10版〕』丸善出版

ポール クルーグマン・ロビン ウェルス／大山道広・石橋孝次・塩澤修平・白井義昌・大東一
　郎訳（2019）『クルーグマン マクロ経済学〔第2版〕』

岩本武和（2012）『国際経済学 国際金融編』ミネルヴァ書房

奥田宏司・代田純・櫻井公人編（2016）『現代国際金融　構図と解明〔第3版〕』法律文化社

勝悦子（2011）『新しい国際金融論―理論・歴史・現実』有斐閣

末永勝昭（2013）『国際マクロ経済学―世界経済の動向と日本経済』税務経理協会

関谷喜三郎・河口雄司（2018）『国際マクロ経済学』泉文堂

谷内満（2015）『国際金融と経済―国際マクロ経済学入門』成文堂

橋本優子・小川英治・熊本方雄（2019）『国際金融論をつかむ〔新版〕』有斐閣

藤井英次（2014）『コア・テキスト国際金融論』新世社

▶ Web 資料

財務省「国際収支状況」〈https://www.mof.go.jp/international_policy/reference/balance_of_
　payments/index.htm〉

日本銀行「国際収支・貿易関連統計」〈http://www.boj.or.jp/statistics/br/index.htm/〉

第13章　社会保障政策

石橋敏郎編（2010）『わかりやすい社会保障論』法律文化社

小塩隆士（2013）『社会保障の経済学〔第4版〕』日本評論社

小塩隆士（2014）『持続可能な社会保障へ』NTT 出版

小塩隆士（2015）『18歳からの社会保障読本―不安のなかの幸せをさがして』ミネルヴァ書房

小塩隆士・田近栄治・府川哲夫（2014）『日本の社会保障政策―課題と改革』東京大学出版会

椋野美智子・田中耕太郎（2019）『はじめての社会保障―福祉を学ぶ人へ〔第16版〕』（有斐閣
　アルマ）有斐閣

国立社会保障・人口問題研究所編（各年版）『社会保障統計年報』法研

社会保障入門編集委員会編（各年版）『社会保障入門』中央法規出版

田中耕太郎（2016）『社会保険のしくみと改革課題』放送大学教育振興会

土田武史・田中耕太郎・府川哲夫編（2008）『社会保障改革―日本とドイツの挑戦』ミネル
　ヴァ書房

土田武史編（2015）『社会保障論』成文堂

堀勝洋（2017）『年金保険法　基本理論と解釈・判例〔第4版〕』法律文化社

山田節夫（2018）『ベーシック経済政策』同文舘出版

▶ Web 資料

金融審議会市場ワーキング・グループ「高齢社会における資産形成・管理」〈https://www.
　fsa.go.jp/singi/singi_kinyu/tosin/20190603/01.pdf〉

厚生労働省「生活保護制度の概要等について」〈https://www.mhlw.go.jp/file/05-Shingikai-
　12601000-Seisakutoukatsukan-Sanjikanshitsu_Shakaihoshoutantou/kijun23_05.pdf〉

厚生労働省「生活困窮者自立支援制度」〈https://www.mhlw.go.jp/stf/seisakunitsuite/bunya/
　0000059425.html〉

全国健康保険協会〈https://www.kyoukaikenpo.or.jp/g3/cat310/sb3030/r150#hutan〉

第14章　地球温暖化問題と緩和に向けた環境政策

浅岡美恵・千葉恒久・和田重太・新澤秀則（2009）『世界の地球温暖化対策—再生可能エネル
　ギーと排出量取引』学芸出版社

有村俊秀（2015）『温暖化対策の新しい排出削減メカニズム』日本評論社

植田和弘・國部克彦・島本実編（2017）『グリーン・イノベーション』中央経済社

植田和弘・山家公雄編（2017）『再生可能エネルギー政策の国際比較—日本の変革のために』
　京都大学学術出版会

倉阪秀史（2015）『環境政策論〔第3版〕』信山社

栗山浩一・馬奈木俊介（2016）『環境経済学をつかむ〔第3版〕』有斐閣

日引聡・有村俊秀（2002）『入門環境経済学—環境問題解決へのアプローチ』中公新書

馬奈木俊介・林良造編（2012）『日本の将来を変える　グリーンイノベーション』中央経済社

三橋規宏（2013）『環境経済入門』日経文庫

日本気象学会編（2014）『地球温暖化—そのメカニズムと不確実性』朝倉書店

パチャウリ＝ラジェンドラ・原沢英夫（2008）『地球温暖化 IPCC からの警告』日本放送協会
　出版

山地憲治監修（2009）『新・地球温暖化対策教科書』オーム社

▶統計資料

日本エネルギー経済研究所『エネルギー・経済統計要覧』（各年版），財団法人省エネルギーセ
　ンター

▶ Web 資料

外務省「自国が決定する貢献（INDC）とは：2030年の温室効果ガス排出削減目標」〈https://
　www.mofa.go.jp/mofaj/ic/ch/page1w_000121.html〉

外務省「二国間クレジット制度（JCM）」〈https://www.mofa.go.jp/mofaj/ic/ch/page1w_
　000122.html〉

環境省「日本の約束草案」〈https://www.env.go.jp/earth/ondanka/ghg/2020.html〉

環境省「21世紀環境立国戦略」〈https://www.env.go.jp/guide/info/21c_ens/21c_strategy_
　70601.pdf〉

経団連環境自主行動計画〈http://www.keidanren.or.jp/japanese/policy/pol133/index.html〉

資源エネルギー庁「いまさら聞けないパリ協定」〈https://www.enecho.meti.go.jp/about/
　special/tokushu/ondankashoene/pariskyotei.html〉

次世代自動車振興センター「クリーンエネルギー自動車 A to Z」〈http://www.cev-pc.or.jp/
　lp_clean/about/〉

首相官邸〈https://www.kantei.go.jp/jp/singi/ondanka/kaisai/dai30/siryou2.pdf〉

全国地球環境温暖化防止活動推進センター〈http://www.jccca.org/〉

炭素市場エクスプレス「JCM」〈https://www.carbon-markets.go.jp/jcm/index.html〉

索　引

Horitsu Bunka Sha

経済政策入門

2020年4月15日 初版第1刷発行

編 者　　藤 川 清 史

発行者　　田 靡 純 子

発行所　　株式会社 法律文化社

　　　　　〒603-8053
　　　　　京都市北区上賀茂岩ヶ垣内町71
　　　　　電話 075(791)7131　FAX 075(721)8400
　　　　　https://www.hou-bun.com/

印刷：共同印刷工業㈱／製本：㈱藤沢製本
装幀：白沢　正

ISBN 978-4-589-04085-5

ⓒ2020 Kiyoshi Fujikawa　Printed in Japan

岡田知弘・岩佐和幸編 **入門 現代日本の経済政策** A 5 判・282頁・2800円	経済政策を「広義の経済」を対象とする公共政策と捉え、産業・生活・公共・対外関係の4観点から包括的・多角的に考察。歴史的展開と最前線の動きをフォローし、現代日本経済と経済政策の全体像をわかりやすく解説。
奥田宏司・代田 純・櫻井公人編 **深 く 学 べ る 国 際 金 融** ―持続可能性と未来像を問う― A 5 判・182頁・2400円	国際金融の基本を学ぶテキスト。複雑で難解な制度や理論、慣れない用語を丁寧に解説し、道筋を立てて全体を概説する。激動する国際金融の安定した今後を探るためのヒントと視座の修得をめざす。
橘木俊詔著 **日 本 の 経 済 学 史** 四六判・300頁・2000円	ユニークな視点から問題提起を行い続けてきた著者が、日本における経済学の歩みを縦横無尽に語る85講話。輸入学問である経済学に日本人がいかに取りくんできたか、江戸時代から現在までの軌跡を探究・評価する。
佐々木隆治・志賀信夫編著 **ベーシックインカムを問いなおす** ―その現実と可能性― A 5 判・224頁・2700円	ベーシックインカムは「癒し」の制度にあらず。今野晴貴氏・藤田孝典氏・井手英策氏ら社会運動や政策提言の最前線に立つ論者と研究者が、その意義と限界をさまざまな角度から検討する。ベーシックインカム論の決定版。
藤川清史編著 **中国経済の産業連関分析と 応用一般均衡分析** A 5 判・207頁・4700円	経済の成長とともに深刻化する、環境問題や地域間・都市農村間格差等について、産業連関表をもとに中国経済の実態を多面的に分析。産業構造の変化や財政政策、環境政策、貿易政策等による経済への影響を論究。
髙山一夫著 **アメリカの医療政策と病院業** ―企業性と公益性の狭間で― A 5 判・282頁・5500円	米国の病院業を対象に、企業性と公益性との対抗関係に焦点をあて、その形成と展開過程を医療政策との関係を交えて分析。1946年病院調査・建設法からトランプ医療改革に至るまでを考察する。産業分析と政策評価に関する貴重な研究。

―法律文化社―

表示価格は本体（税別）価格です